# Systemadministration mit Windows Server 2022 und Windows 11 in 35 Tagen

Teil 2 - Weiterführende Themen

Tag 16 - 25: Active Directory

Nicole Laue

# Systemadministration mit Windows Server 2022 und Windows 11 in 35 Tagen

## Teil 2 - Weiterführende Themen

## Tag 16-25: Active Directory

Verlag Nicole Laue

Bibliografische Information der Deutschen Bibliothek:
Die Deutsche Bibliothek verzeichnet diese Publikation in der Deutschen Nationalbibliografie; detaillierte bibliografische Daten sind im Internet über http://dnb.ddb.de abrufbar.


Herstellung: BOD, Books on Demand, Norderstedt
Titelfoto: iStock.com/piranka
Hintergrundbild iStock.com/Stefan Nikolic
ISBN: 978-3-947938-07-0

# Inhaltsverzeichnis

# Für wen ist dieses Buch?

Dieses Buch ist der zweite Teil einer Reihe von drei Büchern, in denen Sie durch alle relevanten Themengebiete der Serveradministration mit Windows Server 2022 und Windows 11 als Client geführt werden.

Diese Reihe führt Sie in insgesamt 35 Schulungstagen durch dieses komplexe Thema.

Sie sollten das Buch

**Systemadministration mit Windows Server 2022 und Windows 11 in 35 Tagen**

**Teil 1 – Grundlagen**

**Tag 1-15**

vorher durchgearbeitet haben, oder zumindest die darin vermittelten Kenntnisse besitzen.

Das Buch ist für zwei Personengruppen gleichermaßen geeignet:

- Privatleute, die sich die Kenntnisse im Selbststudium aneignen möchten
- Schulungsunternehmen, die eine Schulungsunterlage benötigen

In Zusammenarbeit mit der GFN GmbH wurde die Reihe für die Ausbildung zum Fachinformatiker Systemintegration (FISI) konzipiert und wird dort als Schulungsunterlage eingesetzt.

Ein Schulungsbuch kann nur gut sein, wenn das Erlernte sofort in praktischen Übungen ausprobiert werden kann.

Aus diesem Grund finden Sie in jedem Kapitel viele Übungen.

Sowohl die Lösungen für diese Übungen als auch die PowerPoint Präsentationen für den Unterricht stehen auf der Homepage des Verlags http://www.laue-net.de zum Download bereit.

# Übungsumgebung

Die Hardwarevoraussetzungen für eine Übungsumgebung sind nicht besonders hoch. Sie können jeden Computer dafür benutzen, der folgende Mindestvoraussetzungen erfüllt:

- 32 GB Arbeitsspeicher
- 1 - 2 TB freien Festplattenspeicher

Für die Übungen installieren Sie eine Virtualisierungssoftware, die Übungen sind auf Hyper-V ausgelegt.

Ansonsten benötigen Sie lediglich DVDs oder ISO-Dateien mit Windows Server 2022 und Windows 11.

Die Installation wird während des Kurses vorgenommen.

# Software

Für die Übungen benötigen Sie folgende Evaluierungskopien:

- Windows Server 2022
- Windows 11

Die meisten dieser Evaluierungskopien können Sie bei Microsoft erhalten: Natürlich können Sie auch Vollversionen verwenden, die dann nicht aktiviert werden müssen.

# Wie benutze ich dieses Buch?

Dieser Kurs ist für eine Gesamtdauer von 35 Tagen ausgelegt.

Sie müssen sich nicht akribisch daran halten, an manchen Tagen geht es schneller, und Sie sind früher fertig, an manchen Tagen aber ist der Stoff für Sie nicht so einfach und Sie brauchen länger.

Das ist kein Problem!

Die Einteilung in Arbeitstage ist nur ein Anhaltspunkt, Sie sollten sich nach Ihren Bedürfnissen richten, damit Sie zum bestmöglichen Ergebnis kommen.

Für jeden Tag gibt es einige Übungen.

Diese Übungen sind von großer Bedeutung, Sie wiederholen damit die gelernte Theorie und trainieren Ihre Fähigkeiten.

Laden Sie sich für alle Übungen die Lösungen herunter, damit Sie überprüfen können, ob Sie alles richtig gemacht haben.

Sie kommen bei einer Übung nicht weiter?

Das ist auch kein Problem, denn die Lösungen sind als Schritt-für-Schritt Anleitung geschrieben, damit Sie jederzeit wieder den Anschluss finden.

Die Übungsumgebung ist so aufgebaut, dass Sie für jeden neuen Lerntag mit einer zuvor weggespeicherten Konfiguration arbeiten können.

Das ist wichtig, falls Sie einen bestimmten Lerntag noch einmal wiederholen möchten, Sie müssen dafür nur die Übungsumgebung auf einen bestimmten Stand zurücksetzen.

Wir wünschen Ihnen viel Erfolg auf Ihrem Weg zur Systemadministration!

# Danksagung

An dieser Stelle möchte ich mich bei den vielen hilfreichen Freunden und Mitarbeitern bedanken, die erst ermöglicht haben, dass dieses Buch entstehen kann. Ich bedanke mich bei folgenden Helfern:

Karin Feichtinger und meinem Mann Christian.

Sie waren mir als Betaleser eine große Hilfe und haben freiwillig ihre Freizeit geopfert. Mit ihrem großen Fachwissen waren sie ein wichtiger Bestandteil der Entstehung dieses Buches.

Besonderer Dank gilt den Mitarbeitern und Trainern der GFN GmbH, mit denen wir in enger Zusammenarbeit die Themen dieses Buchs abgestimmt haben.

# 16 Tag 16: Wiederholung

Willkommen zum zweiten Teil unserer Reise durch die Geheimnisse des Windows Servers.

Mittlerweile haben Sie schon einige Kenntnisse erlangt, an diesem ersten Tag werden wir diese wiederholen.

## 16.1 Vorbereiten der Hostmaschine

Sie sehen einen Windows Server 2022 Server vor Ihnen, auf dem Sie alle benötigten virtuellen Maschinen installieren werden.

Um eine gute Struktur bei allen Übungen zu haben, richten wir diese Maschine zunächst mit einem zweiten Laufwerk ein.

Auf diesem zweiten Laufwerk wird für diesen Kurs alles gespeichert, was mit Hyper-V und allen Übungen zu tun hat.

Warum machen wir das?

Nun, damit halten wir Laufwerk C sauber und haben alle Kursdaten an einer Stelle.

### 16.1.1 Verkleinern von Laufwerk C:\ und Einrichten eines zweiten Laufwerks

Die grafische Festplattenverwaltung beginnt in der Konsole „Datenträgerverwaltung“.

Diese erreichen Sie, indem Sie im Server-Manager die „Tools“ auswählen.

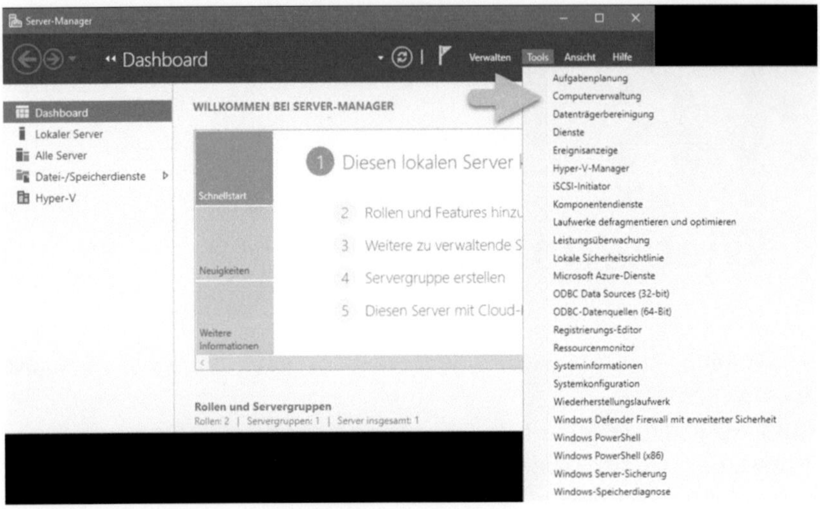


*Abbildung 16.1: Tools*

Hier öffnen Sie die „Computerverwaltung“.

Innerhalb der Computerverwaltung wählen Sie die „Datenträgerverwaltung“ aus.

Oder Sie klicken mit der rechten Maustaste auf „Start“ und wählen dort „Datenträgerverwaltung“.

Hier sehen Sie alle bestehenden Partitionen abgebildet, und auch der freie, nicht zugeordnete Bereich der Festplatten kann hier verwaltet werden.

So können Sie Laufwerke verkleinern und vergrößern, mounten und in dynamische Laufwerke umwandeln, um weitere Funktionen zur Verfügung zu haben.

## Übung 16.1.1

- Verkleinern Sie Laufwerk C:\ auf etwa 150 GB
- Richten Sie den übrigen Speicher als Laufwerk H:\ (wie Hyper-V) ein
- Erstellen Sie auf Laufwerk „H:\“ einen Ordner mit Namen „VM“

# 16.2 Einrichten von virtuellen Maschinen in Hyper-V

## 16.2.1 Aktivieren von Hyper-V

Hyper-V ist eine Rolle und muss deswegen im Server-Manager installiert werden.

Hyper-V benötigt einen SLAT-Prozessor (Second-Level Address Translation). Das kann für ältere Hardware zum Problem werden, denn ohne diesen Prozessor lässt sich Hyper-V nicht mehr aktivieren.

Eine weitere Änderung ist das Format der Konfigurationsdateien. Bisher waren diese Dateien im XML-Format gespeichert, was auch bearbeitet werden konnte.

## Übung 16.2.1

- Installieren Sie auf Ihrem Übungshost die Rolle „Hyper-V“
- Sollte die Rolle bereits installiert sein, lassen Sie diese Übung aus.

## 16.2.2 Der Hyper-V-Manager

Der Hyper-V-Manager ist das primäre Verwaltungstool für Hyper-V. Mit der Installation der Hyper-V-Rolle wird die Verwaltungskonsole automatisch installiert.

Sie starten den Hyper-V Manager unter dem Menüpunkt „Tools".

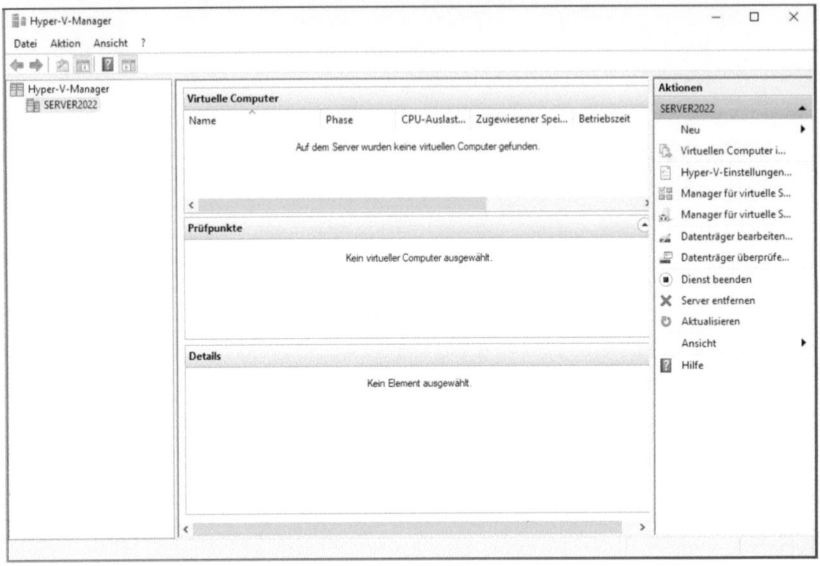


*Abbildung 16.2: Hyper-V-Manager*

Auf der linken Seite der Konsole findet man eine Liste der Server, mit denen eine Verbindung hergestellt wurde. Hier können auch weitere Server hinzugefügt werden.

Im mittleren Fenster findet man die virtuellen Computer, die auf dem ausgewählten Server vorhanden sind. Zusätzlich findet man hier Statusinformationen und die angelegten Prüfpunkte für die ausgewählte virtuelle Maschine.

Im rechten – dem Aktionen-Fenster – kann man die entsprechenden Operationen ausführen. Alternativ können die im Aktionen-Fenster zur Verfügung stehenden Optionen durch einen Rechtsklick auf dem entsprechenden Objekt im mittleren Fenster aufgerufen werden.

Eine Möglichkeit der Konfiguration von Hyper-V ist das Festlegen der Speicherorte für die virtuellen Maschinen.

## Übung 16.2.2

- Überprüfen Sie, ob alle Daten der anzulegenden virtuellen Maschinen im Laufwerk „H:\VM“ gespeichert werden
- Wenn nicht, ändern Sie die bisherige Festlegung

## 16.2.3 Erstellen von virtuellen Switches

Virtuelle Switches sind die Verbindung zwischen der virtuellen Maschine und der realen Netzwerkkarte.

Es gibt drei verschiedene Arten von virtuellen Switchen.

### Extern

Ein externer Switch ist an einen physischen Netzwerkadapter gebunden. Damit haben die virtuellen Computer eine Verbindung zum physischen Netzwerk und können mit Computern kommunizieren, die mit dem gleichen Netzwerk verbunden sind.

### Intern

Ein interner Switch ermöglicht eine Kommunikation zwischen den virtuellen Maschinen und der sogenannten „Parent-Partition“, also dem Hyper-V-Server. Eine Netzwerkkarte, die an einen internen Switch angeschlossen ist, kann keine Kommunikation „außerhalb“ des physischen Hyper-V-Servers durchführen.

Ein interner Switch kann seit Windows 10/Server 2016 auch als NAT-Switch eingerichtet werden, allerdings nur über die PowerShell.

### Privat

Ein privater Switch bietet eine Kommunikation der virtuellen Maschinen untereinander. Es ist keine Kommunikation zur physischen Maschine oder mit dem physischen Netzwerk möglich. Damit kann ein komplett isoliertes Netzwerk realisiert werden.

Ein Netzwerk, das als „Privat“ definiert worden ist, legt auf der physischen Maschine keine Netzwerkverbindung an. Die Kommunikation findet ausschließlich zwischen den virtuellen Computern statt.

## Übung 16.2.3

- Überprüfen Sie, ob es jeweils einen externen, einen internen und einen privaten Switch mit den Namen „Extern“, „Intern“, „Privat“ auf Ihrer Hostmaschine gibt
- Wenn nicht, erstellen Sie diese Switches

## 16.2.4 Erstellen von virtuellen Computern

Nach diesen Vorarbeiten können Sie nun die für diesen Kurs benötigten virtuellen Computer erstellen.

## Übung 16.2.4

Erstellen Sie folgende virtuelle Maschinen:

- DC
    - Zwei GB RAM
    - Generation 2
    - Speicherort für alle Dateien: H:\VM
    - Switch: Privat
    - Betriebssystem wird später installiert

- Server1:
    - Zwei GB RAM
    - Generation 2
    - Speicherort für alle Dateien: H:\VM
    - Switch: Privat
    - Betriebssystem wird später installiert
- Server2:
    - Zwei GB RAM
    - Generation 2
    - Speicherort für alle Dateien: H:\VM
    - Switch: Privat
    - Betriebssystem wird später installiert

- Server3:
    - Zwei GB RAM
    - Generation 2
    - Speicherort für alle Dateien: H:\VM
    - Switch: Privat
    - Betriebssystem wird später installiert
- W11:
    - Vier GB RAM
    - Generation 2
    - Speicherort für alle Dateien: H:\VM
    - Switch: Privat
    - Betriebssystem wird später installiert
    - Aktivieren Sie Trusted Plattform Module
    - Benutzen Sie 2 Prozessoren

## 16.2.5 Installieren der Betriebssysteme

Nun installieren Sie die einzelnen Computer und richten sie ein.

### Übung 16.2.5

- Installieren Sie Windows Server 2022 Data Center auf den virtuellen Maschinen
    - DC
    - Server1
    - Server2
    - Server3
- Installieren Sie Windows 11 Enterprise auf der virtuellen Maschine W11

## 16.2.6 Konfigurieren der Betriebssysteme

Nach der Installation ist ein Server noch völlig unkonfiguriert, Sie müssen alle Konfigurationsschritte selber vornehmen.

Diese erste Konfiguration können Sie sehr einfach im Server-Manager vornehmen.

Für unsere Übungsumgebung stellen sich folgende Aufgaben:

# Übung 16.2.6

Konfigurieren Sie die Maschinen mit folgenden Daten:

- **DC**:
  - Name: DC
  - Führen Sie den benötigten Neustart durch
  - IP-Adresse: 192.168.1.200
  - Subnetzmaske: 255.255.255.0
  - DNS-Server: 192.168.1.20
- **Server1**:
  - Name: Server1
  - Führen Sie den benötigten Neustart durch
  - IP-Adresse: 192.168.1.1
  - Subnetzmaske: 255.255.255.0
  - DNS-Server: 192.168.1.200

- **Server2:**
  - Name: Server2
  - Führen Sie den benötigten Neustart durch
  - IP-Adresse: 192.168.1.2
  - Subnetzmaske: 255.255.255.0
  - DNS-Server: 192.168.1.200

- **Server3:**
  - Name: Server3
  - Führen Sie den benötigten Neustart durch
  - IP-Adresse: 192.168.1.3
  - Subnetzmaske: 255.255.255.0
  - DNS-Server: 192.168.1.200

- **W11:**
  - Name: W11
  - Führen Sie den benötigten Neustart durch
  - IP-Adresse: 192.168.1.4
  - Subnetzmaske: 255.255.255.0
  - DNS-Server: 192.168.1.200

## 16.3 Active Directory Grundlagen

Nun haben Sie die virtuellen Maschinen eingerichtet und konfiguriert.

Wir kommen nun zum Teil „Active Directory".

Ich möchte mit Ihnen an dieser Stelle die Grundlagen des Active Directory noch einmal wiederholen.

Je nachdem wie sicher Sie sich in diesem Thema fühlen, können Sie diesen Teil schneller oder detaillierter abarbeiten.

Die Übungen müssen Sie aber machen, um danach weitermachen zu können.

Active Directory ist eine Datenbank, die den verschiedensten Anforderungen gerecht werden muss. Active Directory muss sowohl in kleinen Firmen effizient arbeiten, als auch eine Lösung für große Firmen anbieten, die eventuell Geschäftsstellen in mehreren Ländern haben, und mehrere tausend Benutzer verwalten müssen.

### 16.3.1 Domäne

Die Basiseinheit der Verwaltung ist die Domäne. Eine Domäne ist ein Zusammenschluss mehrerer Computer zu einer administrativen Einheit.

**Ein Beispiel:**

Die Firma „Meistertrainer“ möchte alle Benutzeranmeldungen an einer zentralen Stelle verwalten. Um dies zu erreichen, wird ein Domänencontroller installiert. Damit ist die Domäne definiert.

Nun müssen nur noch die relevanten Konten (Benutzerkonten und Computerkonten) im Active Directory, dem Verzeichnisdienst, angelegt werden, damit die Arbeit an einer Domäne begonnen werden kann.

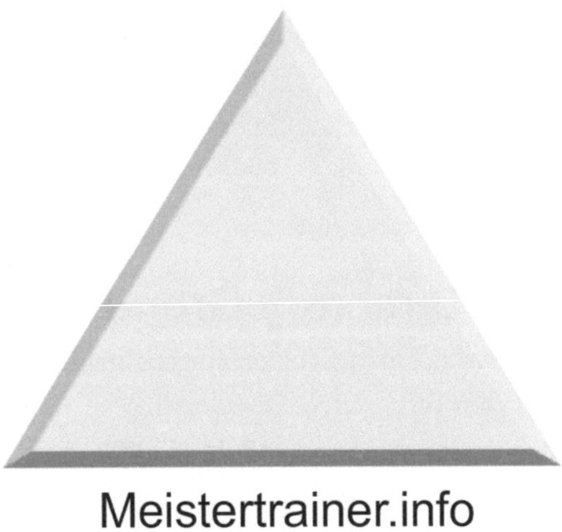


*Abbildung 16.3: Domäne*

### 16.3.2 Struktur (Tree)

Nun ist es aber möglich, dass eine Domäne nicht ausreicht, dies kann der Fall sein, wenn eine Firma Filialen an mehreren Standorten hat, und sich dadurch Probleme ergeben, wie:

- Verschiedene Sprachen
- Verschiedene gesetzliche Anforderungen an die Sicherheit
- Teure WAN-Verbindungen für die regelmäßige Replikation

In diesen Fällen geht man oft dazu über, mehrere Domänen zu benutzen. Windows Server 2022 bietet hierzu ein Modell an, den Domänen-Tree. Der deutsche Ausdruck hierfür ist „Struktur“.

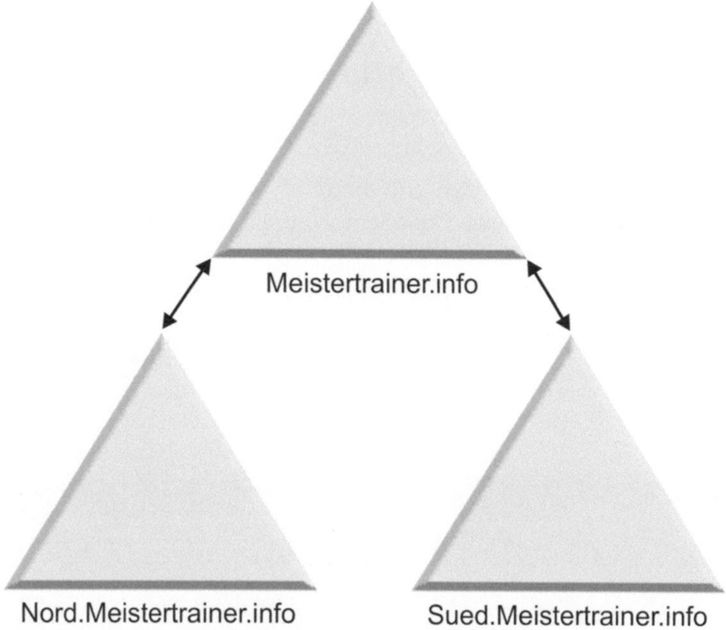


*Abbildung 16.4: Domänen-Tree oder Struktur*

In einem Tree werden untergeordnete Domänen angelegt, die den Namen der übergeordneten Domäne führen, und einen eigenen Namen vorangestellt haben. Auch dies ist das Namensprinzip des Internets, in dem untergeordnete Domänen stets ihren eigenen Namen vorangestellt haben.

Alle Domänen in einem Tree teilen sich einen gemeinsamen Namensraum. Ein Namensraum bedeutet, dass der Name der übergeordneten Domäne in allen untergeordneten Domänen mitgeführt wird. Der Name der untergeordneten Domäne wird dem Stammnamen vorausgestellt. Diese Art von Namensraum ist aus dem Internet bekannt, wo auch die untergeordneten Domänen dem Namen vorangestellt werden.

Die Domänen sind untereinander mit Vertrauensstellungen verbunden.

Vertrauensstellungen sind Verbindungen, die einen Zugriff auf die Ressourcen der anderen Domäne prinzipiell ermöglichen. Natürlich müssen die Ressourcenzugriffe noch mit Zugriffsrechten gesteuert werden, aber durch Vertrauensstellungen wird erst die Möglichkeit geschaffen, dass Benutzer auf Ressourcen anderer Domänen zugreifen können.

### 16.3.3 Gesamtstruktur (Forest)

Als größtes Modell der Domänenverwaltung existiert noch der Forest. Der deutsche Ausdruck ist „Gesamtstruktur".

In einem Forest sind wir nicht auf einen Namensraum begrenzt, sondern es können mehrere Namensbereiche zusammengefasst werden. Dies kann nötig sein, wenn verschiedene Firmen fusioniert sind, aber ihren eigenständigen Namen behalten möchten.

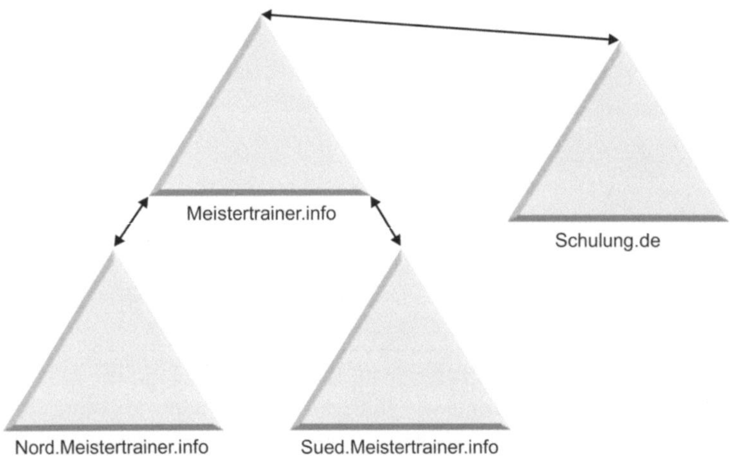


*Abbildung 16.5: Forest oder Gesamtstruktur*

In unserem Beispiel gibt es einen Tree mit Namen „Meistertrainer.info". Wenn nun die Firma „Schulung" integriert werden soll, wäre das innerhalb der Struktur nur möglich, indem eine untergeordnete Domäne erstellt wird. Diese würde aber in jedem Fall den Namensraum „Meistertrainer" benutzen.

Möglicherweise ist dies aber nicht erwünscht. Die einzige Lösung ist es nun, einen neuen Namensraum zu erstellen, diesen aber in den vorhandenen Tree einzugliedern, und somit einen „Forest" (eine Gesamtstruktur) zu erstellen.

**ACHTUNG!**

Die englischen Begriffe sind viel anschaulicher als die deutschen. Aus diesem Grund werden in den meisten Fällen auch die englischen Namen verwendet.

### 16.3.4 Gemeinsamkeiten innerhalb einer Gesamtstruktur

Egal, ob sich die Domänen in einer Struktur oder einer Gesamtstruktur befinden, sie haben in jedem Fall einige Gemeinsamkeiten.

#### Bidirektionale, transitive Vertrauensstellungen

Wie bereits erwähnt, sind die einzelnen Domänen innerhalb eines Trees oder eines Forests mit Vertrauensstellungen verbunden. Diese Vertrauensstellungen sind bidirektional und transitiv.

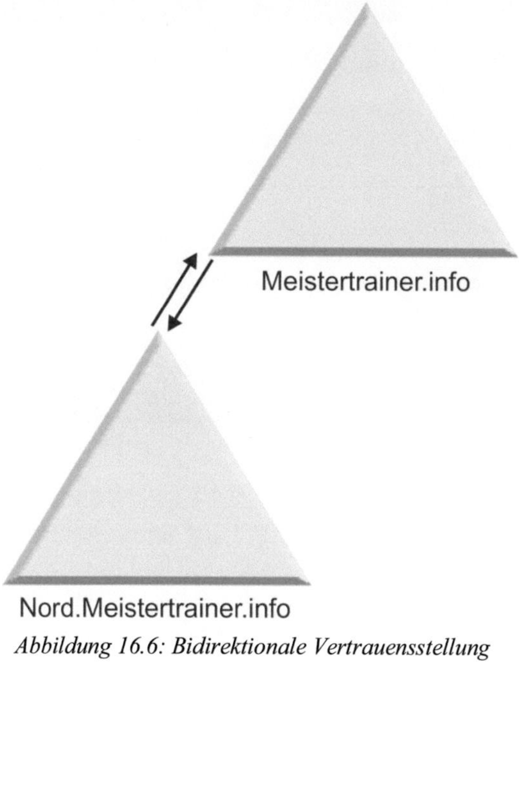


*Abbildung 16.6: Bidirektionale Vertrauensstellung*

**Bidirektional**

Bidirektional bedeutet, dass die Vertrauensstellung in beide Richtungen geht. Genau genommen setzt sich eine bidirektionale Vertrauensstellung aus zwei unidirektionalen Vertrauensstellungen (Vertrauensstellungen in nur eine Richtung) zusammen.

Bidirektionale Vertrauensstellungen sind die Standardvertrauensstellungen bei der Installation eines Trees oder Forests.

**Transitiv**

Vertrauensstellungen, die bei der Installation eines Trees oder Forests erstellt werden, sind transitiv.

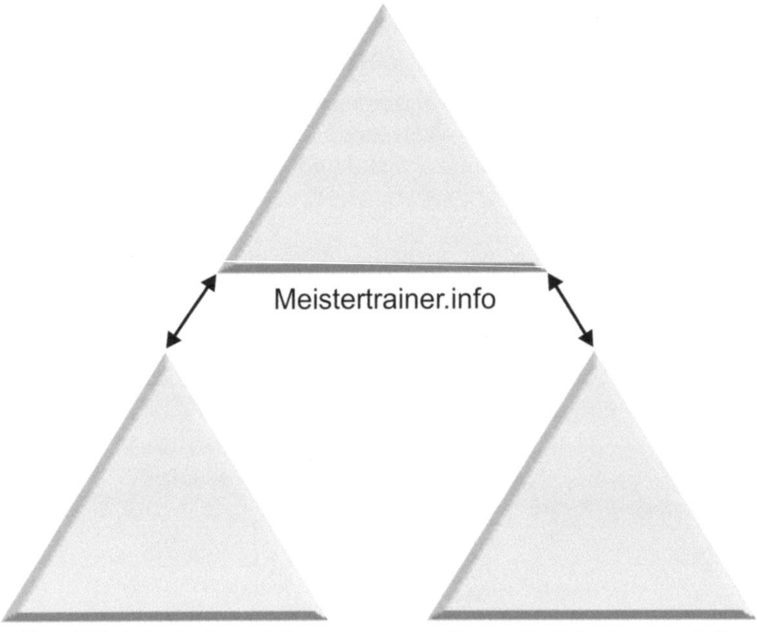


*Abbildung 16.7: Transitive Vertrauensstellungen*

Transitiv bedeutet „weiterleitend". In unserem Fall bedeutet die Transitivität, dass Benutzer der Domäne „Nord.Meistertrainer.info" auch auf Ressourcen der Domäne „Sued.Meistertrainer.info" zugreifen können, obwohl es keine direkte Vertrauensstellung zwischen diesen beiden Domänen gibt.

Die beiden existierenden Vertrauensstellungen sind ausreichend, da sie transitiv sind, und Anfragen weiterleiten können.

**ACHTUNG!**

Die Transitivität vermindert auch die benötigte Anzahl an Vertrauensstellungen. Es wird immer nur eine Vertrauensstellung zur nächsten übergeordneten Domäne benötigt, damit eine komplette Kommunikation stattfinden kann.

## Gemeinsames Schema

Jede Datenbank hat einen internen Aufbau, der festlegt, wie die Daten in dieser Datenbank gespeichert werden. Active Directory ist eine Datenbank, aus diesem Grund muss auch Active Directory eine Grundstruktur haben. Diese Grundstruktur wird „Schema“ genannt.

Bei einfachen Datenbanken ist dieses Schema eine Tabelle. In komplexeren Datenbanken ist das Schema objektorientiert.

Active Directory verwaltet das Schema mit

- Klassen und
- Attributen

### *Klassen*

Eine Klasse ist ein Oberbegriff für eine Sammlung von Objekten. Klassen können zum Beispiel sein:

- Benutzer
- Drucker
- Computer

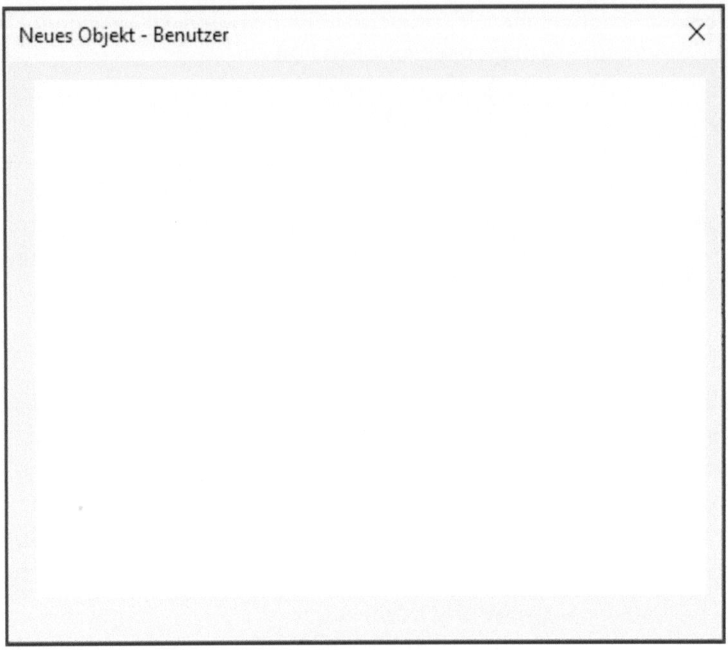


*Abbildung 16.8: Klassen*

Man kann sich die Definition der Klassen als „Umriss“ der Eingabemaske vorstellen.

## *Attribute*

Attribute sind Elemente, die benutzt werden, damit die Klassen Inhalte bekommen können. Attribute sind also die „Füllungen“ in den Klassen.

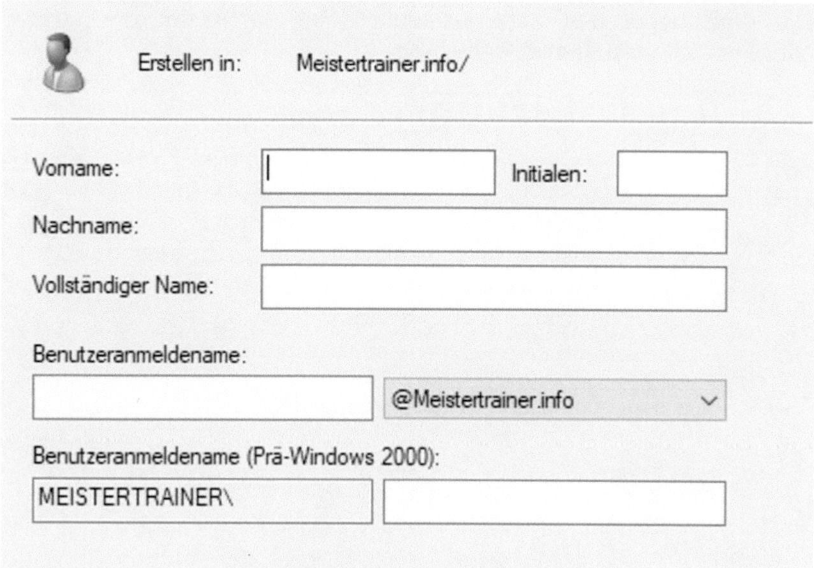


*Abbildung 16.9: Attribute*

## *Verwaltung von Klassen und Attributen*

Die Struktur einer Datenbank mit Klassen und Attributen ist sehr effizient. Sie können neue Klassen und Attribute definieren und können diese dann zuweisen.

Dies hat den Vorteil, dass Attribute zu mehreren Klassen zugewiesen werden können.

**Zuordnung von**
**Klassen und Attributen**

| **Klassen** | **Attribute** |
| --- | --- |
| - Benutzer | - Name |
| - Computer | - Vorname |
| - Drucker | - Gerätenummer |
| ... | - Abteilung |
| | ... |

*Abbildung 16.10: Klassen und Attribute*

Die Änderungen am Schema können nur Mitglieder der Gruppe „Schema-Administratoren“ vornehmen.

## ACHTUNG!

Nicht alle Klassen und Attribute lassen sich im Schema löschen. Sie sollten sich bei der Schemaverwaltung angewöhnen, Klassen und Attribute auch dann nicht zu löschen, wenn es möglich wäre. Besser ist es, nicht benötigte Klassen und Attribute zu deaktivieren.

Das Schema wird auch in einem Snap-in angezeigt:

*Abbildung 16.11: Active Directory Schema*

## Gemeinsamer „Globaler Katalog“

Alle Domänen im Tree oder Forest haben also das gleiche Schema. Daraus ergibt sich die Möglichkeit, dass ein gemeinsamer „Suchindex“ erstellt wird.

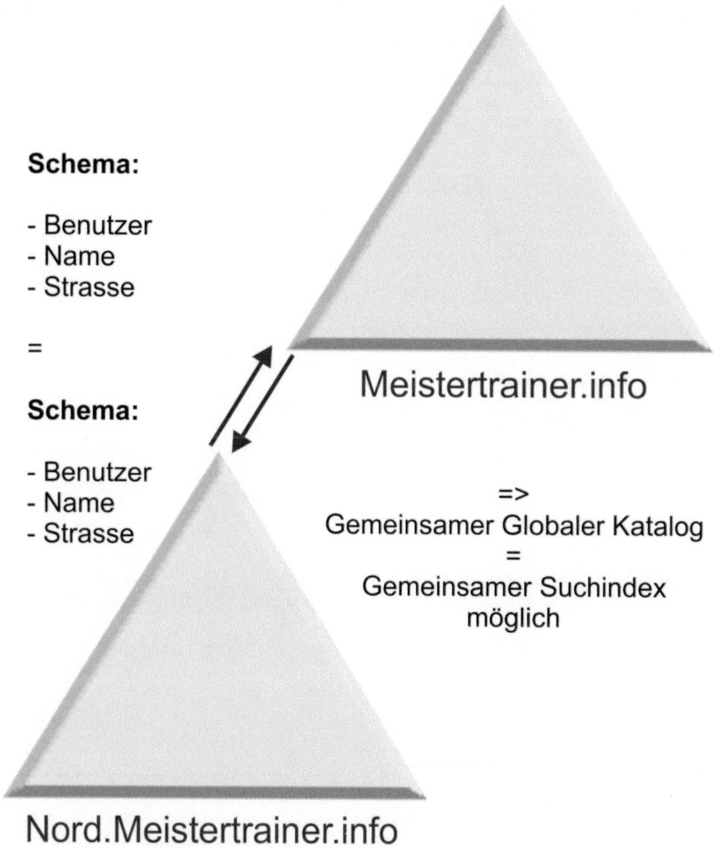


*Abbildung 16.12: Prinzip eines „Globalen Katalogs"*

Dieser Index gibt Ihnen die Möglichkeit, alle Objekte in allen Domänen der Gesamtstruktur zu suchen. Er nennt sich „Globaler Katalog" und wird auf ausgewählten Domänencontrollern gespeichert.

So ein gemeinsamer Suchindex erleichtert das Auffinden von Objekten in einer beliebigen Domäne in Tree oder Forest.

Der „Globale Katalog" enthält alle Objekte aller Domänen, mit allen Klassen, aber nur einem Teil der Attribute. Dies verkleinert die Größe des „Globalen Katalogs" erheblich und erhöht die Effizienz. Dies erst erlaubt das Einsetzen des „Globalen Katalogs" in der Praxis.

Es werden nur die Attribute in den „Globalen Katalog" aufgenommen, nach denen auch in den meisten Fällen gesucht wird.

**Ein Beispiel:**

Die Klasse „Benutzer“ enthält sehr viele Attribute. Diese sind zum Beispiel:

- Name
- Vorname
- Strasse
- PLZ
- Ort
- Profilpfad
- RAS-Einstellungen

...

Welche dieser Attribute würden wahrscheinlich in einem Suchvorgang benutzt werden? Dies sind wohl wesentlich weniger, beispielsweise

- Vorname
- Name
- Ort

Wenn nur diese Attribute verwendet werden, wird die Datenbank, die der „Globale Katalog“ benötigt, sehr viel kleiner.

### 16.3.5 Installation von Active Directory

Da das Active Directory natürlich eine Rolle ist, müssen Sie auch eine Rolle installieren.

Dazu wählen Sie im Server-Manager „Rollen“ und wechseln dann zu „Rollen hinzufügen“.

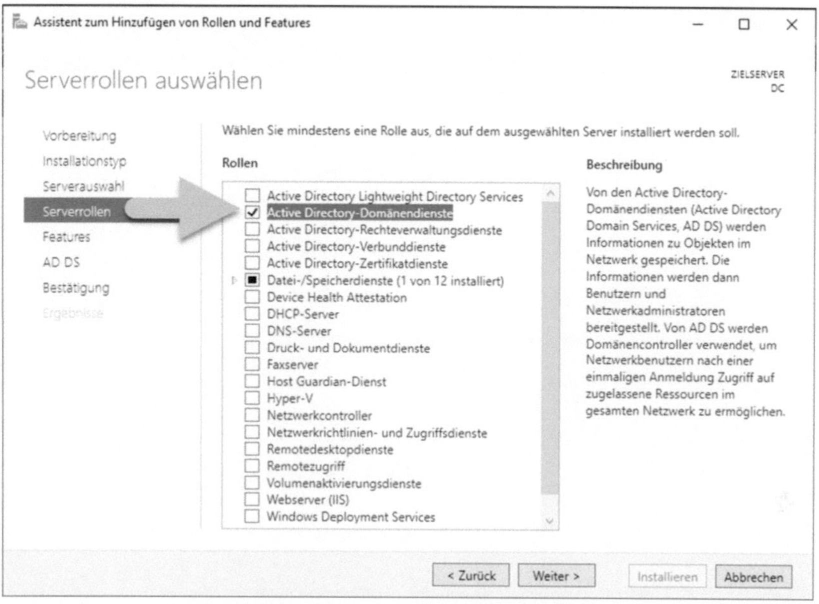


*Abbildung 16.13: Rollen hinzufügen*

Ein Assistent startet, in dem Sie „Active Directory-Domänendienste“ wählen.

Diese werden installiert.

Mit der PowerShell können Sie dies mit folgendem Cmdlet machen:

```
Install-WindowsFeature AD-Domain-Services
```

Allerdings ist der Server nun noch kein Domänencontroller, da das Active Directory noch nicht vollständig installiert ist. Sie müssen noch in jedem Fall im oberen Bereich des Server-Managers auf das Ausrufezeichen klicken, und dann wählen „Server zu einem Domänencontroller heraufstufen“.

Auf der ersten Seite müssen Sie wählen, ob Sie eine bereits vorhandene Gesamtstruktur erweitern möchten, oder ob Sie eine neue Domäne in einer neuen Gesamtstruktur erstellen wollen.

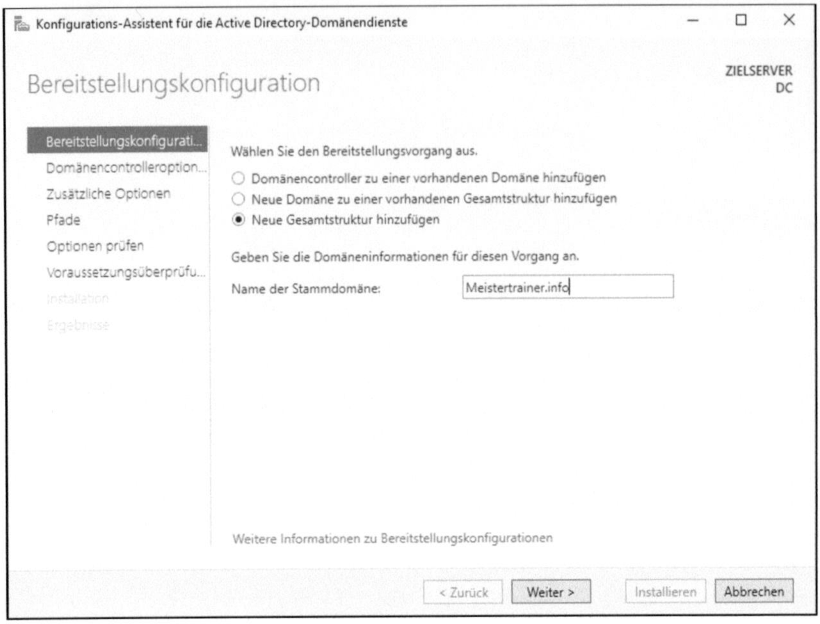


*Abbildung 16.14: Auswahl*

Wenn Sie einen replizierenden Domänencontroller in einer bestehenden Domäne einrichten wollen, wählen Sie den oberen Punkt.

Wenn Sie eine neue Domäne in einer vorhandenen Gesamtstruktur erstellen möchten, ist dies der zweite Punkt der Auswahl.

In diesen Fällen müssen Sie weitere Informationen angeben, die Sie als „berechtigt“ identifizieren, Objekte zu einer vorhandenen Gesamtstruktur hinzufügen zu dürfen, Sie müssen also administrative Rechte in der bestehenden Gesamtstruktur haben.

Wenn Sie dagegen wählen „Neue Gesamtstruktur hinzufügen“, dann benötigen Sie lediglich lokale administrative Rechte auf dem Server, denn Sie generieren ja eine völlig neue Gesamtstruktur.

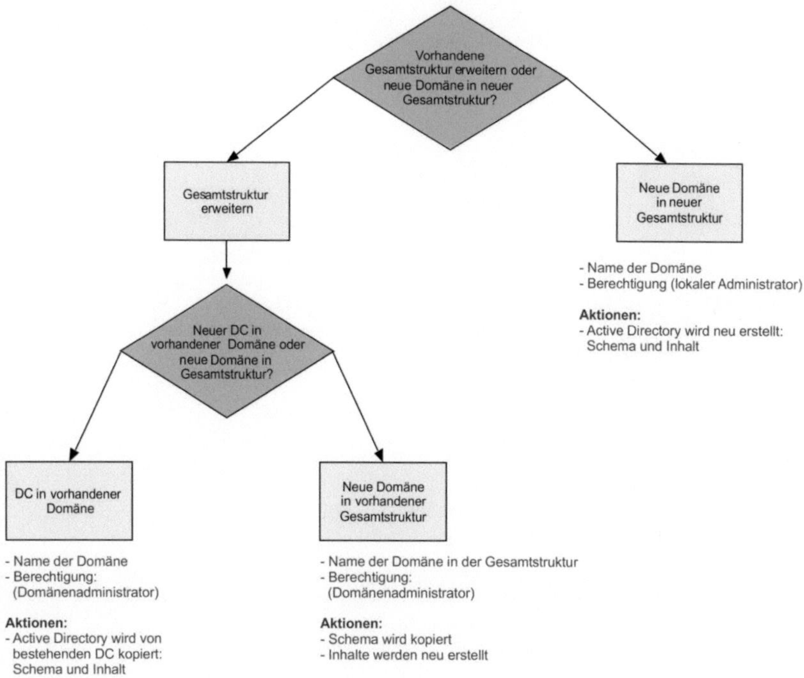


*Abbildung 16.15: Entscheidungsdiagramm*

Wenn Sie einen replizierenden Domänencontroller für eine Domäne installieren, wird das komplette Active Directory von einem vorhandenen Domänencontroller kopiert, sowohl das Schema als auch der Inhalt.

Wählen Sie dagegen „Neue Gesamtstruktur“, so müssen Sie in der Folge lediglich eine bestehende Domäne angeben, und natürlich die dementsprechenden administrativen Rechte haben.

In diesem Fall wird zwar das Schema kopiert, die Inhalte dagegen werden neu erstellt, da es sich ja um eine neue Domäne handelt.

In unserem Beispiel erstellen wir eine neue Domäne in einer neuen Gesamtstruktur, wir erstellen also die allererste Domäne.

Sie müssen noch den Namen der Domäne angeben.

Dieser Name muss den DNS-Namenskonventionen entsprechen. Er muss mindestens aus einer Toplevel-Domain und einer Domäne bestehen. Wir entscheiden uns für den Namen „Meistertrainer.info“.

**ACHTUNG!**

Dieser Name ist auf unseren Verlag registriert, deswegen können wir ihn auch ohne Bedenken verwenden!

Im nächsten Fenster legen Sie die Funktionsebenen fest.

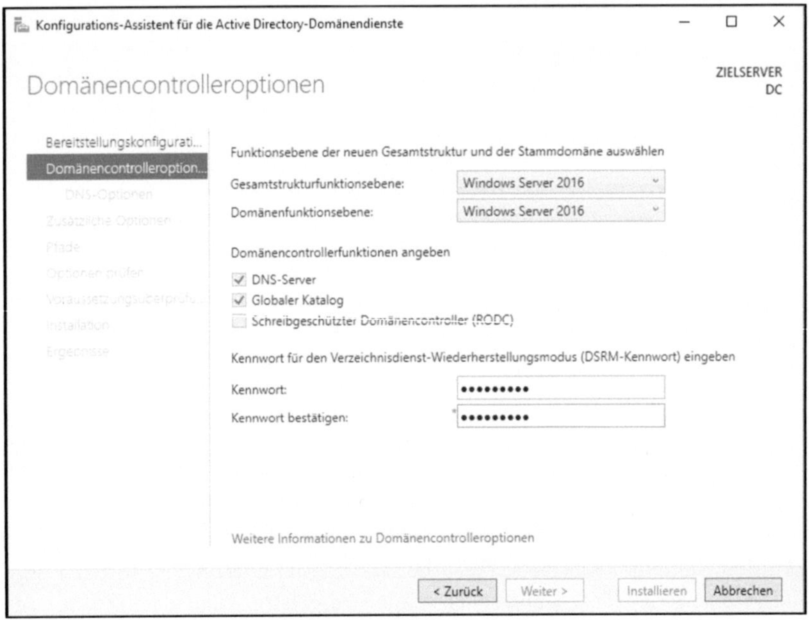


*Abbildung 16.16: Funktionsebenen*

Nun können wir die Funktionsebenen festlegen. Die Standardauswahl ist „Windows Server 2016", die Funktionsebenen haben seitdem keine neuen Funktionen erhalten.

In der Mitte des Fensters können Sie „Domänencontrollerfunktionen" angeben.

Da in diesem Beispiel der Domänencontroller der erste Domänencontroller ist, ist die Auswahl „Globaler Katalog" automatisch gesetzt. Auch kann der erste Domänencontroller kein RODC (Read only Domänencontroller) sein.

Allerdings haben wir die Auswahlmöglichkeit, dass auf diesem Domänencontroller ein DNS-Server installiert wird.

Active Directory benötigt zwingend einen DNS-Server. Ohne einen funktionierenden DNS-Server kann Active Directory nicht installiert werden. Deswegen wird empfohlen, auf dem ersten Domänencontroller auch gleichzeitig einen DNS-Server installieren zu lassen.

Im unteren Teil des Fensters können Sie ein Kennwort für den „Verzeichnisdienst-Wiederherstellungsmodus“ wählen. Dies wird auch als „DSRM-Kennwort“ bezeichnet.

Dieses Kennwort müssen Sie für den Notfall festlegen.

Auf einem Domänencontroller existieren keine lokalen Konten. Die einzige Datenbank, die auf einem Domänencontroller läuft, ist das Active Directory. Wenn Sie sich an einem Domänencontroller „lokal“ anmelden, melden Sie sich immer mit einem Konto des Active Directory an.

Ein Domänencontroller sollte regelmäßig gesichert werden. Das Sicherungsprogramm von Windows Server 2022 erlaubt die Sicherung einer geöffneten Datenbank, deswegen können Sie einen Domänencontroller im laufenden Betrieb sichern.

Anders sieht es dagegen aus, wenn das Active Directory wiederhergestellt werden muss. Eine Datenbank kann nur wiederhergestellt werden, wenn sie nicht geöffnet ist.

Das stellt uns vor ein Problem: wie wir eben festgestellt haben, existiert auf einem Domänencontroller nur die Datenbank Active Directory. Wir müssen aber eine Möglichkeit finden, den Domänencontroller zu starten, ohne dass das Active Directory gestartet wird, um eine zerstörte Datenbank wiederherzustellen. Und selbst wenn wir es schaffen sollten, den Domänencontroller ohne Active Directory zu starten, wie können wir uns dann anmelden?

Die Lösung ist ein Konto, das nicht im Active Directory gespeichert wird, mit dem wir den Domänencontroller im Notfall starten können, um das Active Directory wiederherzustellen.

Dies ist das Konto, für das wir an dieser Stelle das Kennwort festlegen müssen. Dieses Konto wird lokal gespeichert, und steht nur zur

Verfügung, wenn wir den Domänencontroller mit den erweiterten Startoptionen (F8) starten, und hier den „Verzeichnisdienstwiederherstellungsmodus“ wählen.

**ACHTUNG!**

Merken Sie sich dieses Kennwort gut, denn es kann nur sehr schwierig geändert werden! Für eine Änderung müssen Sie das Befehlszeilentool „NTDSUTIL“ benutzen.

Klicken Sie auf „Weiter“, wenn Sie alle Einstellungen gemacht haben.

Hier können Sie eine DNS-Delegierung erstellen, wenn Ihre Infrastruktur dies so vorsieht.

In den meisten Fällen müssen Sie hier keine Einstellungen machen und können auf „Weiter“ klicken.

Im nächsten Fenster wird Ihnen ein NetBIOS-Name für die Domäne vorgeschlagen.

In den meisten Fällen können Sie den Namen so akzeptieren, wie er vorgeschlagen wird.

Im nächsten Fenster legen Sie die Pfade für die Datenbank an.

Diese Auswahl können Sie akzeptieren. Allerdings ist es günstiger, die Datenbank und die Protokolldateien auf jeweils verschiedene Festplatten zu speichern, damit im Fehlerfall nicht beides verloren geht.

Auch der Speicherort für den Ordner „SYSVOL“ wird festgelegt.

Dieser Ordner ist eine Freigabe auf jedem Domänencontroller, in dem die Informationen für die Clients gespeichert werden. Jeder Client greift beim Anmeldevorgang auf diesen Ordner zu, und liest dort seine Informationen aus, wie beispielsweise die Gruppenrichtlinien.

Das nächste Fenster erlaubt Ihnen, die Angaben noch einmal zu überprüfen.

Nun wird das Active Directory installiert.

Nach einem Neustart können Sie sich an der Domäne anmelden.

Natürlich können Sie auch mit der PowerShell die Rolle installieren. Im ersten Schritt haben Sie auch hier die Binärdateien installiert.

## Erstellen einer neuen Gesamtstruktur mithilfe der PowerShell

Nun müssen Sie den zweiten Teil der Installation vornehmen, in dem Sie sich für die Art der Installation entscheiden müssen.

Wenn Sie eine neue Gesamtstruktur erstellen möchten, lautet der Befehl

```
Install-ADDSForest
```

Dieser Befehl funktioniert natürlich nur mit Optionen sinnvoll.

Hier Beispiele sinnvoller Optionen:

- CreateDnsDelegation:$false
- DatabasePath „C:\Windows\NTDS“
- DomainName „Meistertrainer.info“
- DomainNetbiosName „Meistertrainer“
- ForestMode „Win2016“
- InstallDns:$true
- LogPath „C:\Windows\NTDS“
- NoRebootOnCompletion:$false
- SysvolPath „C:\Windows\SYSVOL“
- Force:$true

## Erstellen eines neuen Domänencontrollers in einer bestehenden Domäne

Hierfür benutzen Sie das Cmdlet

```
Install-ADDSDomainController
```

Auch dieser Befehl funktioniert nur mit Optionen.

Hier einige Beispiele:

- Domainname <DNS-Name der Domäne>
- SafeModeAdministratorPassword (read-host -prompt Kennwort -assecurestring)

**Übung 16.3.5**

- Richten Sie die Active Directory Domäne „Meistertrainer.info“ ein
- Stufen Sie dazu die virtuelle Maschine „DC“ zum Domänencontroller hoch, auf dem auch DNS installiert wird
- Richten Sie „Server1“ als replizierenden Domänencontroller ein
- Treten Sie mit Server2, Server3 und W11 der Domäne „Meistertrainer.info“ bei

## 16.4 Objekte im Active Directory

Objekte im Active Directory sind in erster Linie Benutzer und Computer.

Zum Anlegen gibt es mehrere Möglichkeiten, manuell oder automatisiert.

Gruppen sind eine wichtige Einrichtung in Windows Server 2022. Gruppen dienen dazu, Benutzer zusammen zu fassen. Wenn Sie zum Beispiel 20 Angestellte haben, die alle in der gleichen Abteilung arbeiten, werden sie wahrscheinlich auch die gleichen Dinge tun, und die gleichen Zugriffe auf Ressourcen benötigen.

Nun ist es in einer größeren Firma nicht verwaltbar, jedem Benutzer einzeln Rechte zu geben, auf welche Ressource er zugreifen darf. Deswegen existieren Gruppen, in denen Benutzer zusammengefasst werden können.

### 16.4.1 Arten von Gruppen

Bei den Arten von Gruppen muss unterschieden werden, wo der Speicherplatz der Gruppen ist.

Wenn die Gruppen lokal auf dem einzelnen Rechner im Security Account

Manager (SAM) angelegt werden, sind dies lokale Gruppen.

Wenn dagegen die Gruppen für die Benutzung in der gesamten Domäne zur Verfügung stehen sollen, müssen sie im Active Directory gespeichert sein.

Eine Domäne ist für die Verwaltung von vielen Benutzern und Konten gedacht. Deswegen muss in einer Domäne auch die Gruppenstrategie detaillierter betrachtet werden.

In einer Domäne gibt es zwei, beziehungsweise drei verschiedene Arten von Gruppen. Zunächst einmal betrachten wir die einfachere Variante, nämlich die Variante, in der es nur zwei Gruppen gibt:

- Globale Gruppen
- Domänenlokale Gruppen

Es gibt noch eine zweite Unterscheidung bei Gruppen:

- Verteilergruppen
- Sicherheitsgruppen

Verteilergruppen benötigen Sie für E-Mailprogramme, dort werden sie eingesetzt, um eine Nachricht an mehrere Personen zu schicken.

Sicherheitsgruppen dagegen sind die Gruppen, die Sie für die Rechtevergabe wählen müssen.

**ACHTUNG!**

Sie können einer Verteilergruppe keine Zugriffsberechtigungen geben! Dazu benötigen Sie auf jeden Fall eine Sicherheitsgruppe!

Eine Domäne wird meistens von einer größeren Firma eingesetzt, in der viele Benutzer sind. Aus diesem Grund gibt es in einer Domäne eine Gruppenstrategie, die in mehreren Schritten aufgebaut wird.

### 1. Schritt: Globale Gruppen dienen als Sammelcontainer für Benutzerkonten

**Ein Beispiel:**

Alle Benutzer einer Abteilung benötigen die gleichen Zugriffsrechte auf die gleichen Ressourcen. Es liegt nahe, für diese Benutzer einen

Sammelcontainer zu schaffen. Diese Sammelcontainer werden „**Globale Gruppen**“ genannt.

In großen Firmen werden Benutzerkonten häufig im Personalbüro angelegt. Die Personalsachbearbeiter wissen genau, in welcher Abteilung dieser Benutzer arbeiten wird, und können auch gleich das Konto in die jeweilige globale Gruppe setzen.

Konten werden bei Microsoft als „Identities“ bezeichnet.

Also ist dies der Schritt

„**I**dentities in **g**lobale Gruppen“.(I-G)

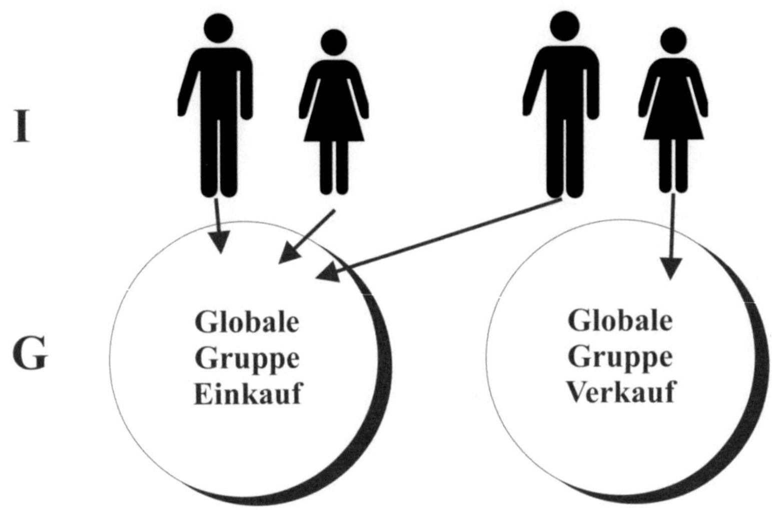


*Abbildung 16.17: Gruppenstrategie „I G“*

### 2. Schritt: Domänenlokale Gruppen bekommen die Berechtigung

Administratoren haben die Pflicht, die Ressourcen vor unberechtigtem Zugriff zu schützen. Aus diesem Grund müssen sie sich immer Gedanken machen, welche Art von Zugriff auf bestimmte Ressourcen benötigt wird.

Nehmen wir als Beispiel einen Ordner, in dem der gesamte Schriftverkehr mit Kunden gespeichert ist.

Der Administrator stellt nun folgende Überlegungen an:

In der Firma gibt es mehrere Personengruppen, die auf verschiedene Art Zugriff auf diesen Ordner benötigen.

- Eine Personengruppe muss in diesem Ordner nicht nur lesen, sondern auch schreiben können
- Eine Personengruppe muss in diesem Ordner nur lesen dürfen, aber keine Veränderungen vornehmen
- Eine Personengruppe darf keinen Zugriff auf diesen Ordner haben.

Anhand dieser Erkenntnisse erstellt der Administrator einige domänenlokale Gruppen, denen er die Berechtigungen gibt.

Microsoft bezeichnet die Vergabe der Berechtigungen als „Access".

Damit ist dieser Schritt

„**D**omänen**l**okale Gruppen erhalten Zugriff (**A**ccess)"

DL-A.

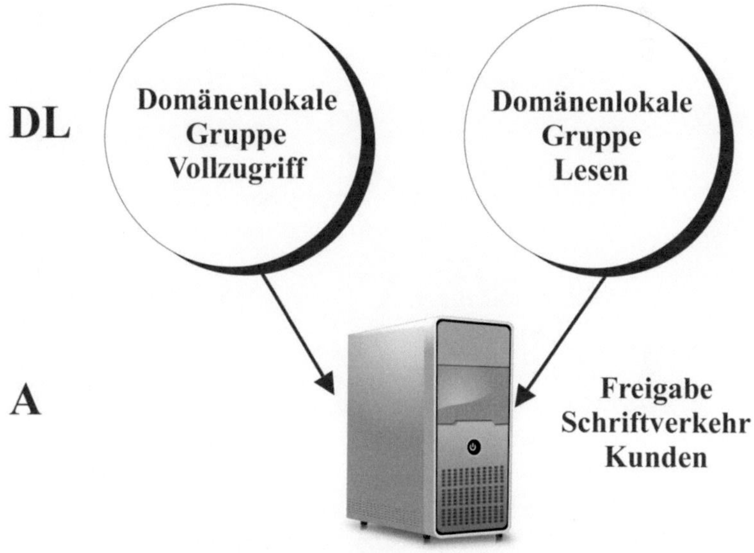


*Abbildung 16.18: Domänenlokale Gruppen und Berechtigungen*

**3. Schritt: Globale Gruppen werden in Domänenlokale Gruppen eingefügt**

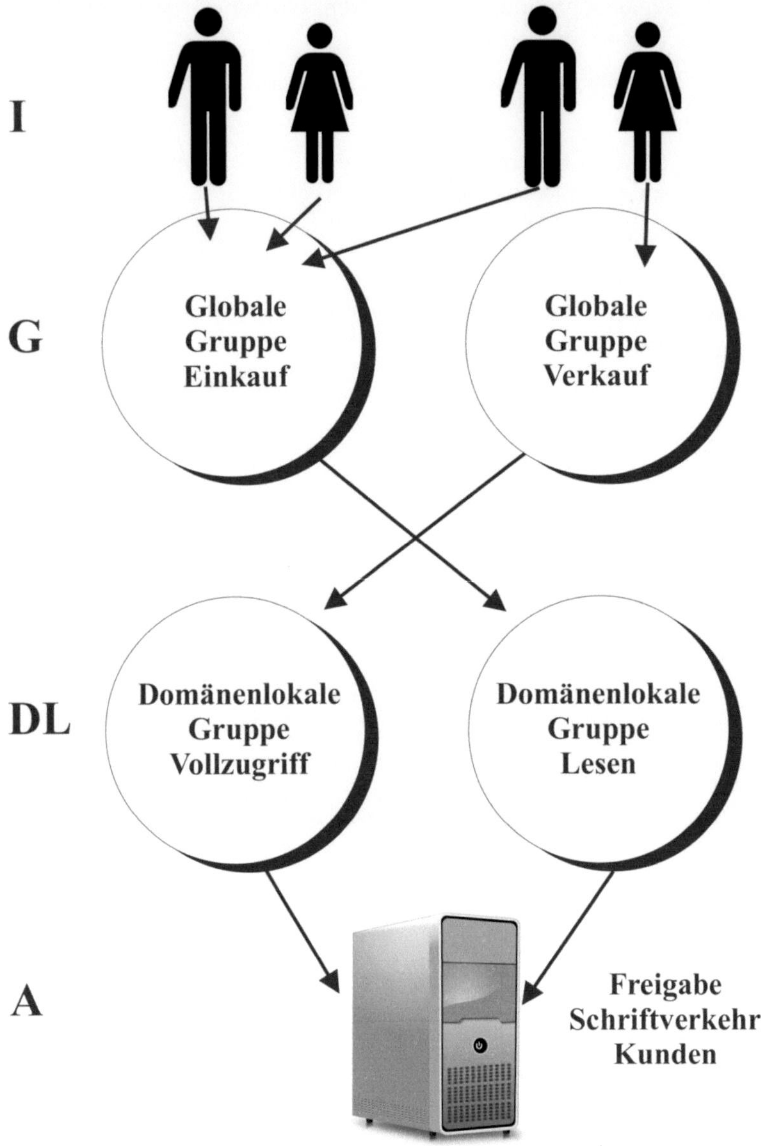


*Abbildung 16.19: Das komplette IGDLA-Prinzip*

Der letzte Schritt in dieser Gruppenstrategie ist die Zusammenführung der ersten beiden Schritte. Im ersten Schritt wurden die Personengruppen festgelegt, im zweiten Schritt wurden die möglichen Berechtigungen für jede mögliche Personengruppe festgelegt, im dritten Schritt müssen die entsprechenden globalen Gruppen in die domänenlokalen Gruppen eingefügt werden.

Nun entsteht ein Gesamtbild, mit dem eine domänenweite Gruppenstrategie erklärt werden kann:

**I** Identities

**G** in global groups

**DL** in domainlocal groups

**A** which get access.

Dieses Prinzip ist das Kernstück einer sinnvollen Gruppenstrategie in einer Domäne.

Es gibt noch eine weitere Gruppenart, die universalen Gruppen.

Universale Gruppen können Benutzer aller Domänen beinhalten, dies ist möglich durch eine Abfrage des „Globalen Katalogs“ beim Anmeldevorgang. Alle Mitglieder aller universalen Gruppen werden in den „Globalen Katalog“ repliziert.

Universale Gruppen sollten aus diesem Grund vorsichtig eingesetzt werden!

## 16.4.2 Arbeiten mit OUs

OUs können Sie erstellen, um drei verschiedene Ziele zu erreichen:

- Ordnen der Objekte
- Zuweisen der „Delegierung von Verwaltungsfunktionalität“
- Zuweisen von Gruppenrichtlinien

Das Ordnen von Objekten ist ein Vorgang, welcher der Ordnung der Daten im Explorer gleicht. Hier werden die Benutzer, Gruppen oder andere Objekte einfach nur so in OUs abgelegt, damit sie einer gewissen Logik folgen können, und man weiß, wo die entsprechenden Objekte zu suchen sind.

Das Zuweisen der „Delegierung von Verwaltungsfunktionalität“ ist eine Möglichkeit, die administrative Kontrolle zumindest teilweise an andere Personen weiterzugeben. Dadurch kann die Arbeit effizienter erledigt werden.

## Übung 16.4.2

- Erstellen Sie eine OU mit Namen „Arbeit“
- Legen Sie in dieser OU ein Benutzerkonto mit Namen „Karl Klammer“ an, mit dem Benutzeranmeldenamen KK und dem Kennwort „Kennw0rt!“
- Er soll sein Kennwort nicht bei der ersten Anmeldung ändern müssen
- Karl Klammer meldet sich dann am W11 Client an
- Erstellen Sie für alle virtuellen Maschinen einen Prüfpunkt mit Namen „Basis

# 17 Tag 17: Das Active Directory als zentrale Verwaltungseinheit

Das Active Directory ist nicht nur ein Speicher für die Benutzerkonten der Domäne, es ist auch die zentrale Verwaltungseinheit für alle Einstellungen.

Sie können an dieser zentralen Stelle alle Ihre Anforderungen an die Sicherheit der Benutzer der Domäne festlegen und auch gewünschte Einschränkungen und Verbote einrichten.

Das wichtigste Werkzeug hierfür sind die Gruppenrichtlinien.

Mit Gruppenrichtlinien können Sie die Einstellungen einer ganzen Domäne steuern. Gruppenrichtlinien geben Ihnen die Möglichkeit, alle gewünschten Einstellungen bezüglich Aussehens der Arbeitsplätze, benutzter Software und natürlich auch Sicherheitseinstellungen vorzunehmen.

## 17.1 Gruppenrichtlinien erstellen

Mit Active Directory verwalten Sie Ihre Benutzer in Form von Konten.

Aber es gibt noch viele Anforderungen an eine effektive Benutzerumgebung. So sollte es eine Möglichkeit geben, folgende Dinge für alle Benutzer zu regeln:

- Aussehen des Desktops
- Skripte, die bei bestimmten Ereignissen ausgeführt werden
- Installation von Software auf vielen Rechnern gleichzeitig
- Sicherheitseinstellungen für die Benutzer
- Anweisungen, welche Geräte benutzt werden dürfen

Und vieles mehr.

All diese Einstellungen können durch Gruppenrichtlinien zugewiesen werden. Diese Gruppenrichtlinien werden entweder auf der lokalen Maschine oder im Active Directory verwaltet.

### 17.1.1 Benutzer- und Computereinstellungen

Zum besseren Verständnis sollten wir eine Gruppenrichtlinie betrachten. Wir erstellen hierfür eine MMC und fügen die benötigten Snap-Ins hinzu.

Es gibt lokale Gruppenrichtlinien und Gruppenrichtlinien in der Domäne. Lokale Gruppenrichtlinien haben nur Auswirkung auf die lokale Maschine, und werden in erster Linie auf alleinstehenden Rechnern ohne Verbindung zu einer Domäne benutzt.

Gruppenrichtlinien in einer Domäne dagegen haben Auswirkungen auf die komplette Domäne.

Aus diesem Grund werden wir uns von Anfang an mit den Gruppenrichtlinien der Domäne beschäftigen.

Dafür können Sie auf dem Domänencontroller die „Gruppenrichtlinienverwaltung" öffnen.

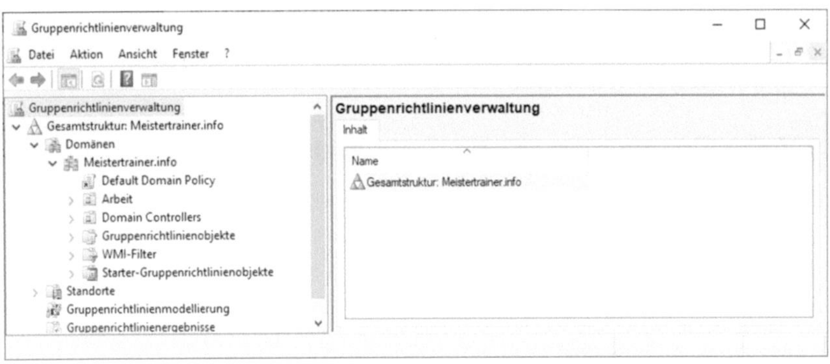


*Abbildung 17.1: Gruppenrichtlinienverwaltung*

Sie sehen, dass in dieser Ansicht die Struktur der Domäne dargestellt wird. Ob es mehrere Gruppenrichtlinien gibt, können wir in dieser

Darstellung noch nicht erkennen, aber wir sehen eine „Default Domain Policy".

Diese wählen wir aus, indem wir auf sie klicken.

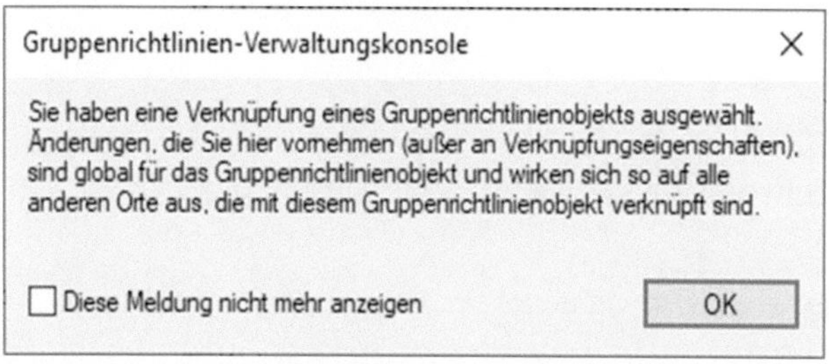


*Abbildung 17.2: Meldung*

Sie erhalten noch eine Warnmeldung, die Sie mit „OK" bestätigen können.

Dann öffnet sich die Konsole der „Default Domain Policy".

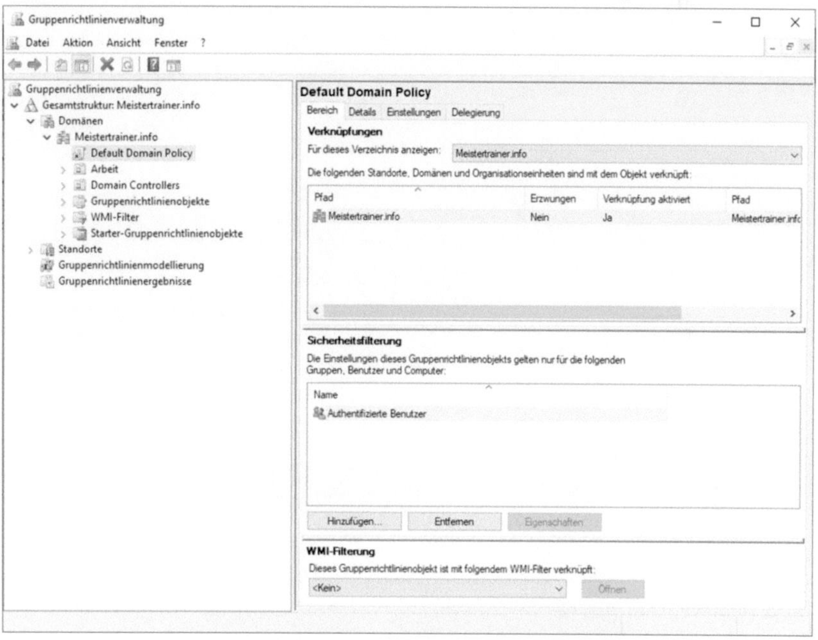


*Abbildung 17.3: Die „Default Domain Policy"*

Wir erhalten diverse Informationen über diese Gruppenrichtlinie.

## ACHTUNG!

Sie sollten sich die Zeit nehmen und diese Einstellungen alle gut betrachten!

Wir wechseln nun auf die Karteikarte „Einstellungen".

Hier werden die momentan aktiven Einstellungen angezeigt.

Das ist uns aber nicht genug, wir möchten die Einstellungen genauer sehen. Dazu klicken wir mit der rechten Maustaste ins Fenster und wählen „Bearbeiten".

Es öffnet sich ein neues Fenster und wir sehen endlich alle Einstellungen der Gruppenrichtlinie.

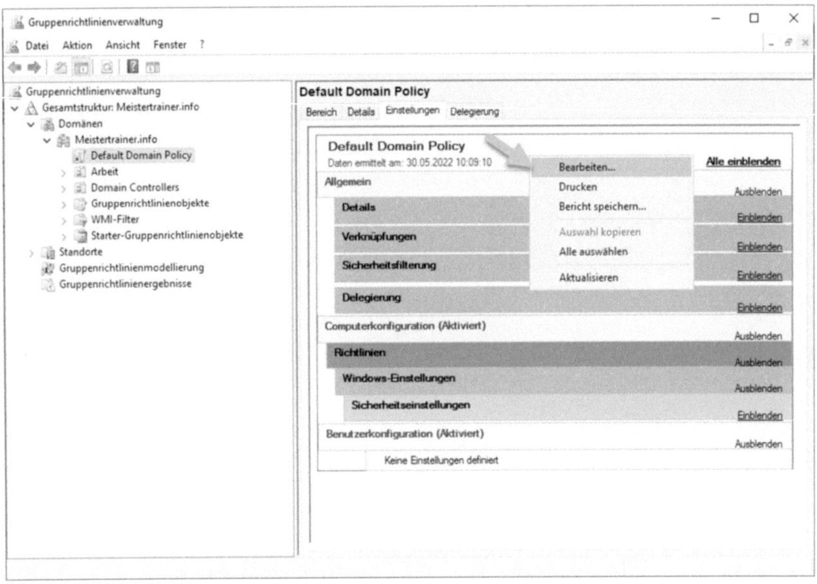


*Abbildung 17.4: Einstellungen der Gruppenrichtlinie*

Alle Gruppenrichtlinien, egal ob sie lokal oder im Active Directory verwaltet werden, haben die gleiche Struktur. Es gibt

- Benutzereinstellungen
- Computereinstellungen

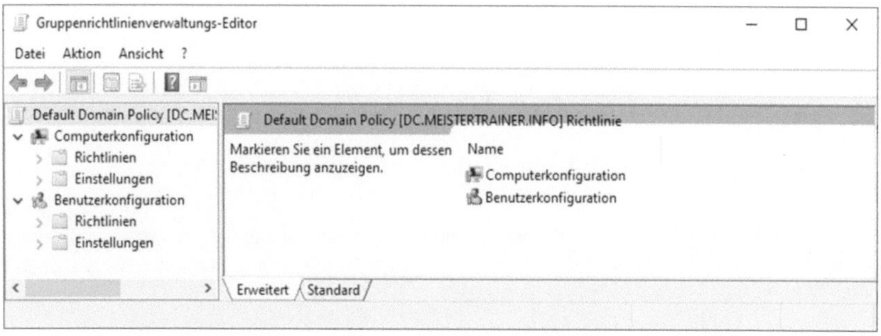


*Abbildung 17.5: Alle Einstellungen der Gruppenrichtlinie*

Optisch dargestellt werden diese Einstellungen in einer Darstellung, die uns sehr gut aus Explorer und Active Directory bekannt ist.

Sowohl auf der Computerseite als auch auf der Benutzerseite gibt es zwei Hauptkonfigurationsgruppen:

- Richtlinien
- Einstellungen

Die Richtlinien teilen sich in

- Softwareeinstellungen
- Windows-Einstellungen
- Administrative Vorlagen

Natürlich unterscheiden sich diese Einstellungen auf beiden Seiten etwas, denn nicht alle Einstellungen können für Computer vorgenommen werden. Andere können wiederum nicht für Benutzer gemacht werden.

Nehmen Sie sich nun einen Augenblick Zeit und betrachten Sie die

Vielfalt der Einstellungsmöglichkeiten auf beiden Seiten. Beachten Sie auch, dass bei einigen Einstellungen sehr gute Erklärungen zu finden sind, die einen Einsatz der Gruppenrichtlinie vereinfachen.

**Übung 17.1.1**

- Öffnen Sie auf der virtuellen Maschine „DC“ die Gruppenrichtlinienverwaltung
- Wechseln Sie zur „Default Domain Policy und betrachten Sie den Aufbau und die Einstellungen
- Nehmen Sie keine Änderungen vor!

## 17.2 Der Geltungsbereich der Gruppenrichtlinien

Welche Bedeutung hat nun diese Einteilung in „Benutzerkonfiguration“ und „Computerkonfiguration“?

Halten wir uns vor Augen, dass der eigentliche Einsatzbereich der Gruppenrichtlinien das Active Directory und nicht die lokale Maschine ist. Es macht wenig Sinn, Einstellungen auf jeder Maschine lokal zu regeln.

Aus diesem Grund werden die meisten Gruppenrichtlinien im Active Directory verwaltet. Hier gibt es unter anderem (später genaueres) die Möglichkeit, Gruppenrichtlinien einzelnen OUs zuzuordnen.

Für das Anwenden der einzelnen Komponenten gilt nun folgendes:

- Computerkonfigurations-Einstellungen werden auf alle Computerkonten im Geltungsbereich angewendet
- Benutzerkonfigurations-Einstellungen werden auf alle Benutzerkonten im Geltungsbereich angewendet

Der Geltungsbereich ist immer die OU, der die Gruppenrichtlinie zugeordnet ist und alle untergeordneten OUs, denn auch hier gilt die Vererbung.

Was passiert nun beim Systemstart eines Clients?

Zunächst einmal startet der Client und überprüft in der Domäne sein Computerkonto. Nun ist dem Client bekannt, in welcher OU sich sein Computerkonto befindet.

Er kann nun die Liste der Einstellungen anfordern, die für sein Computerkonto gilt, und anwenden.

Danach meldet sich der Benutzer an. Hier ist der Vorgang ähnlich. Das Benutzerkonto wird in der Domäne überprüft, und damit ist festgelegt, in welcher OU sich das Benutzerkonto befindet. Nun wird die Liste der Einstellungen angefordert und abgearbeitet.

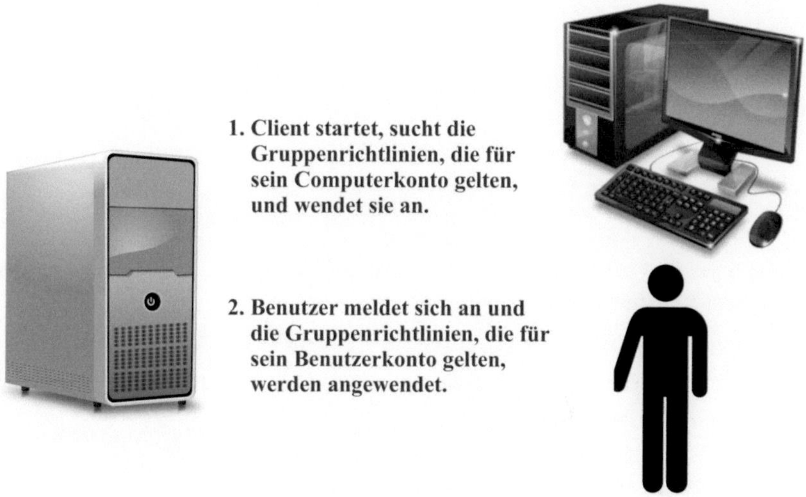


*Abbildung 17.6: Abarbeitung der Gruppenrichtlinien beim Systemstart*

**Ein Beispiel:**

Wir betrachten folgendes Szenario:

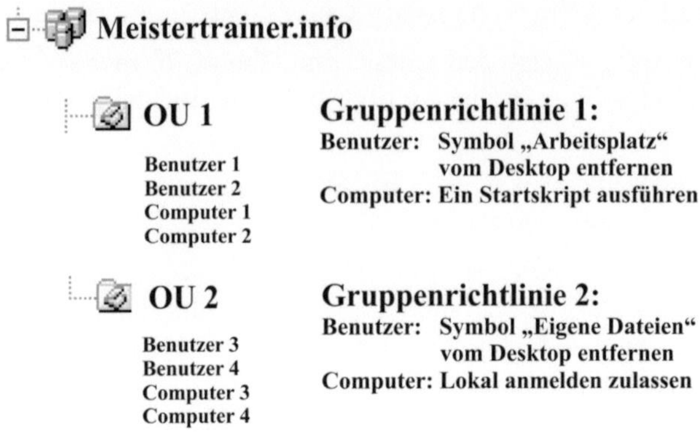


*Abbildung 17.7: Die Funktionsweise der Benutzer- und Computereinstellungen*

Aus dieser Zeichnung geht hervor, dass in der OU 1 zwei Benutzerkonten und zwei Computerkonten zu finden sind. In der OU 2 ist es ähnlich.

Daraus ergeben sich folgende Zuordnungen:

**Benutzer 1 meldet sich an Computer 1 an:**

*Computer 1* startet und erkennt, dass die Computereinstellungen der Gruppenrichtlinie 1 für ihn relevant sind.

Er wendet die Einstellung „*Ein Startskript ausführen*“ an.

*Benutzer 1* meldet sich an und durch sein Benutzerkonto in OU 1 gilt die Benutzereinstellung von Gruppenrichtlinie 1 für ihn:

*Symbol „Arbeitsplatz“ vom Desktop entfernen.*

**Benutzer 1 meldet sich an Computer 3 an:**

Computer 3: *Lokal anmelden zulassen.*

Benutzer 1: *Symbol „Arbeitsplatz“ vom Desktop entfernen.*

# Übung 17.2

- Gehen Sie gedanklich alle Kombinationen des obigen Beispiels durch!

## 17.2.1 Client Side Extensions – CSEs

Wie werden die Gruppenrichtlinien auf den Clients ausgeführt?

Die Gruppenrichtlinie stellt die Einstellungen nur bereit, der Client wendet sie an.

Dies erfolgt mithilfe der „Client Side Extensions (CSEs)“, die auf den Clients zur Verfügung stehen.

**ACHTUNG!**

Dies ist auch der Grund, warum ältere Clients nicht alle Einstellungen abarbeiten können, die von Windows Server 2022 zur Verfügung gestellt werden, hier fehlen schlicht die entsprechenden CSEs.

CSEs basieren auf DLLs, die beim Anmeldeprozess abgearbeitet werden. Die Reihenfolge ist in der Registry festgelegt, an dieser Stelle:

HKEY_LOCAL_MACHINE\SOFTWARE\Microsoft\Windows NT\CurrentVersion\Winlogon\GPExtensions

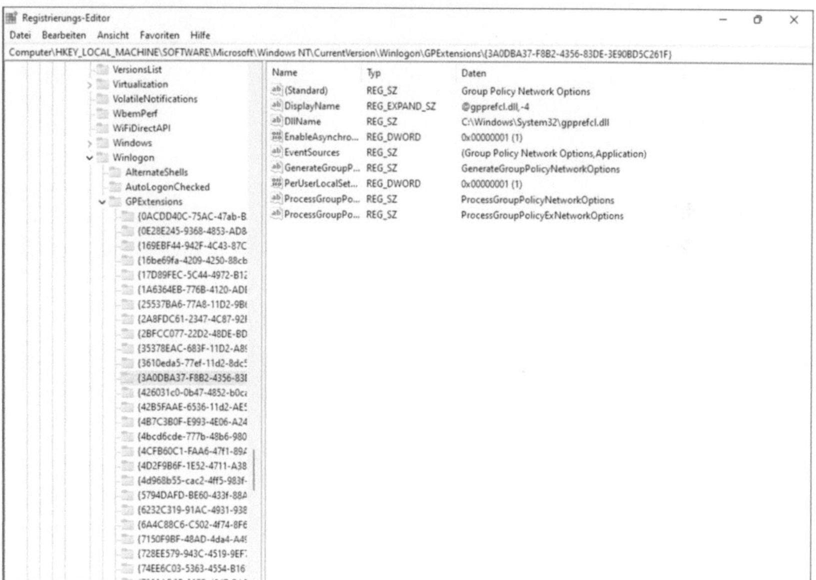


*Abbildung 17.8: CSEs*

Hier sehen Sie alle DLLs, die benutzt werden.

## Übung 17.2.1

- o Öffnen Sie auf der virtuellen Maschine W11 den Registrierungseditor rgedit.exe und betrachten Sie die „Client Side Extensions"
- o Führen Sie keine Änderungen durch!

### 17.2.2 Erzwingen der Anwendung der Gruppenrichtlinien

Ein letzter Schritt ist das Anwenden der Gruppenrichtlinien auf dem Client.

Wir haben schon gehört, beim Systemstart werden alle Gruppenrichtlinien abgefragt und durch die CSEs angewendet.

Aber was passiert, wenn Änderungen an den Gruppenrichtlinien durchgeführt werden? Wann erhält der Client diese Informationen?

Alle 90 Minuten wird standardmäßig die Anwendung der Gruppenrichtlinien auf dem Client erneuert.

Dieses Intervall lässt sich unter

- Computerkonfiguration
- Administrative Vorlagen
- System
- Gruppenrichtlinie
- Gruppenrichtlinien-Aktivierungsintervall

Für Computer beziehungsweise

- Benutzerkonfiguration
- Administrative Vorlagen
- System
- Gruppenrichtlinie
- Gruppenrichtlinien-Aktivierungsintervall

für Benutzer anpassen.

Allerdings werden mit dieser Automatik nicht alle Einstellungen übernommen. Beispielsweise werden Softwareinstallation und Ordnerumleitungen (später mehr zu diesen Themen) so nicht angewendet. Dazu benötigen wir entweder einen Neustart des Rechners oder eine aktiv angeforderte Aktualisierung.

Dafür gibt es den Befehl

**gpupdate.exe**

Dieser Befehl startet sofort eine komplette Aktualisierung der Gruppenrichtlinieneinstellungen auf dem Client, auf dem er ausgeführt wird.

Gpupdate.exe kann ohne Parameter ausgeführt werden, in diesem Fall wird keine Aktualisierung gestartet, wenn die Richtliniendatei sich nicht geändert hat.

Deswegen wird gpupdate.exe meistens mit dem Parameter

/force

ausgeführt. Hierbei werden auf jeden Fall alle Einstellungen angewendet, auch wenn sich vordergründig nichts geändert hat.

### Übung 17.2.2

- Erzwingen Sie auf der virtuellen Maschine „W11“ die Aktualisierung der Gruppenrichtlinieneinstellungen

## 17.3 Die Standard-anwendungsreihenfolge

Gruppenrichtlinien können auf verschiedenen Ebenen eingerichtet werden. Es gibt eine Reihenfolge, in der die Gruppenrichtlinien beim Systemstart abgearbeitet werden, und aus der sich die effektiven Zuordnungen ergeben:

- Lokale Richtlinie (in der Domäne wenig Bedeutung)
- Standort
- Domäne
- OU

Sie können also Gruppenrichtlinien auf einen Standort (wird in diesem Buch nicht weiter besprochen), eine ganze Domäne oder eine OU anwenden.

Jede Gruppenrichtlinie ist für alle Konten im Geltungsbereich gültig:

Standort:

Computerkonfiguration für alle Computerkonten im Standort

Benutzerkonfiguration für alle Benutzerkonten im Standort

Domäne:

Computerkonfiguration für alle Computerkonten in der Domäne

Benutzerkonfiguration für alle Benutzerkonten in der Domäne

OU:

Computerkonfiguration für alle Computerkonten in der OU

Benutzerkonfiguration für alle Benutzerkonten in der OU

Die Vererbung gilt hier immer standardmäßig.

**ACHTUNG!**

Die Gruppenrichtlinien werden alle nacheinander abgearbeitet, das bedeutet, wenn sowohl am Standort, als auch in der Domäne und der OU Einstellungen gemacht worden sind, werden alle Einstellungen nacheinander angewendet.

## 17.3.1 Überlagerungen der Einstellungen

Für alle Einstellungen gibt es bei Gruppenrichtlinien drei Möglichkeiten:

- Nicht konfiguriert
- Aktiviert
- Deaktiviert

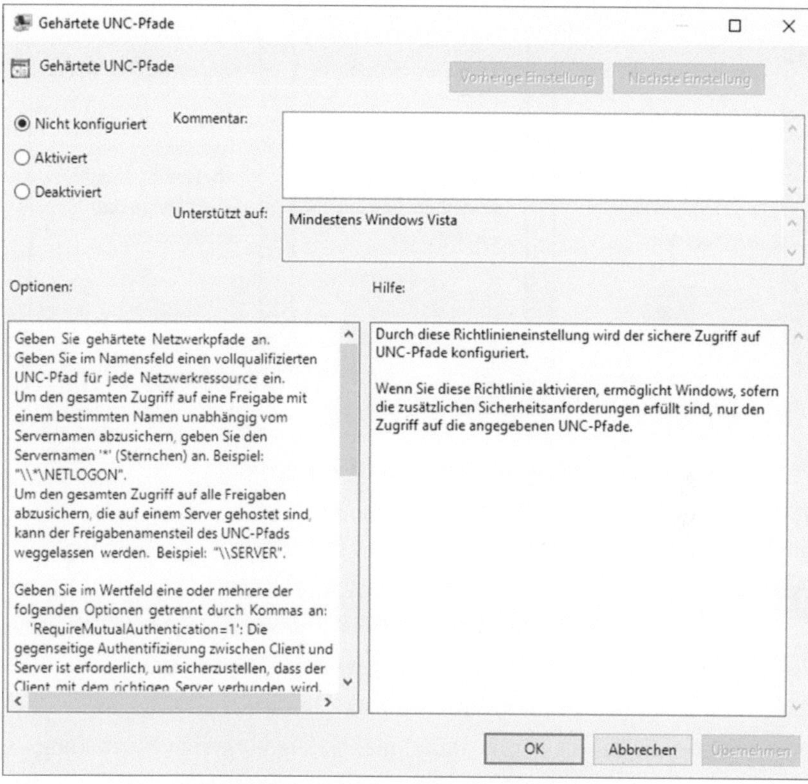


*Abbildung 17.9: Drei Auswahlmöglichkeiten*

Diese drei Einstellungen kann man mit Folien vergleichen, die übereinander gelegt werden.

| | |
|---|---|
| Aktiviert | Kästchen schwarz |
| Deaktiviert | Kästchen weiß |
| Nicht konfiguriert | Kästchen durchsichtig |

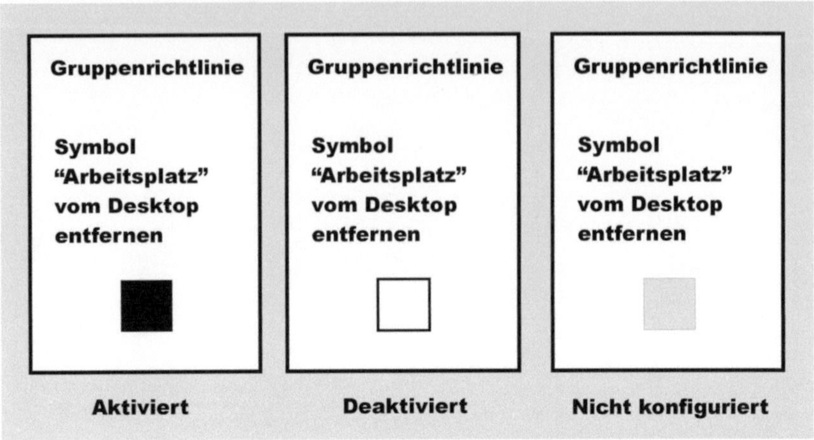


*Abbildung 17.10: Das Schichtenprinzip*

Beim Anwenden der Gruppenrichtlinien werden nun alle Folien nacheinander übereinander gelegt. Daraus ergeben sich folgende Regeln:

| | |
|---|---|
| Aktiviert: | Folie überdeckt vorige Einstellungen und setzt die Einstellung auf „Aktiviert“ |
| Deaktiviert: | Folie überdeckt vorige Einstellungen und setzt die Einstellung auf „Deaktiviert“ |
| Nicht konfiguriert: | Folie ändert nichts. Die vorherige Einstellung scheint durch und ist weiterhin gültig |

**Ein Beispiel:**

Die Einstellungen lauten folgendermaßen:

| | |
|---|---|
| Standort: | Symbol „Arbeitsplatz“ vom Desktop entfernen<br>Aktiviert |
| Domäne: | Symbol „Arbeitsplatz“ vom Desktop entfernen<br>Nicht konfiguriert |
| OU: | Symbol „Arbeitsplatz“ vom Desktop entfernen<br>Deaktiviert |

**Lösung:**

Die Einstellung wird zunächst aktiviert (Standort), dann nicht verändert (Domäne), und zuletzt deaktiviert (OU).

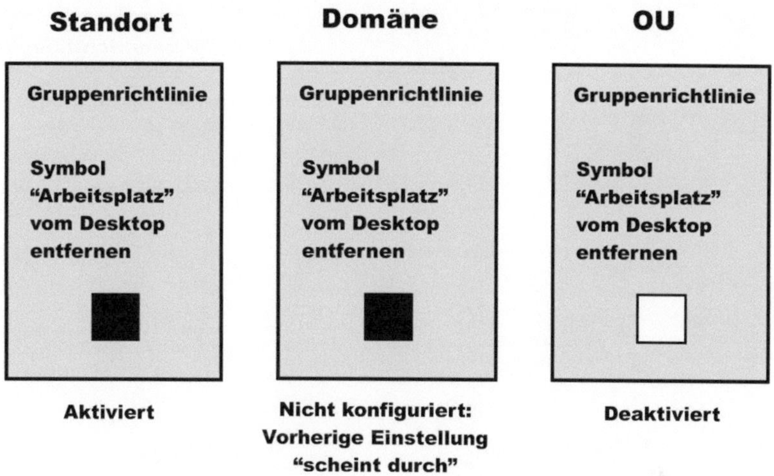


*Abbildung 17.11: Auflösung der Anwendungsreihenfolge*

## 17.4 Gruppenrichtlinien erstellen

Bevor wir unsere ersten Gruppenrichtlinien selber erstellen, müssen wir uns noch die Speicherorte für Gruppenrichtlinien betrachten.

Gruppenrichtlinien werden im Active Directory verwaltet. Alle Gruppenrichtlinien, die Sie erstellen, können Sie aus diesem Grund auch im Active Directory betrachten.

**ACHTUNG!**

Sie können im Active Directory an dieser Stelle zwar die Gruppenrichtlinien betrachten, sehen in dieser Ansicht aber keine Einstellungen. Der Container „System" ist nicht zur Verwaltung der Inhalte der Gruppenrichtlinien gedacht.

- Active Directory-Benutzer und -Computer
- Container „System"
- Policies

# ACHTUNG!

Sie können den Container „System" nur sehen, wenn Sie vorher unter dem Menüpunkt „Ansicht" die „Erweiterte Funktionen" aktiviert haben.

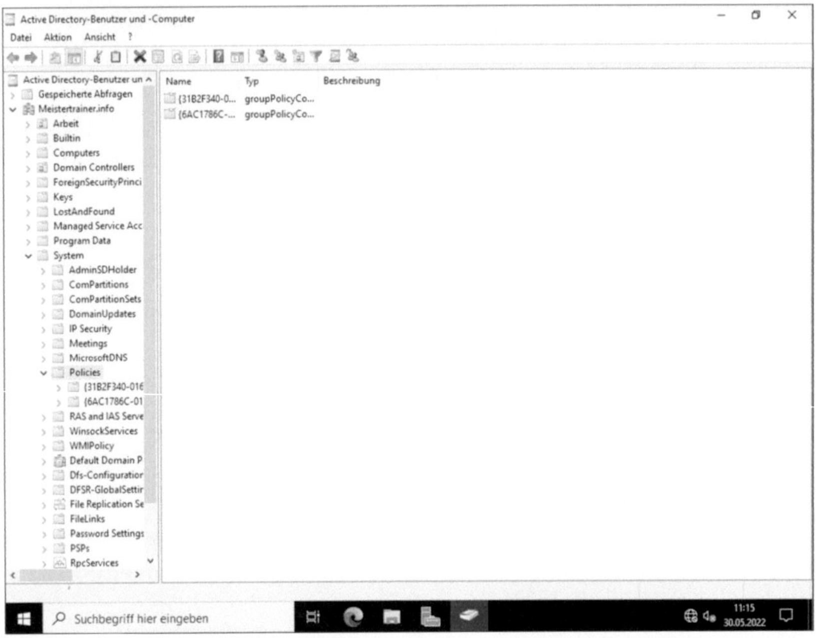


*Abbildung 17.12: Speichercontainer für Gruppenrichtlinien*

Wie wir erkennen können, sind bereits zwei Gruppenrichtlinien im Active Directory angelegt.

Dies sind die Standardgruppenrichtlinien, die bereits bei der Installation angelegt werden, nämlich

- Default Domain Policy (Standard Domänenrichtlinie),
  verknüpft mit der Domäne
- Default Domain Controller Policy (Standard Domänencontrollerrichtlinie),
  verknüpft mit der OU Domain Controllers

Die OU Domain Controllers ist direkt nach der Installation die einzige OU. Alle anderen der Domäne untergeordneten Gliederungsobjekte werden als Container bezeichnet. Container haben nicht die gleiche Funktionalität wie OUs. Nur OUs können weiter untergliedert werden, und auch Gruppenrichtlinien können nur OUs zugewiesen werden, nicht aber Containern.

**ACHTUNG!**

Da der Container „Users“ keine OU ist, kann hier auch keine Gruppenrichtlinie benutzt werden. Es macht also in jedem Fall Sinn, eigene OUs zu erstellen.

Im Active Directory wird also ein Teil der Gruppenrichtlinien verwaltet. Es stellt sich noch die Frage, wie die Clients zu ihren Einstellungen kommen.

Der Anmeldevorgang bei Clients an einer Domäne läuft immer nach dem gleichen Schema ab. Ein Teil dieses Anmeldevorgangs ist es, dass der Client auf eine Freigabe mit dem Namen „SYSVOL“ auf dem Domänencontroller zugreift. In dieser Freigabe befindet sich ein Ordner mit Namen „Policies“, und hier sind alle Gruppenrichtlinien mit allen Einstellungen gespeichert.

Der Client liest nun die relevanten Gruppenrichtlinien und wendet sie an.

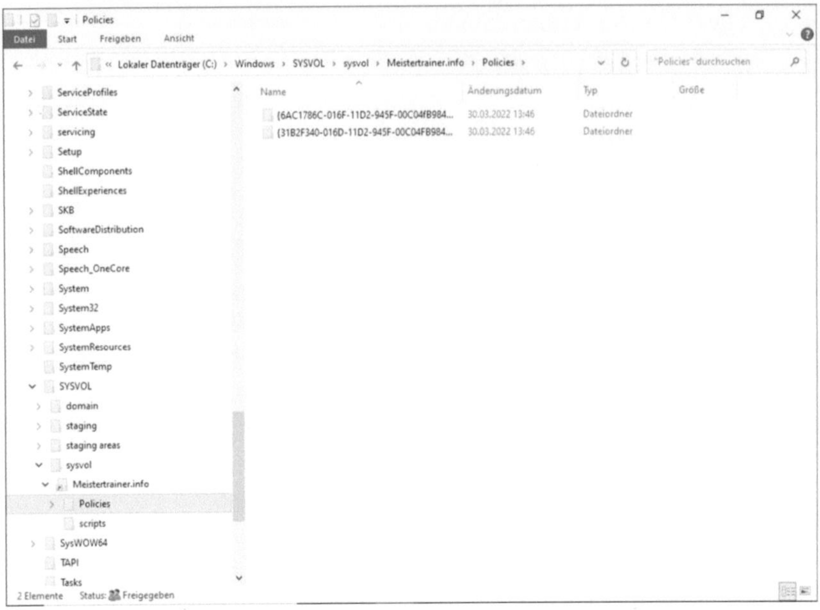


*Abbildung 17.13: Der Ordner „Sysvol“ mit Unterordnern*

Eine Gruppenrichtlinie setzt sich also aus zwei verschiedenen Bestandteilen zusammen:

- Gruppenrichtliniencontainer
- Gruppenrichtlinienvorlage

## ACHTUNG!

Löschen Sie und verändern Sie auf keinen Fall Einstellungen in der Gruppenrichtlinienvorlage. Dies könnte zu einem Integritätsverlust der Datenbank führen!

Betrachten wir erneut die „Gruppenrichtlinienverwaltung“.

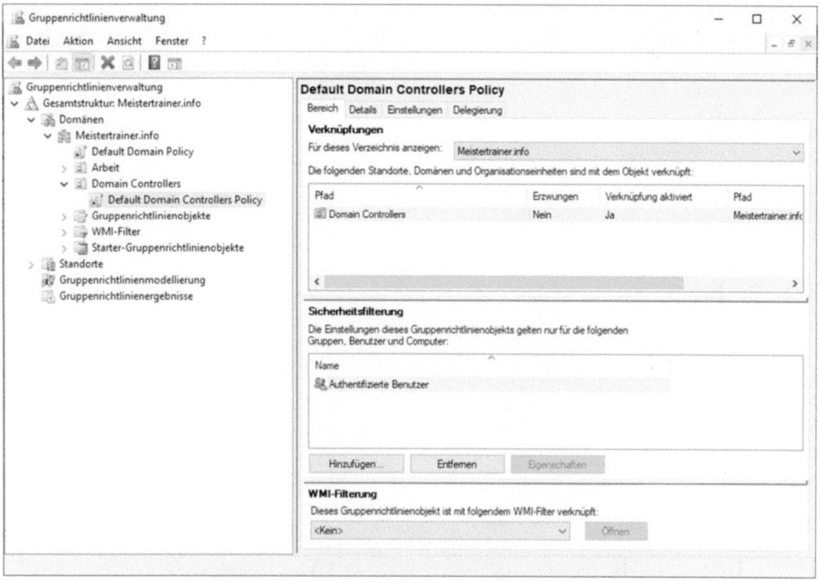


*Abbildung 17.14: Gruppenrichtlinienverwaltung*

Auch hier können wir erkennen, dass in der OU „Domain Controllers“ eine Gruppenrichtlinie erstellt ist, da alle OUs gelistet sind, und wir so sehr einfach erkennen können, in welchen OUs Gruppenrichtlinien erstellt worden sind.

Aber sind diese beiden Gruppenrichtlinien auch noch die einzigen?

Um das zu erforschen, erweitern wir den Knotenpunkt „Gruppenrichtlinienobjekte“.

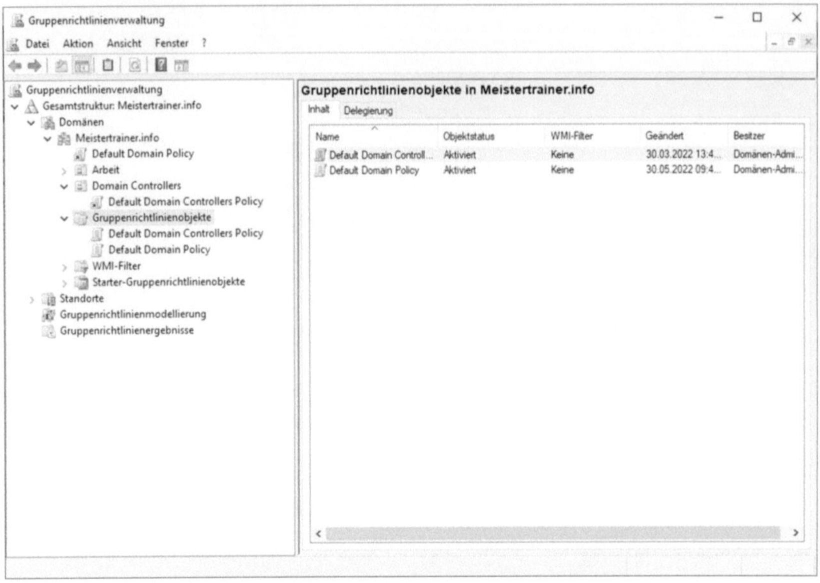


*Abbildung 17.15: Gruppenrichtlinienobjekte*

Hier sind alle vorhandenen Gruppenrichtlinien aufgelistet. Wir sehen, dass nach der Installation lediglich zwei Gruppenrichtlinien vorhanden sind:

- Default Domain Policy (Domänenebene)
- Default Domain Controllers Policy (OU Domain Controllers)

### 17.4.1 Verknüpfte Gruppenrichtlinie erstellen

Die gebräuchlichste Art, eine Gruppenrichtlinie zu erstellen, ist das Anlegen der Gruppenrichtlinie direkt an der gewünschten Stelle.

Wenn Sie beispielsweise eine Gruppenrichtlinie in der OU „Arbeit“ erstellen möchten, klicken Sie mit der rechten Maustaste auf den Knotenpunkt „Arbeit“, und wählen „Gruppenrichtlinienobjekt hier erstellen und verknüpfen“.

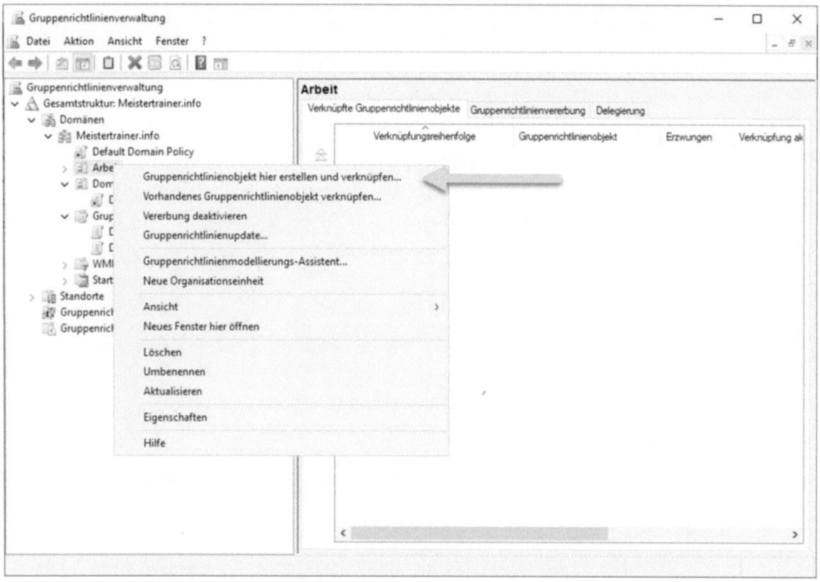


*Abbildung 17.16: Erstellen einer verknüpften Gruppenrichtlinie*

Wie Sie erkennen können, ist noch keine Gruppenrichtlinie mit dieser OU verknüpft.

Geben Sie der neuen Gruppenrichtlinie einen aussagekräftigen Namen.

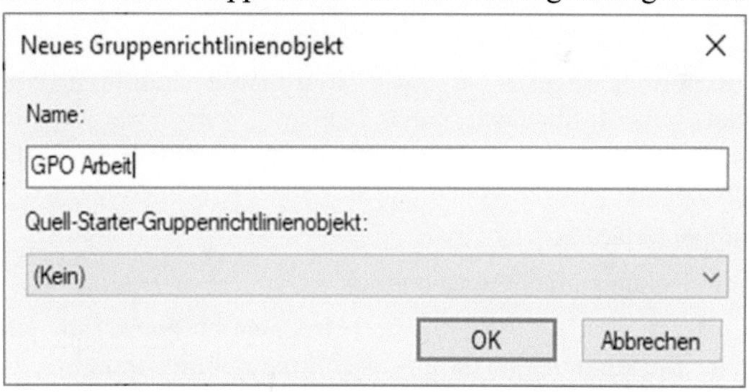


*Abbildung 17.17: Erstellen einer neuen Gruppenrichtlinie*

Diese Gruppenrichtlinie hat noch keinerlei Einstellungen. Wenn Sie Einstellungen machen möchten, klicken Sie auf „Bearbeiten“.

Nach der Erstellung kontrollieren Sie die beiden Speicherstellen im

Active Directory und im Ordner Sysvol. Sie stellen fest, dass es nun eine weitere Gruppenrichtlinie gibt.

## Übung 17.4.1

- Erstellen Sie in der OU „Arbeit“ ein verknüpftes Gruppenrichtlinienobjekt mit dem Namen „GPO Arbeit“
- Überprüfen Sie danach im Ordner „SYSVOL“, ob die Gruppenrichtlinie angelegt worden ist

## 17.4.2 Unverknüpfte Gruppenrichtlinie erstellen

### Allgemeines

Manchmal ist es nicht günstig, eine Gruppenrichtlinie zu erstellen, und sie gleich einer OU oder einer anderen Stelle zuzuweisen. Vielleicht möchten Sie zunächst einmal die Einstellungen in Zusammenarbeit mit Kollegen in Ruhe erstellen, und dann erst einem Geltungsbereich zuordnen.

Damit eine solche Vorgehensweise funktionieren kann, darf es sich bei einer Gruppenrichtlinie nicht um eine statische Zuordnung zu einem Computer, einem Standort, einer Domäne oder einer OU handeln, sondern es müssen in diesem Fall zwei verschiedene Bestandteile vorhanden sein:

- Gruppenrichtlinie
- Verknüpfung zum Geltungsbereich

Genau dieses Prinzip macht die Gruppenrichtlinien so universell einsetzbar: Sie können eine Gruppenrichtlinie definieren und sie zunächst unverknüpft lassen. Damit ist sie zwar bereits vorhanden, hat aber noch keinerlei Auswirkung.

Erst wenn Sie den Zeitpunkt für gekommen halten, können Sie in einem zweiten Schritt diese Gruppenrichtlinie mit dem gewünschten Geltungsbereich verknüpfen.

## Erstellen einer unverknüpften Gruppenrichtlinie

Um eine unverknüpfte Gruppenrichtlinie zu erstellen, wählen Sie den Knotenpunkt „Gruppenrichtlinienobjekte“.

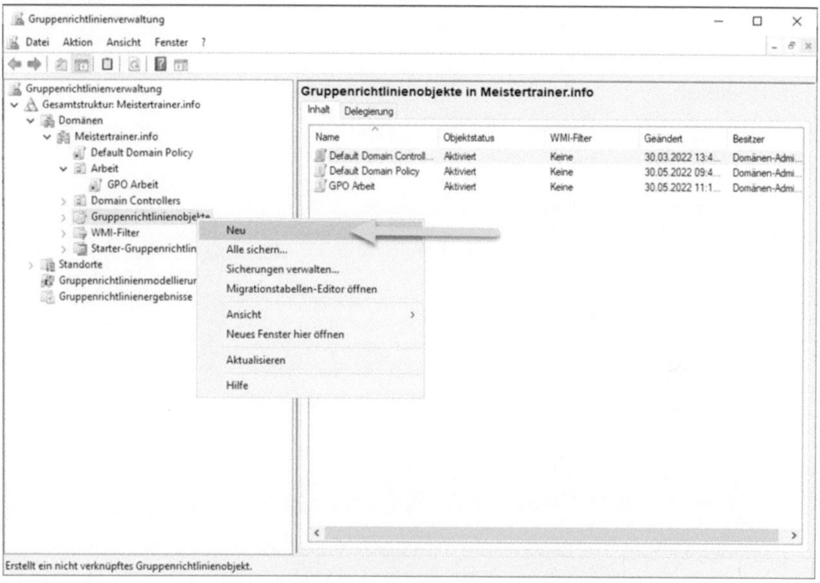


*Abbildung 17.18: Gruppenrichtlinienobjekte*

Wenn Sie hier im Objektmenü „Neu“ wählen, können Sie eine unverknüpfte Gruppenrichtlinie erstellen, die Sie später einem Container zuweisen können.

**ACHTUNG!**

Überprüfen Sie im Active Directory und in der Freigabe SYSVOL die Anzahl der Gruppenrichtlinien. Sie werden sehen, dass bereits eine Gruppenrichtlinie mehr angezeigt wird, obwohl noch keine Verknüpfung erstellt ist.

## Zuweisen einer unverknüpften Gruppenrichtlinie zu einem Geltungsbereich

Nachdem Sie die neue Gruppenrichtlinie über einen längeren Zeitraum bearbeitet haben, ist irgendwann einmal der Zeitpunkt gekommen, sie mit dem Geltungsbereich zu verknüpfen.

Ein Beispiel:

Sie möchten die Gruppenrichtlinie „unverknüpfte Gruppenrichtlinie" der OU „Arbeit" zuweisen.

Dazu klicken Sie mit der rechten Maustaste auf die entsprechende OU und wählen „Vorhandenes Gruppenrichtlinienobjekt verknüpfen".

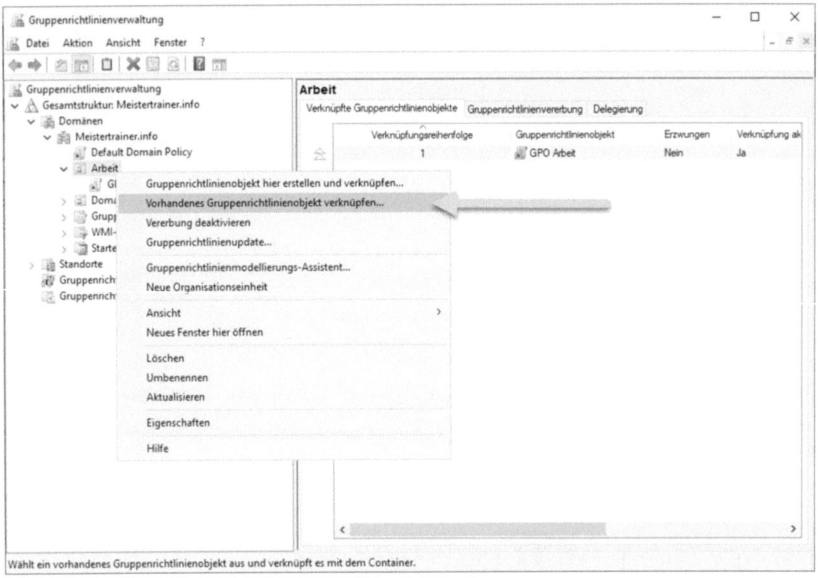


*Abbildung 17.19: Zuweisen einer bestehenden Gruppenrichtlinie*

Hier wählen wir sie aus, und damit ist sie sofort mit dem gewünschten Geltungsbereich verknüpft.

## ACHTUNG!

Sie können auf diesem Weg eine Gruppenrichtlinie mit mehreren Geltungsbereichen verknüpfen. Damit sparen Sie unter Umständen viel Arbeit.

### Entfernen von Verknüpfungen

Natürlich kann auch eine Gruppenrichtlinie irgendwann einmal nicht mehr benötigt werden.

Wenn dies der Fall ist, wählen Sie die entsprechende Gruppenrichtlinie aus, und klicken Sie auf „Löschen“.

Es erscheint nun eine Abfrage:

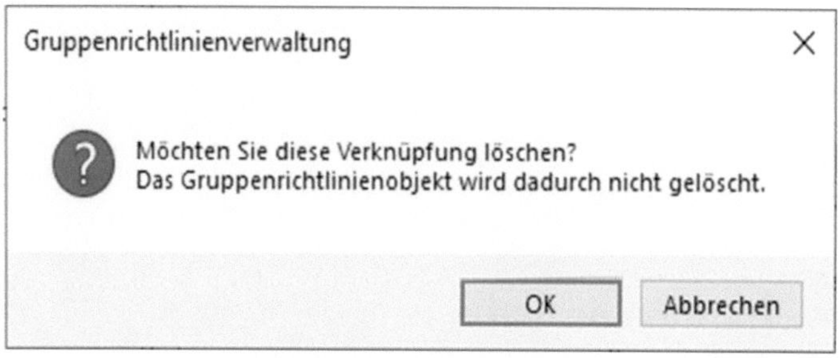


*Abbildung 17.20: Abfrage*

Damit wird deutlich, dass hier nur die Verknüpfung gelöscht wird, nicht aber das komplette Gruppenrichtlinienobjekt.

## Übung 17.4.2

- Erstellen Sie ein unverknüpftes Gruppenrichtlinienobjekt mit Namen „unverknuepftes Objekt“
- Verknüpfen Sie dieses Gruppenrichtlinienobjekt mit der OU „Arbeit“
- Löschen Sie die Verknüpfung wieder, ohne das Gruppenrichtlinienobjekt selber zu löschen

# 17.5 Konflikte

Gruppenrichtlinien sind ein exzellentes Instrument, um Einstellungen zu erzwingen. Leider kann es Konflikte zwischen Einstellungen geben. Sie sollten ein wachsames Auge auf Konflikte haben, denn sie sind das häufigste Problem bei der Anwendung von Gruppenrichtlinien.

## 17.5.1 Konflikt zwischen OU und Unter-OU

Alle Gruppenrichtlinien werden kumulativ angewendet, das heißt, alle Einstellungen werden abgearbeitet. Was aber geschieht, wenn die Einstellungen einer OU und ihrer Unter-OU miteinander im Konflikt stehen?

Die normale Anwendungsreihenfolge ist ja bereits bekannt.

- Standort
- Domäne
- OU

Nehmen wir einmal folgendes Szenario an:

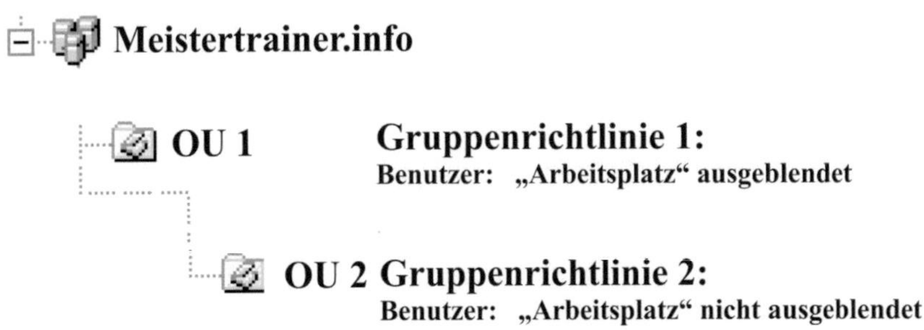


*Abbildung 17.21: Sich widersprechende Einstellungen*

In der OU 1 ist die Gruppenrichtlinie 1 gültig. Sie definiert, dass auf der Benutzerseite das Symbol „Arbeitsplatz“ ausgeblendet wird.

Durch die Vererbung gilt diese Einstellung natürlich auch für die OU 2, die eine untergeordnete OU ist.

Leider hat die OU 2 eine eigene Gruppenrichtlinie, die definiert, dass auf der Benutzerseite das Symbol „Arbeitsplatz“ nicht ausgeblendet wird.

Damit stehen diese zwei Einstellungen im Konflikt miteinander.

Diesen Konflikt löst die

**Erste Regel der Konfliktauflösung:**

Die gültige Einstellung ist immer die, die möglichst nahe am Objekt ist, also die Einstellung in der untergeordneten OU.

Damit kann die Standardanwendungsreihenfolge erweitert werden:

- Standort
- Domäne
- OU
- Unter-OU
- …

### 17.5.2 Konflikt auf gleicher Ebene: Computereinstellungen und Benutzereinstellungen

Eine weitere Konfliktmöglichkeit besteht, wenn in einer OU sich die Benutzer- und die Computereinstellungen widersprechen.

Gerade bei den „Administrativen Vorlagen" gibt es einige Einstellungen, die sowohl auf der Benutzer- als auch auf der Computerseite gemacht werden können.

Als Beispiel wurde hier eine Einstellung für den Windows Messenger gewählt.

| | | |
|---|---|---|
| Computerkonfiguration: | Ausführung von Windows Messenger | |
| | Nicht zulassen: | Aktiviert |
| Benutzerkonfiguration: | Ausführung von Windows Messenger | |
| | Nicht zulassen: | Deaktiviert |

Dies ist eindeutig ein Konflikt auf gleicher Ebene. Hier kann uns die Standardanwendungsreihenfolge nicht weiterhelfen.

**Zweite Regel der Konfliktauflösung:**

Wenn auf gleicher Ebene die Computereinstellung und die Benutzereinstellung in Konflikt stehen, dann ist meistens die Computereinstellung die gültige Einstellung.

### 17.5.3 Konflikt auf gleicher Ebene: Mehrere Gruppenrichtlinien sind mit dem gleichen Geltungsbereich verknüpft

Eine letzte Konfliktmöglichkeit ist die Tatsache, dass auf gleicher Ebene mehrere Gruppenrichtlinien verknüpft sein können.

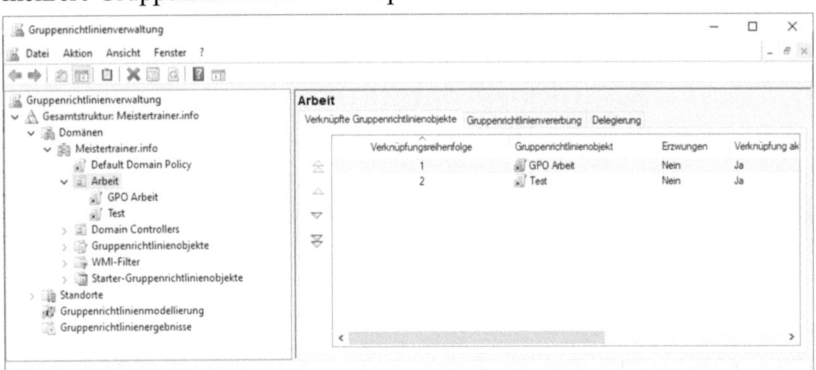


*Abbildung 17.22: Mehrere Gruppenrichtlinien auf gleicher Ebene*

In diesem Beispiel gibt es zwei Gruppenrichtlinien, die sich ausschließende Einstellungen haben:

**GPO Arbeit:**

Benutzereinstellung „Symbol Eigene Dateien aus dem Startmenü entfernen“

Aktiviert

**GPO Test:**

Benutzereinstellung „Symbol Eigene Dateien aus dem Startmenü entfernen“

Nicht konfiguriert

Auch dieser Konflikt muss aufgelöst werden können.

## Dritte Regel der Konfliktauflösung:

Auf gleicher Ebene werden die Gruppenrichtlinien von unten nach oben abgearbeitet. Die effektive Gruppenrichtlinie ist also die obere.

Aus diesem Grund können Sie die Reihenfolge der Gruppenrichtlinien auch mit den Schaltflächen „Nach oben“ und „Nach unten“ verändern.

## 17.6 Möglichkeiten, die Standardanwendungsreihenfolge zu ändern

Normalerweise ist die Standardanwendungsreihenfolge sehr gut. Aber es gibt immer Situationen, in denen sich der Administrator eine Möglichkeit wünscht, die Reihenfolge beeinflussen zu können. Zu diesem Zweck gibt es einige Möglichkeiten, die im administrativen Alltag sehr gebräuchlich sind.

Benutzen Sie aber bitte alle Möglichkeiten mit größter Vorsicht, und dokumentieren Sie auf jeden Fall jegliche Art der Beeinflussung!

### 17.6.1 Vererbung blockieren

Im Standardfall ist ja die Vererbung eingeschaltet. Dies bedeutet, dass die Einstellungen einer Gruppenrichtlinie für die Verknüpfung und für alle untergeordneten Objekte gelten.

Manchmal ist aber genau diese Vererbung nicht erwünscht.

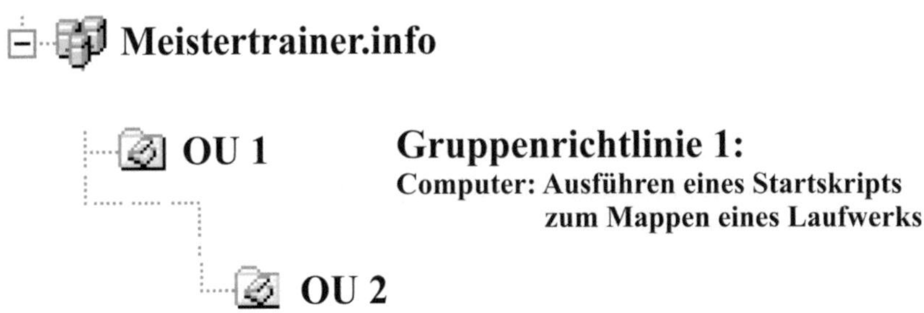


*Abbildung 17.23: Vererbung der Gruppenrichtlinien ist nicht erwünscht*

In der OU 1 ist eine Gruppenrichtlinie aktiv, die eine Computerkonfiguration beinhaltet, dass ein Startskript ausgeführt werden soll. Mit diesem Startskript werden verschiedene Laufwerke gemappt.

In der OU 2, die OU 1 untergeordnet ist, sind aber alle Konten der Notebooks. Bei ihnen ist ein Mapping von Laufwerken nicht erwünscht, da sie natürlich oft ohne Netzwerkanbindung arbeiten.

Die Lösung ist das Ausschalten der Vererbung, wie es bereits von NTFS bekannt ist.

Sie wählen die OU aus, deren Vererbung Sie deaktivieren wollen, und klicken auf „Vererbung deaktivieren“.

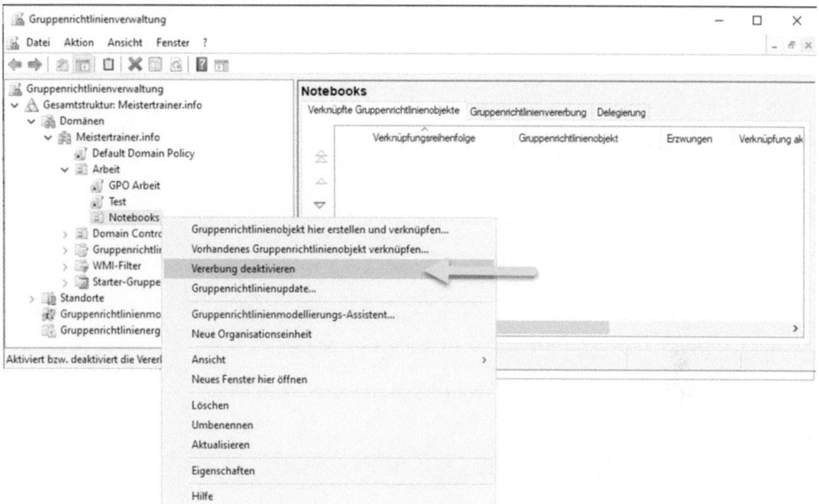


*Abbildung 17.24: Vererbung deaktivieren*

## ACHTUNG!

Wenn Sie die Richtlinienvererbung deaktiviert haben, haben Sie alle Gruppenrichtlinien, die von oben vererbt werden, abgeblockt. Sie können nur alle Gruppenrichtlinien, nicht aber einzelne Gruppenrichtlinien blockieren. Dies ist das Prinzip „Alles oder Nichts“.

Seien Sie vorsichtig mit dem Ausschalten der Vererbung. Wenn Sie viele Gruppenrichtlinien benutzen, schalten Sie unter Umständen auch die erwünschten Gruppenrichtlinien ab!

Nach der Deaktivierung der Vererbung sehen Sie dies auf den ersten Blick.

*Abbildung 17.25: Vererbung ist deaktiviert*

Die OU, die nun keine Gruppenrichtlinie von oben mehr erhält, wird mit einem blauen Ausrufezeichen gekennzeichnet.

# Übung 17.6.1

- Legen Sie unterhalb der OU Arbeit die OU „Notebooks“ an
- Blockieren Sie die Vererbung der Gruppenrichtlinien auf Ebene der OU „Notebooks“

## 17.6.2 Erzwungen

Um genau dieser Problematik zu entgehen, gibt es noch die Möglichkeit, einer bestimmten Gruppenrichtlinie das Attribut „Erzwungen“ zu geben.

Wenn Sie einer Gruppenrichtlinie das Attribut „Erzwungen“ geben, ist es den untergeordneten Objekten nicht möglich, sich dieser Gruppenrichtlinie zu entziehen. Selbst wenn die Vererbung blockiert wird, wird diese Gruppenrichtlinie auf jeden Fall angewendet.

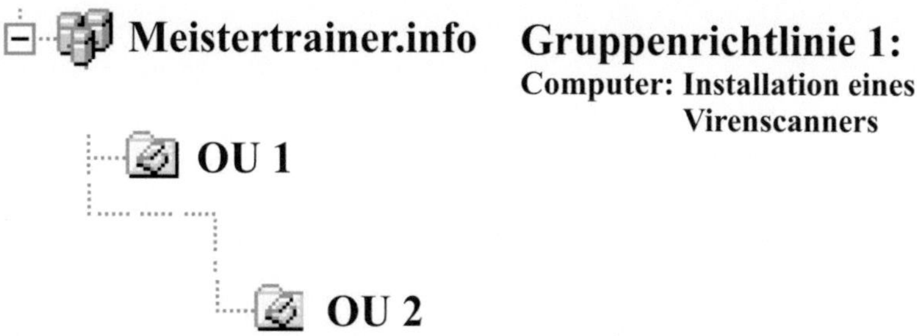


*Abbildung 17.26: Softwareinstallation auf Domänenebene soll nicht blockiert werden können*

In der Domäne Meistertrainer.info wird auf Domänenebene eine Gruppenrichtlinie erstellt, die die Installation eines Virenscanners erzwingt.

OU 1 hat aber bereits die Vererbung ausgeschaltet, da einige andere Gruppenrichtlinien für OU 1 nicht relevant sind.

Es ist dringend erforderlich, dass die Virenschutzsoftware auf jedem Rechner im Unternehmen installiert wird.

Aus diesem Grund wird der Gruppenrichtlinie „Virenscanner" das Attribut „Kein Vorrang" zugewiesen.

Dafür wählen Sie die entsprechende Gruppenrichtlinie aus und klicken mit der rechten Maustaste.

Nun können Sie das Attribut „Erzwungen" aktivieren.

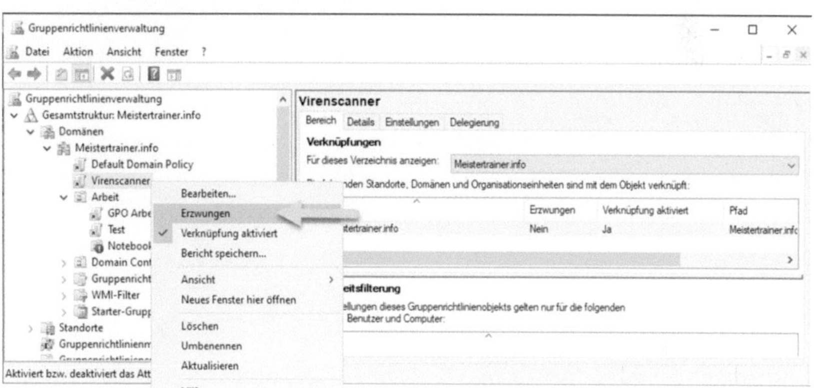


*Abbildung 17.27: Erzwungen*

## Übung 17.6.2

- Erstellen Sie auf Ebene der Domäne eine Gruppenrichtlinie mit Namen „Virenscanner“
- Geben Sie dieser Gruppenrichtlinie das Merkmal „Erzwungen“, damit sie nicht blockiert werden kann
- Setzen Sie alle virtuellen Maschinen auf den Prüfpunkt „Basis“ zurück

## 17.6.3 Gruppenrichtlinie filtern

Wenn viele Gruppenrichtlinien abgearbeitet werden, kann es in manchen Fällen zu einer relativ langen Bearbeitungszeit kommen.

Um hier Zeit einzusparen, gibt es die Möglichkeit, Teile von Gruppenrichtlinien zu deaktivieren.

Das bedeutet, wenn in einer Gruppenrichtlinie lediglich Computerkonfigurationen definiert sind, kann es Sinn machen, den Benutzerteil abzuschalten, und damit auch die Bearbeitungszeit zu beschleunigen. Dies nennt man „Filtern von Gruppenrichtlinien“.

Die Vorgehensweise ist sehr einfach.

Sie wählen die Gruppenrichtlinie aus, die Sie filtern möchten.

Wählen Sie die Karteikarte „Details“.

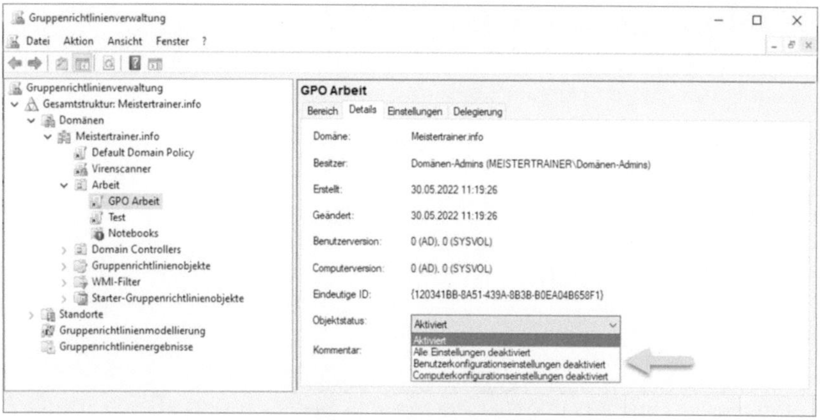

*Abbildung 17.28: Details*

### 17.6.4 Berechtigungen setzen

Die anspruchsvollste Beeinflussung der Standardanwendungsreihenfolge ist das Setzen von Berechtigungen.

Manchmal ist es nicht möglich, alle Benutzer- oder Computerkonten, für die eine Einstellung gelten soll, in eine OU zusammenzufassen.

Dann wird es etwas schwieriger, denn normalerweise ist die kleinste Einheit, auf die eine Gruppenrichtlinie angewendet werden kann, eine OU.

**Ein Beispiel:**

In der OU 1 ist das Aussehen des Desktops durch eine Gruppenrichtlinie stark eingeschränkt.

Auch die Administratoren haben ihre Konten in dieser OU. Sie sollen von den Beschränkungen ausgenommen werden.

Dies ist nicht einfach zu lösen. Wenn es nicht möglich ist, die Administratoren in eine eigene OU zu setzen, lässt sich diese Anforderung mit bisher bekannten Mitteln nicht lösen.

In diesem Fall muss auf die Einschränkung der Berechtigungen zurückgegriffen werden.

In einer Domäne sind alle Prozesse an Berechtigungen gekoppelt. Um auf eine Freigabe zugreifen zu können, benötigt der Benutzer die entsprechenden Rechte. Hat er diese nicht, kann auch kein Zugriff stattfinden.

Bei den Gruppenrichtlinien ist es nicht anders.

Um eine Gruppenrichtlinie anwenden zu dürfen, muss jedes Konto das Recht haben, diese Gruppenrichtlinie anzuwenden.

Nun ist es möglich, einer bestimmten Gruppe dieses Recht zu nehmen, und schon gilt die entsprechende Gruppenrichtlinie nicht mehr für diese Gruppe.

Jede einzelne Gruppenrichtlinie verwaltet ihre Zugriffsrechte selber. Um also einer Gruppe das Recht der Anwendung einer Gruppenrichtlinie zu entziehen, muss die Einstellung in der Gruppenrichtlinie vorgenommen werden.

In der Karteikarte „Gruppenrichtlinie“ wählen Sie die entsprechende Gruppenrichtlinie aus und markieren sie. Klicken Sie auf „Eigenschaften“ und weiter auf die Karteikarte „Sicherheit“.

Hier sehen Sie, dass die Gruppe „Authentifizierte Benutzer“ das Recht hat, die Gruppenrichtlinie zu übernehmen.

Hier wählen Sie nun in unserem Beispiel die Gruppe der Administratoren, und entfernen ihr das Recht, diese Gruppenrichtlinie zu übernehmen.

**ACHTUNG!**

Das Bearbeiten der Berechtigungen ist zwar manchmal das einzige Mittel, schwierigen Anforderungen gerecht zu werden, doch Sie sollten sehr vorsichtig mit dem Einsatz dieser Möglichkeit sein. Ohne Dokumentation ist eine solche Änderung nicht mehr verwaltbar!

## 17.7 Gruppenrichtlinien mit der PowerShell verwalten

Damit die Gruppenrichtlinien mit der PowerShell verwaltet werden können, wird das PowerShell-Modul „Active Directory-Modul für Windows PowerShell“ installiert sein.

Auf einem Domänencontroller ist dies automatisch installiert, wenn Sie das Active Directory von einem anderen Rechner aus verwalten möchten, müssen Sie dieses Modul nachinstallieren.

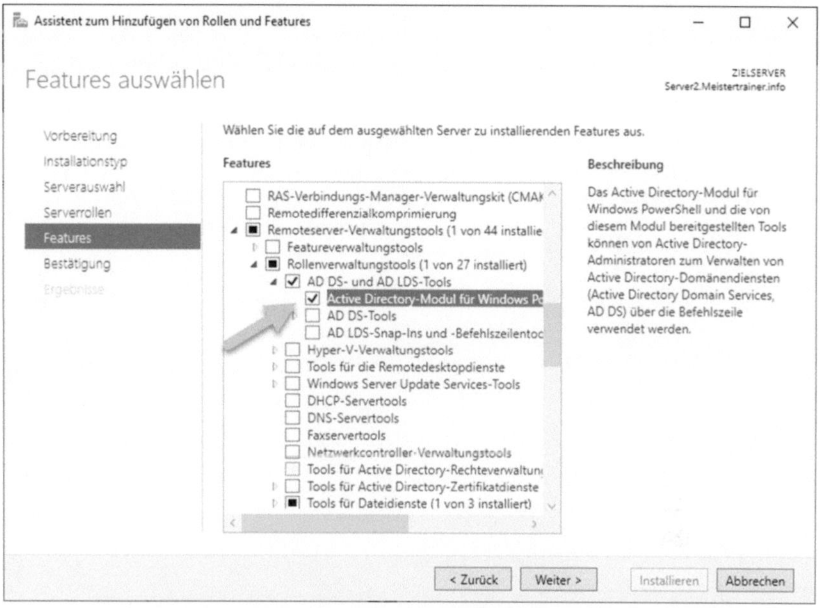


*Abbildung 17.29: Active Directory-Modul für Windows PowerShell*

Die wichtigsten PowerShell cmdlets können Sie in dieser Tabelle sehen:

| **Cmdlet** | **Bedeutung** |
|---|---|
| Get-GPO | Listet alle Gruppenrichtlinien (Parameter "-all") auf |
| New-GPO | Erzeugt eine neue, leere Gruppenrichtlinie |
| Remove-GPO | Entfernt eine Gruppenrichtlinie sowohl aus dem Active Directory als auch aus dem System Volume Folder (SysVol) |
| Rename-GPO | Benennt eine Gruppenrichtlinie um |
| Copy-GPO | Kopieren einer Gruppenrichtlinie |

| | |
|---|---|
| New-GPStarterGPO | Erstellen einer neuen Gruppenrichtlinienvorlage |
| Get-GPStarterGPO | Auflisten der Gruppenrichtlinienvorlagen |
| Invoke-GPupdate | Startet eine Aktualisierung der Gruppenrichtlinien |

# 18 Tag 18: Grundlagen Gruppenrichtlinien

Die Gruppenrichtlinien bieten eine Vielzahl an Möglichkeiten, das Active Directory zu verwalten.

## 18.1 Gruppenrichtlinienvorlagen

Gruppenrichtlinien bestehen aus vielen verschiedenen Einstellungsmöglichkeiten. Wir betrachten nun, wie einige dieser Einstellungsmöglichkeiten beeinflusst werden können.

### 18.1.1 ADMX-Dateien

Betrachten Sie die „Administrativen Vorlagen" einer beliebigen Gruppenrichtlinie.

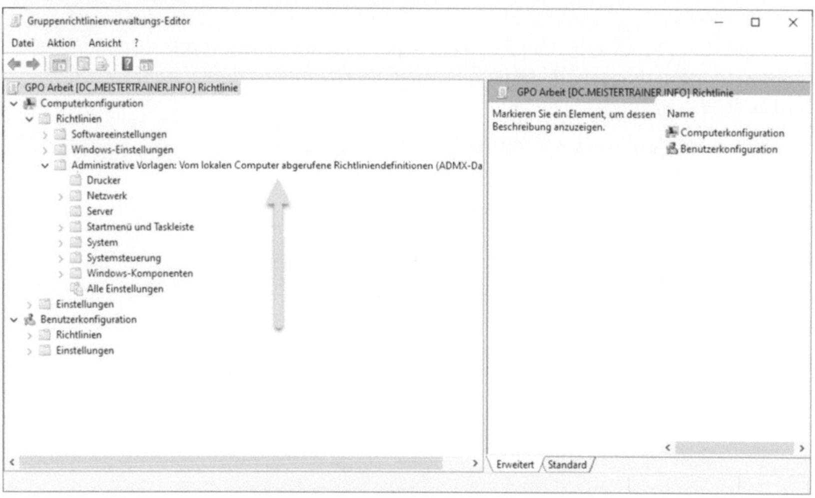


*Abbildung 18.1: Administrative Vorlagen*

Als Hinweis steht folgender Verweis: „Vom lokalen Computer abgerufene Richtliniendefinitionen (ADMX-Dateien)".

**Was bedeutet das?**

Die „Administrativen Vorlagen" sind individuell anpassbar. Sollten Sie beispielsweise ein Office-Produkt installiert haben, können Sie auch für die Einstellungen dieser Programme administrative Vorlagen herunterladen.

Daraus ergibt sich, dass sich der Menüpunkt „Administrative Vorlagen" aus mehreren individuellen Vorlagendateien zusammensetzt, und deswegen auch auf jedem Einzelplatzrechner oder in jeder Domäne unterschiedlich sein kann.

Das ist richtig. Die „Administrativen Vorlagen" sind eine Zusammenstellung aus mehreren .ADMX-Dateien, die auf XML basieren.

ADMX-Dateien werden erst seit Windows Server 2008 und Windows Vista verwendet. In den Vorgängerversionen kamen ADM-Dateien zum Einsatz, die nicht xml-basiert waren, und einige Nachteile hatten:

- ADM-Dateien waren sprachabhängig, das bedeutet, dass für jede Sprache eine eigene ADM-Datei erstellt werden musste
- ADM-Dateien mussten für jede einzelne Gruppenrichtlinie hinterlegt werden

Die neuen ADMX-Dateien sind hier bedeutend praktischer.

**Sprachneutralität**

ADMX-Dateien sind sprachneutral. Im Ordner der Vorlagendateien wird für jede benötigte Sprache ein zusätzlicher Ordner angelegt, hier de-DE. Dort werden die Sprachdateien gespeichert, die das Format ADML haben.

**Zentrale Hinterlegung**

Nach der Installation befinden sich alle ADMX-Dateien im Ordner %systemroot%\Windows\PolicyDefinitions. Von dort aus werden die Dateien in die Gruppenrichtlinie ausgelesen, was man an dem Kommentar „Vom lokalen Computer abgerufene Richtliniendefinitionen (ADMX-Dateien)" erkennen kann.

Dies ist eine gute Lösung für einen Einzelplatz, aber nicht für eine Domäne. Wenn wir das so lassen würden, müssten wir alle ADMX-

Dateien auf alle Domänencontroller kopieren.

Wenn wir die Domänenreplikation benutzen wollen, ist dies sehr einfach.

Wir erstellen einen Unterordner im Ordner %systemroot%\sysvol\domain\policies mit Namen PolicyDefinitions und kopieren dort alle ADMX-Dateien hinein.

Für alle benötigten Sprachen erstellen wir untergeordnete Sprachordner, z.B. de-DE für Deutsch, und kopieren dort alle vorhandenen deutschen ADML-Dateien hinein.

Das ist alles.

Wenn wir nun die „Administrativen Vorlagen“ erneut zur Bearbeitung öffnen, erhalten wir folgenden Hinweis:

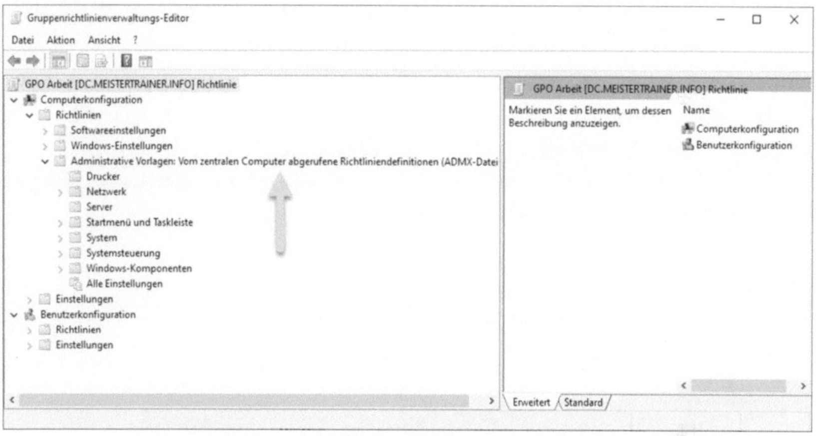


*Abbildung 18.2: Zentral gespeicherte ADMX-Dateien*

„Vom zentralen Computer abgerufene Richtliniendefinitionen (ADMX-Dateien)“. Das zeigt uns deutlich, dass hier die Active Directory Replikation die Informationen verwaltet.

# Übung 18.1.1

- Konfigurieren Sie, dass die Administrativen Vorlagen der Gruppenrichtlinien mithilfe der Domänenreplikation an alle weiteren Domänencontroller repliziert werden

## 18.1.2 Starter-Gruppenrichtlinienobjekt

Eine weitere Möglichkeit, mit Vorlagen zu arbeiten, ist das Starter-Gruppenrichtlinienobjekt.

Sie können ein solches Objekt erstellen, um Grundeinstellungen für die „Administrativen Vorlagen“ zu definieren. Diese Einstellungen können Sie in einem Starter-Gruppenrichtlinienobjekt speichern.

Mit einem Starter-Gruppenrichtlinienobjekt erreichen Sie eine hohe Flexibilität, denn Sie können es offline speichern, exportieren und jederzeit als Grundgerüst für eine neue Gruppenrichtlinie benutzen.

Erstellen können Sie ein Starter-Gruppenrichtlinienobjekt folgendermaßen:

Sie klicken mit der rechten Maustaste auf „Starter-Gruppenrichtlinienobjekt“ und wählen „Neu“.

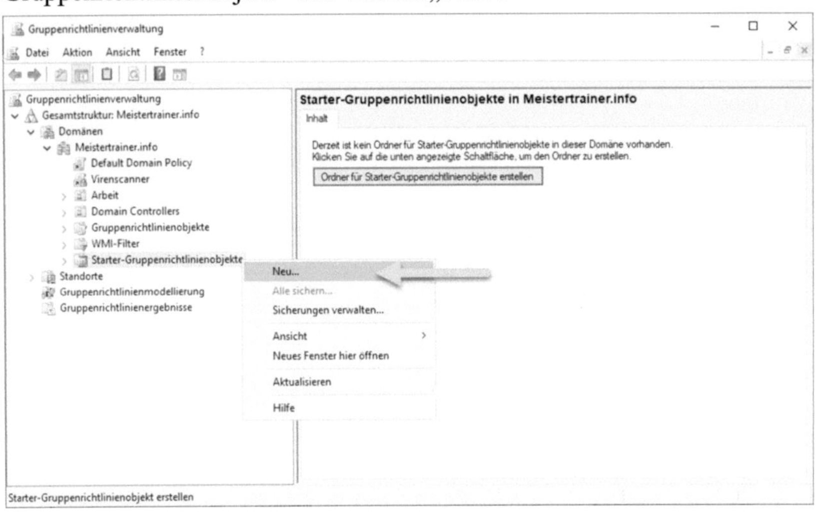


*Abbildung 18.3: Erstellen eines neuen Starter-Gruppenrichtlinienobjekts*

Nachdem Sie einen Namen vergeben haben, können Sie das Starter-Gruppenrichtlinienobjekt bearbeiten.

**ACHTUNG!**

Sie können deutlich erkennen, dass hier wirklich nur Einstellungen für die „Administrativen Vorlagen" gemacht werden können!

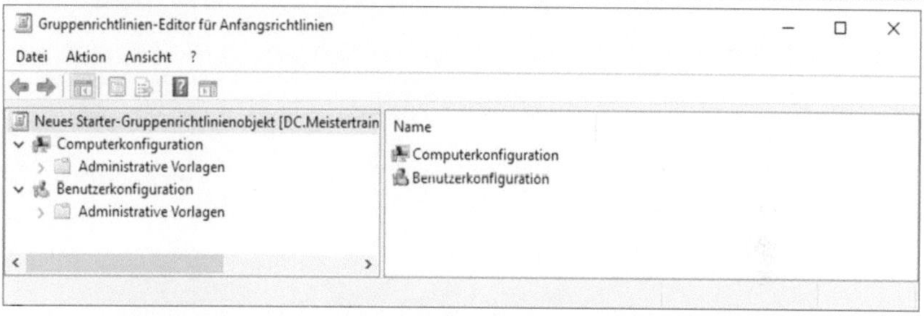


*Abbildung 18.4: Einstellungen für die „Administrativen Vorlagen"*

Wenn Sie nun eine Gruppenrichtlinie mit den Grundeinstellungen des Starter-Gruppenrichtlinienobjekts erstellen möchten, wählen Sie einfach beim Anlegen der Gruppenrichtlinie bei „Quell-Starter-Gruppenrichtlinienobjekt" das entsprechende Starter-Gruppenrichtlinienobjekt aus.

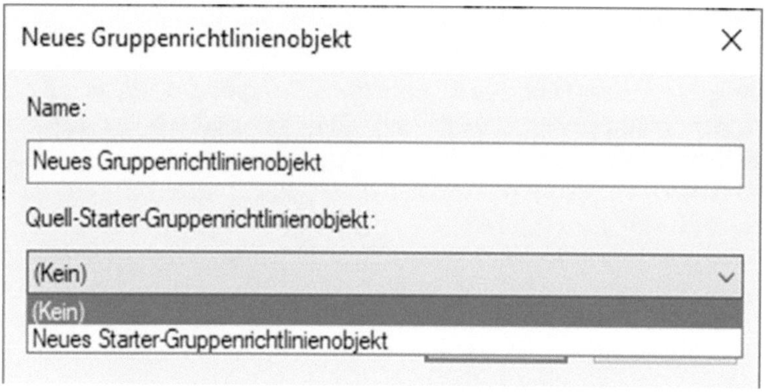


*Abbildung 18.5: Anlegen einer neuen Gruppenrichtlinie*

Damit werden alle Einstellungen des Starter-Gruppenrichtlinienobjekts in die neue Gruppenrichtlinie übernommen.

## Übung 18.1.2

- Erstellen Sie ein Starter-Gruppenrichtlinienobjekt mit dem Namen „Neues Starter-Gruppenrichtlinienobjekt“
- Erstellen Sie danach ein neues unverknüpftes Gruppenrichtlinienobjekt auf Basis des eben erstellten Starter-Gruppenrichtlinienobjekts mit Namen „Start“

# 18.2 Verwaltung zugewiesener Gruppenrichtlinien

Einige Dienstprogramme für die Verwaltung von Gruppenrichtlinien sollen an dieser Stelle erwähnt werden.

## 18.2.1 Gruppenrichtlinienergebnisse

Oft ist es nicht so einfach, festzustellen, welche Gruppenrichtlinien auf welchen Computer und auf welchen Benutzer angewendet werden.

Dafür gibt es das Tool „Gruppenrichtlinienergebnisse“ in der Konsole „Gruppenrichtlinienverwaltung“, mit dem Sie grafisch die Ergebnisse darstellen können.

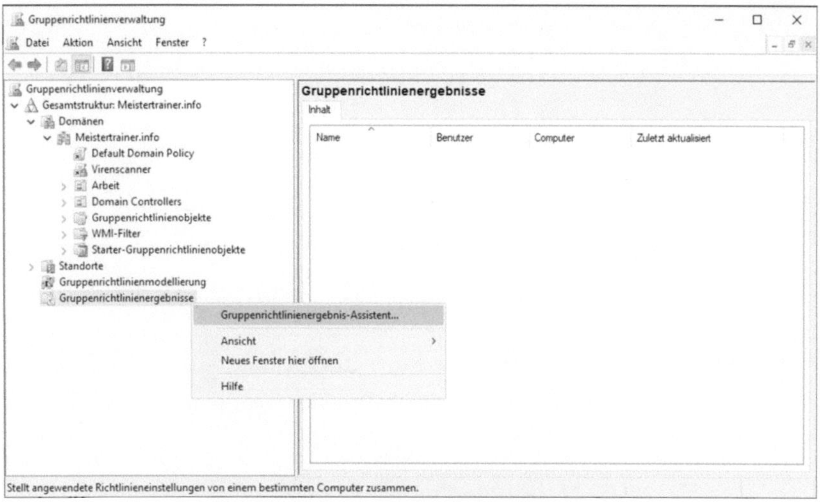


*Abbildung 18.6: Gruppenrichtlinienergebnisse*

Hier können Sie angeben,

- Welcher Computer (auf dem der Benutzer angemeldet ist)
- Welcher Benutzer

analysiert werden soll.

Nach dieser Auswahl werden alle vorhandenen Gruppenrichtlinien untersucht, und daraus ein Ergebnis generiert.

Es ist möglich, dass diese Analyse relativ lange dauert, dies hängt davon ab, wie viele Gruppenrichtlinien untersucht werden müssen.

Als Ergebnis erhalten Sie eine grafische Zusammenfassung, welche Gruppenrichtlinie auf dem gewählten Computer für den gewählten Benutzer wirksam sind.

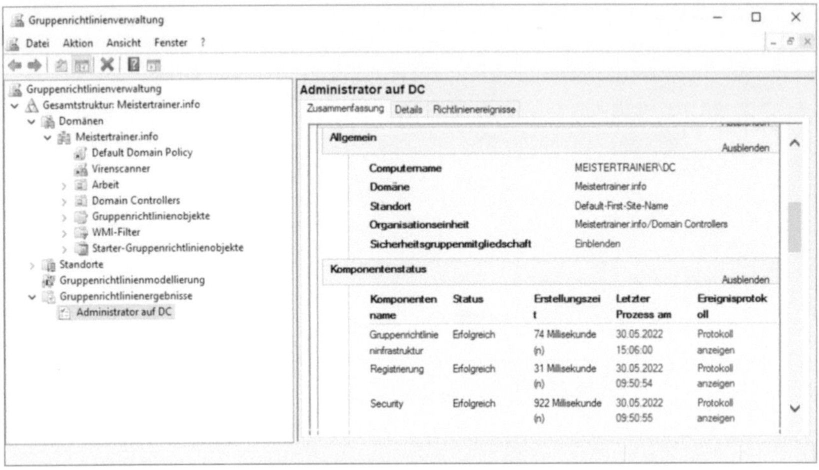


*Abbildung 18.7: Ergebnis*

# Übung 18.2.1

- Analysieren Sie mithilfe des „Gruppenrichtlinienergebnis“, welche Einstellungen gelten, wenn der Administrator auf dem DC angemeldet ist

## 18.2.2 Gpupdate

Über Gpupdate haben wir uns zuvor schon unterhalten. Es ist ein kleines nützliches Dienstprogramm, das die Gruppenrichtlinieneinstellungen aktualisiert.

Manchmal wäre es nötig, den Computer neu zu starten, damit Einstellungen aktiv werden. Das ist aber oft nicht möglich, da es sich um Server oder sogar Domänencontroller handelt.

Gpupdate nimmt uns diese Arbeit ab. Mit diesem Tool werden die Einstellungen sofort angewendet, und sie sind einsatzbereit.

Gpupdate wird an der Eingabeaufforderung gestartet, und kann mit diversen Parametern eingesetzt werden.

**/target:{computer|user}**
Verarbeitet nur die Computereinstellungen bzw. die aktuellen Benutzereinstellungen. Ohne Eingabe dieses Parameters werden sowohl die Computereinstellungen als auch die Benutzereinstellungen verarbeitet.

**/force**
Ignoriert alle Verarbeitungsoptimierungen und wendet alle Einstellungen erneut an.

**/wait:Wert**
Die Anzahl der Sekunden, die die Richtlinienverarbeitung mit dem Beenden wartet. Der Standardwert beträgt 600 Sekunden. 0 bedeutet "nicht warten"; -1 bedeutet "unbegrenzt warten".

**/logoff**
Führt nach Abschluss der Aktualisierung eine Abmeldung durch. Dies ist für clientseitige Erweiterungen der Gruppenrichtlinien erforderlich, die die Gruppenrichtlinien nicht in einem Hintergrundaktualisierungszyklus, sondern beim Anmelden des Benutzers verarbeiten. Hierzu gehören Gruppenrichtlinien-Softwareinstallation und -Ordnerumleitung durch den Benutzer. Die Option hat keine Auswirkungen, wenn keine Erweiterungen aufgerufen werden, die erfordern, dass der Benutzer sich abmeldet.

**/boot**
Startet den Computer nach Abschluss der Aktualisierung neu. Dies ist für clientseitige Erweiterungen der Gruppenrichtlinien erforderlich, die die Gruppenrichtlinien nicht in einem Hintergrundaktualisierungszyklus, sondern beim Start des Computers verarbeiten. Hierzu gehört Gruppenrichtlinie-Softwareinstallation durch den Computer. Die Option hat keine Auswirkungen, wenn keine Erweiterungen aufgerufen werden, die einen Neustart des Computers erfordern.

**/?**
Zeigt die Hilfe an der Eingabeaufforderung an.

### 18.2.3 Gpresult

Ein weiteres Tool, um sich schnell einen Überblick über die Einstellungen der Gruppenrichtlinie zu schaffen, ist „Gpresult“. Auch Gpresult ist ein Befehlszeilentool, und ist die einfache Umsetzung des Gruppenrichtlinienergebnissatzes.

Auch für Gpresult gibt es Parameter:

**/s Computer**

Gibt den Namen oder die IP-Adresse eines Remotecomputers an. Die Standardeinstellung ist der lokale Computer.

**/u Domäne\Benutzer**

Führt den Befehl mit den Kontoberechtigungen des Benutzers aus, der durch Benutzer oder Domäne\Benutzer angegeben ist. Standardmäßig werden die Berechtigungen des Benutzers verwendet, der aktuell an dem Computer angemeldet ist, der den Befehl ausgibt.

**/p Kennwort**

Gibt das Kennwort des im Parameter /u angegebenen Benutzerkontos an.

**/user Zielbenutzername**

Gibt den Benutzernamen des Benutzers an, dessen Gruppenrichtlinienergebnissatz angezeigt werden soll.

**/scope {user|computer}**

Zeigt entweder Ergebnisse für einen Benutzer (user) oder für einen Computer an. Gültige Werte für den Parameter /scope sind user oder computer. Wenn Sie den Parameter /scope auslassen, zeigt gpresult sowohl Einstellungen für Benutzer als auch für Computer an.

**/v**

Gibt an, dass in der Ausgabe ausführliche Richtlinieninformationen angezeigt werden.

**/z**

Gibt an, dass in der Ausgabe alle verfügbaren Informationen zum Programm Gruppenrichtlinie angezeigt werden. Da dieser Parameter mehr Informationen erzeugt als der Parameter /v, sollten Sie die Ausgabe bei Verwendung dieses Parameters in eine Textdatei umlenken (beispielsweise gpresult /z >richtlin.txt).

**/?**

Zeigt die Hilfe an der Eingabeaufforderung an.

### 18.2.4 Dcdiag

„Dcdiag.exe analysiert den Status eines Domänencontrollers oder aller Domänencontroller in einer Gesamtstruktur. Eventuelle Fehler können erkannt werden.

Dcdiag.exe besteht aus zahlreichen Tests, die einzeln oder als Teil einer Gruppe ausgeführt werden können, um die Fehlerfreiheit des Domänencontrollers zu überprüfen.

Wenn Sie eine Befehlszeile öffnen, und „Dcdiag“ eingeben, erhalten Sie eine Auswertung der Tests.

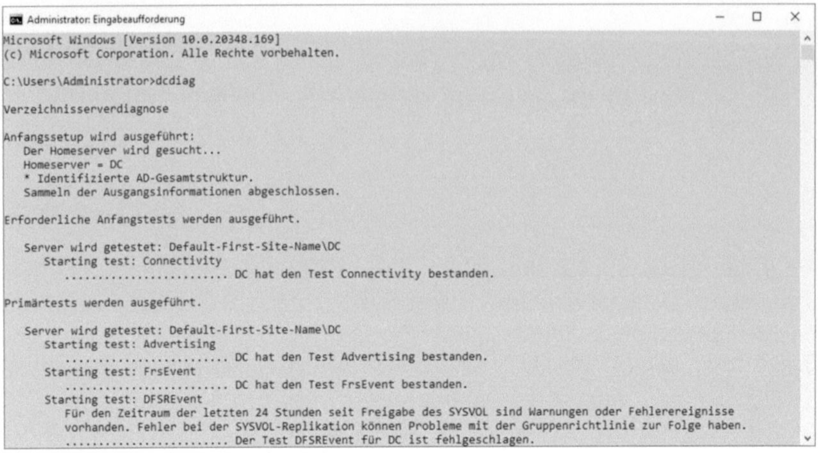


*Abbildung 18.8: Dcdiag.exe*

Mit diesen Informationen können Sie erkennen, ob das Active Directory seine Funktion erfüllt.

# 18.3 Softwareinstallation

Eine Möglichkeit, Gruppenrichtlinien sinnvoll zu benutzen, ist die Softwareinstallation in einer Domäne.

## 18.3.1 Der Lebenszyklus einer Software

Jedes Softwarepaket hat einen Lebenszyklus, der immer den Eingriff eines Administrators benötigt.

*Abbildung 18.9: Der Lebenszyklus einer Software*

## 18.3.2 Voraussetzungen für die Softwareinstallation über Gruppenrichtlinien

Windows bietet eine Möglichkeit, diese Schritte zu automatisieren, indem die Softwareverteilung von GPO gesteuert wird.

Nur wenige Voraussetzungen müssen erfüllt sein, damit die automatisierte Softwareverteilung möglich ist:

**Clientseitig:**

Für die Clients ist nur der Windows-Installer Dienst Voraussetzung, ein Dienst, der seit Windows Me und Windows 2000 integriert ist. Für ältere Clients gibt es Updates.

**Serverseitig:**

Hier wird eine Windows Domäne zwingend vorausgesetzt, da die Softwareverteilung mit GPO gesteuert wird.

**Softwareseitig:**

Die zu installierende Software muss ein Windows Installer Paket enthalten, eine .MSI-Datei. Dies ist ein Paket, das eine komplette Installation ohne Benutzereingriffe ermöglicht.

### MSI Pakete

Normalerweise installieren wir Software mithilfe der Datei „Setup.exe". Wenn wir aber eine automatisierte Installation von Software möchten, können wir auch die Installationsdatei mit der Endung .MSI benutzen.

MSI-Dateien sind vorgefertigte Installationsroutinen, die keinen Benutzereingriff bei der Installation verlangen. Um Software mithilfe einer .MSI Datei zu installieren, muss auf dem Client der „Windows Installer Dienst" laufen. Alle modernen Windows Computer beinhalten diesen Dienst.

Da Benutzer eine Software, die „zwangsinstalliert" wird, normalerweise auch nicht konfigurieren können, ist eine Installation ohne Benutzereingriff sinnvoll.

## Erstellen einer Freigabe

In der Gruppenrichtlinie muss nun ein „Paket“ erstellt werden. Dies bedeutet, dass die Installationsdateien in einer Netzwerkfreigabe zu finden sind, wobei immer auch die .MSI Datei dabei ist.

**ACHTUNG!**

Wenn Sie eine komplette Installations-CD in eine Netzwerkfreigabe kopieren, ist die .MSI Datei immer dabei.

Die Software, die auf den Clients installiert werden soll, muss in einem Netzwerkpfad freigegeben werden. Kopieren Sie die ganze CD in diesen Netzwerkpfad.

**ACHTUNG!**

Sie sollten zwei Dinge beachten: Geben Sie den Benutzern nur Leseberechtigung auf diesen freigegebenen Ordner, und deaktivieren Sie die Offlineverfügbarkeit. Sonst wäre es theoretisch möglich, dass Anwender den kompletten Installationspfad offline verfügbar machen, und damit eine Installations-CD erstellen könnten.

## Erstellen einer GPO

In jeder GPO gibt es sowohl in der Computerkonfiguration als auch in der Benutzerkonfiguration eine Einstellung für die Softwareinstallation. Somit kann Software Computerkonten oder Benutzerkonten zugewiesen werden.

Als Beispiel betrachten wir eine Gruppenrichtlinie mit Namen „Software“ in der OU „Arbeit“.

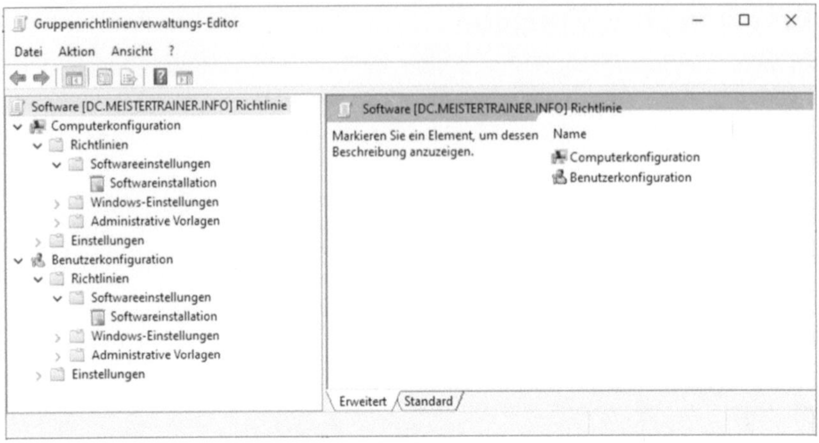


*Abbildung 18.10: Softwareinstallation*

Zudem gibt es zwei Möglichkeiten, Software an die Clients zu verteilen: Zuweisen oder Veröffentlichen.

Zuweisen bedeutet, dass dem Benutzer keine Wahlmöglichkeit bleibt, ob die Software installiert werden soll oder nicht. Veröffentlichen dagegen, dass der Benutzer die Installation selber entscheiden kann.

**Zuweisen von Software**

EINEM BENUTZERKONTO ZUWEISEN:

Die Software wird nach Anmelden des Benutzers auf dem Desktop mit einem Icon angekündigt. Die eigentliche Installation findet erst statt, wenn der Benutzer das Programm starten will. Damit wird der Zeitpunkt der Installation nach hinten verschoben, und die Netzwerklast wird entzerrt.

Außerdem wird die Software gar nicht installiert, wenn der Benutzer keine Aktivierung startet.

Die Software wird auch installiert, wenn der Benutzer eine Datei mit der entsprechenden Endung öffnen will. Diese Vorgehensweise nennt sich *Dokumentenaktivierung*.

EINEM COMPUTERKONTO ZUWEISEN:

Ein Computer hat keine Möglichkeit zu einer Dokumentenaktivierung oder einer gewünschten Installation. Aus diesem Grund wird Software, die einem Computerkonto zugewiesen ist, sofort bei Systemstart komplett installiert.

**ACHTUNG!**

Es ist nicht möglich, dem Computerkonto eines Domänencontrollers Software zuzuweisen. Das ist eine Vorsichtsmaßnahme, um die Systemintegrität eines Domänencontrollers in jedem Fall zu garantieren.

**Veröffentlichen von Software:**

EINEM BENUTZERKONTO VERÖFFENTLICHEN:

Bei Veröffentlichung von Software wird keine Ankündigung auf dem Desktop gemacht, sondern nur in der „Software“ bzw. „Programme beziehen“ in der Systemsteuerung wird das Paket veröffentlicht.

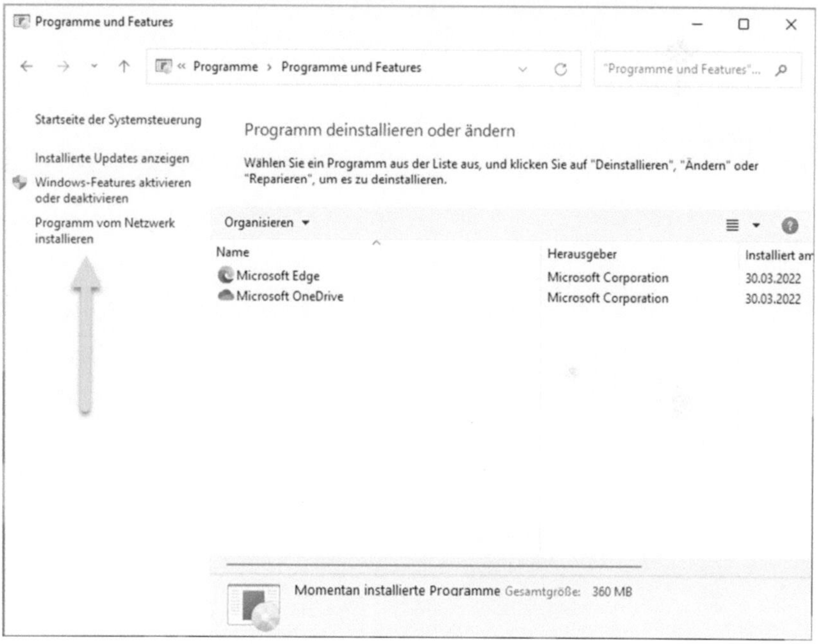


*Abbildung 18.11: Programme beziehen*

EINEM COMPUTERKONTO VERÖFFENTLICHEN:

Dies ist nicht möglich, da ein Computer keine Entscheidung treffen kann.

## Erstellen eines Softwarepakets

Wenn Sie die „Zwangsinstallation“ einer Software wünschen, müssen Sie nun ein Softwarepaket erstellen.

**Ein Beispiel:**

In der OU „Arbeit“ soll der Browser „Firefox“ installiert werden. Er soll den Benutzern zugewiesen werden, und nicht den Computerkonten.

Als erstes wird ein Netzwerkordner erstellt, das Firefox-MSI-Paket hineinkopiert, und der Ordner mit allen Sicherheitseinstellungen freigegeben.

Dann wird in der OU „Arbeit“ ein GPO erstellt. Dieses GPO bekommt einen aussagekräftigen Namen, zum Beispiel Softwareinstallation.

In der Benutzerkonfiguration erweitern Sie die Softwareeinstellungen und klicken mit der rechten Maustaste auf

- Softwareinstallation
- Neu
- Paket

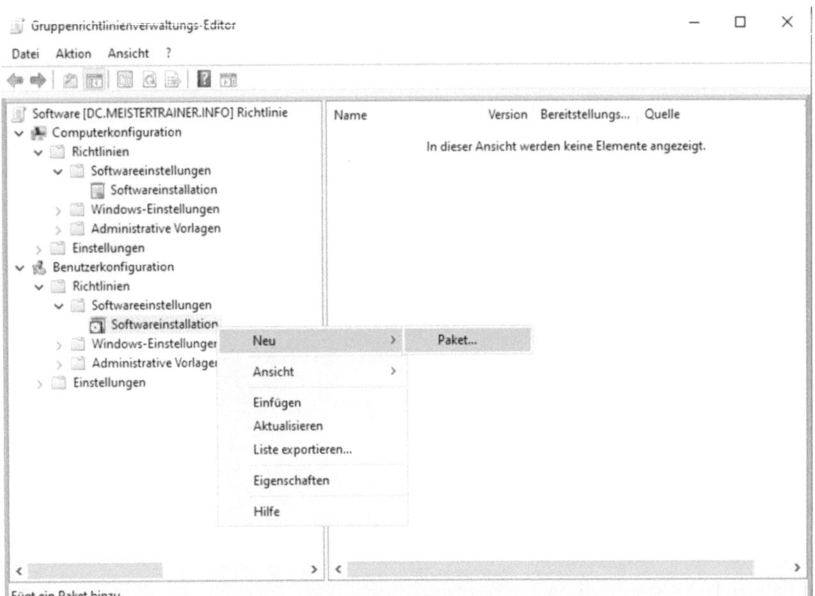


*Abbildung 18.12: Beginn der Softwareinstallation*

Nun entscheiden Sie sich für das dementsprechende MSI-Paket, das die Installation veranlasst.

## ACHTUNG!

Geben Sie die Freigabe immer als Netzwerkpfad an! Wenn Windows den Pfad als lokalen Pfad erkennt, bekommen Sie eine Fehlermeldung.

Wenn das Paket erkannt ist, werden Sie gefragt, ob Sie das Paket veröffentlichen oder zuweisen möchten. Wenn Sie „Erweitert“ wählen, haben Sie die Wahl, ob Sie die Dokumentenaktivierung aktivieren möchten oder nicht.

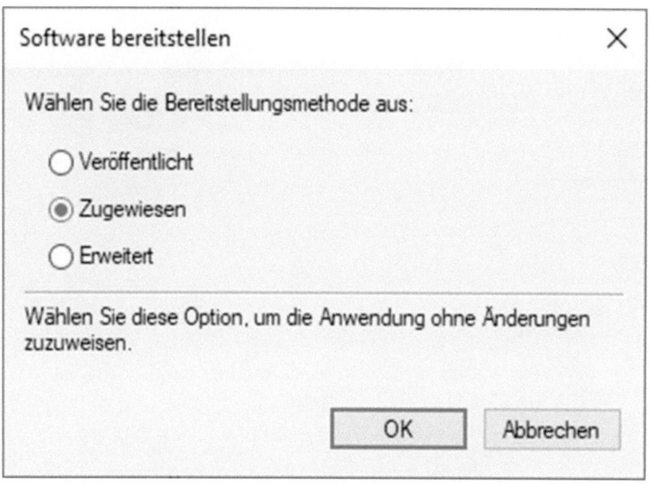


*Abbildung 18.13: Zuweisen oder veröffentlichen*

Das Erstellen des Pakets kann sehr lange dauern! In unserem Beispiel ist es ein sehr großes Paket und kann mehrere Minuten dauern. Bei der nächsten Anmeldung bekommen alle Benutzer der OU Arbeit den MBSA auf den Desktop angekündigt.

Wenn sich ein User der OU Arbeit anmeldet, bekommt er während der Startphase eine kurze Ankündigung, dass die Softwareeinstellungen übernommen werden.

Wenn er sein Startmenü öffnet, sind alle Verknüpfungen bereits angelegt.

Firefox ist aber noch nicht installiert.

Erst wenn der User das Programm benutzen möchte, beginnt die Installation.

## Konfigurieren der allgemeinen Einstellungen

Sie können natürlich mit jeder Gruppenrichtlinie mehrere Softwarepakete installieren. In manchen Fällen ist das sogar sehr sinnvoll, nämlich, wenn die Softwarepakete zusammengehören, und auch zusammen installiert werden sollen.

Die Konfiguration nehmen Sie in der entsprechenden Gruppenrichtlinie vor. Klicken Sie mit der rechten Maustaste auf „Softwareinstallation“ und wählen Sie „Eigenschaften“.

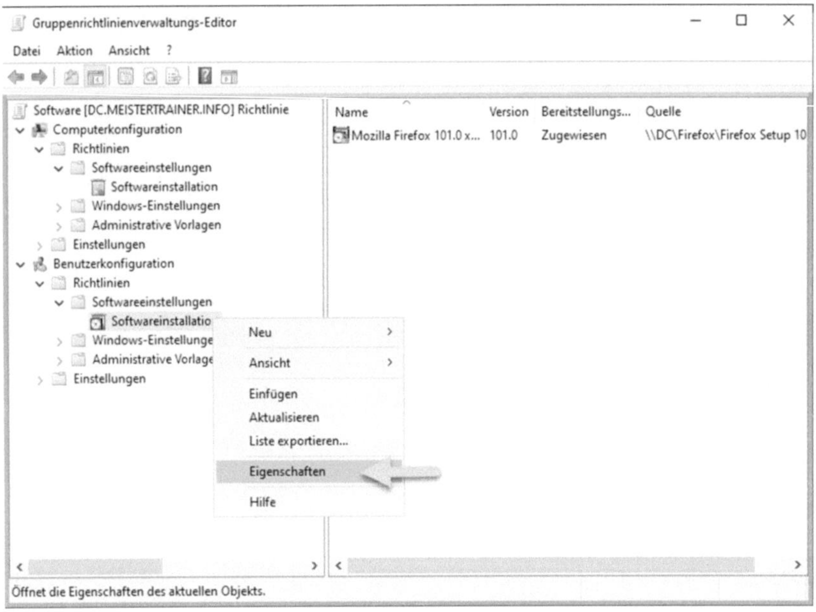


*Abbildung 18.14: Konfiguration der allgemeinen Einstellungen*

## Registerkarte „Allgemein“

Hier können Sie allgemeine Einstellungen machen, die sich auf alle Softwarepakete in dieser Gruppenrichtlinie beziehen.

Sie können einen Standardpfad für Pakete angeben.

Bei den Einstellungen für neue Pakete können Sie wählen zwischen

- Dialogfeld „Software bereitstellen“ anzeigen
- Veröffentlichen
- Zuweisen
- Erweitert

Normalerweise lässt man sich das Dialogfeld anzeigen, damit man für jedes Paket einzeln wählen kann.

*Abbildung 18.15: Registerkarte „Allgemein“*

## *Benutzeroberfläche für die Installation*

Hier haben Sie die Wahl zwischen

- Einfach
- Maximum

Bei der einfachen Einstellung bekommen die Benutzer nur einen Fortschrittsbalken angezeigt, bei der Einstellung „Maximum“ werden zusätzliche Installationsinformationen angezeigt.

## Registerkarte „Erweitert“

### Anwendung deinstallieren, wenn sie außerhalb des Verwaltungsbereichs liegt

Die Anwendung wird immer deinstalliert, wenn sich ein Benutzer anmeldet, für den diese Anwendung nicht verfügbar sein soll.

### OLE-Informationen beim Bereitstellen von Anwendungen einbeziehen

Mit dieser Einstellung können Sie OLE (Object Linking and Embedding) Informationen bei der Installation benutzen.

### 32-Bit-X86-Windows Installer-Anwendungen für Win64-Computer zur Verfügung stellen

Diese Funktion erlaubt es Ihnen, Anwendungen, die für eine 32-Bit Plattform geschrieben worden sind, auch auf einem 64-Bit Computer zu installieren.

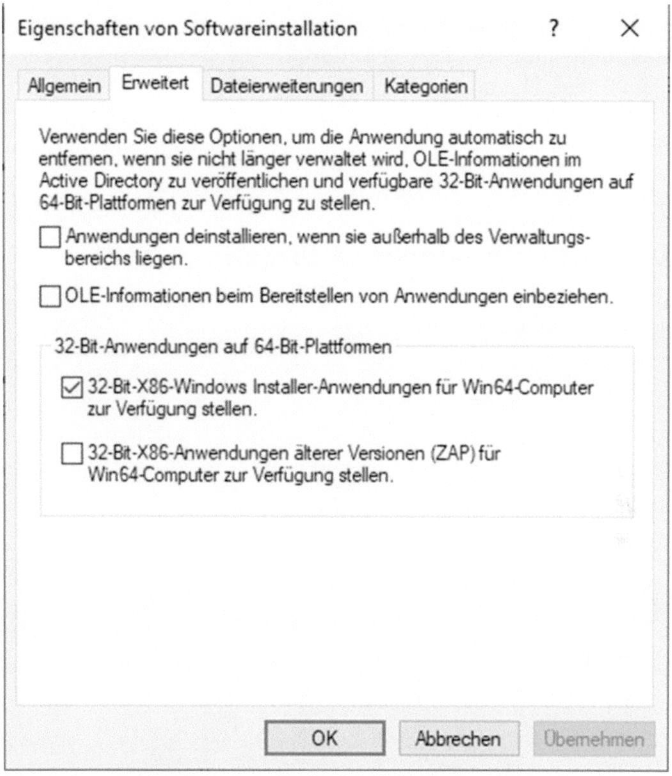


*Abbildung 18.16: Registerkarte „Erweitert“*

**32-Bit-X86-Anwendungen älterer Versionen (ZAP) für Win64-Computer zur Verfügung stellen**

Hier können Sie ältere 32-Bit Programme, die mit einer ZAP-Datei arbeiten, auf einer 64-Bit Maschine installieren.

Anwendungen müssen entweder mit einer .MSI-Datei installiert werden, oder mithilfe einer .zap-Datei.

.zap-Dateien sind einfache Textdateien mit Installationsanweisungen für die Applikation. Allerdings gibt es bei .zap-Dateien folgende Einschränkungen:

1. Die Applikationen verfügen nicht über den Selbstreparaturmechanismus.

2. Die Installation erfolgt meist nicht als silent-Installation im Hintergrund, sondern erfordert Eingaben des Benutzers. Zudem muß der Benutzer über die entsprechenden Berechtigungen für die Installation verfügen.
3. Die Applikationen können nur veröffentlicht, nicht jedoch Benutzern oder Computern zugewiesen werden.

## Registerkarte „Dateierweiterungen“

Auf dieser Registerkarte können Sie bestimmen, auf welche Dateiendungen die Software reagieren soll.

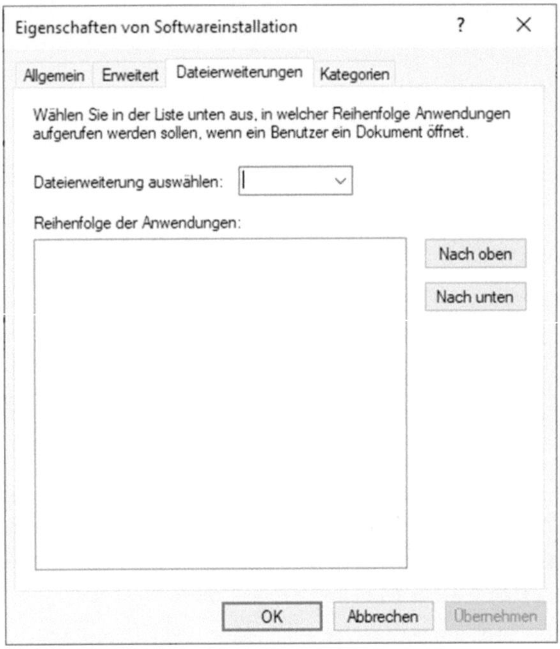


*Abbildung 18.17: Registerkarte „Dateierweiterungen“*

## Registerkarte „Kategorien“

*Abbildung 18.18: Registerkarte „Kategorien“*

Hier können Sie Kategorien festlegen, die dann später in der Abteilung „Programme aus dem Netzwerk hinzufügen“ angezeigt werden.

## Konfiguration des Softwarepakets

Natürlich können Sie auch jedes einzelne Softwarepaket nach Ihren Wünschen konfigurieren.

Dazu wählen Sie das entsprechende Paket und öffnen die Eigenschaften mit der rechten Maustaste.

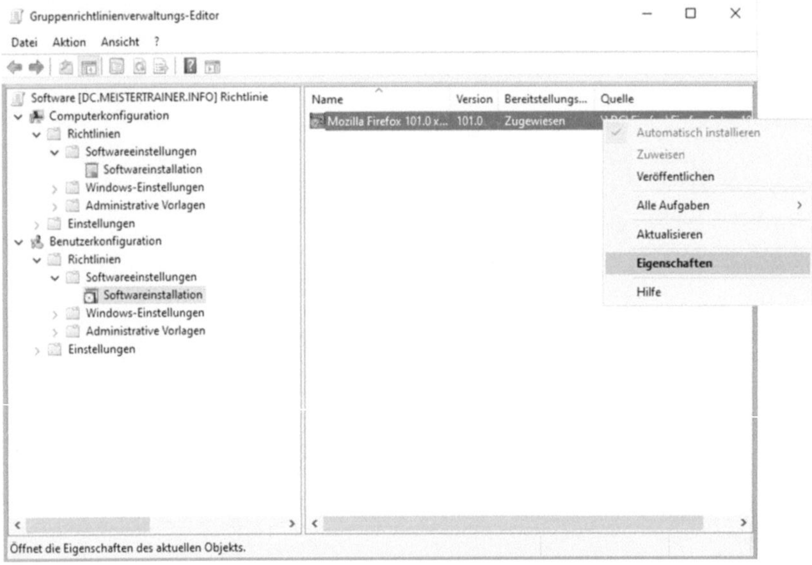


*Abbildung 18.19: Eigenschaften des Softwarepakets*

## Registerkarte „Bereitstellen von Software“

Hier können Sie in erster Linie die Verteilungsart ändern, von Veröffentlichen auf Zuweisen und umgekehrt.

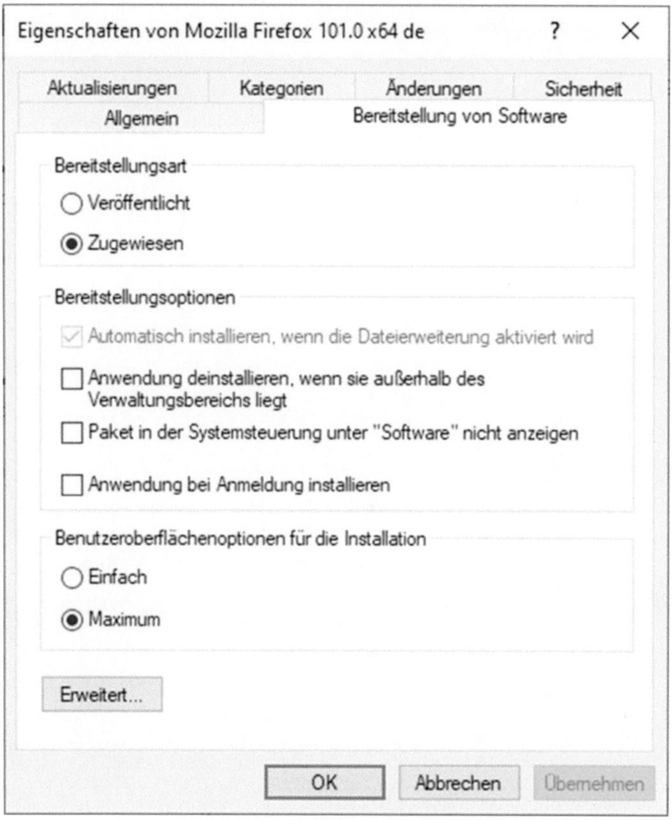


*Abbildung 18.20: Bereitstellung*

## Registerkarte „Aktualisieren“

In dieser Registerkarte geben Sie .MSI Pakete an, die das momentan installierte Paket aktualisieren sollen, wie beispielsweise neuere Versionen.

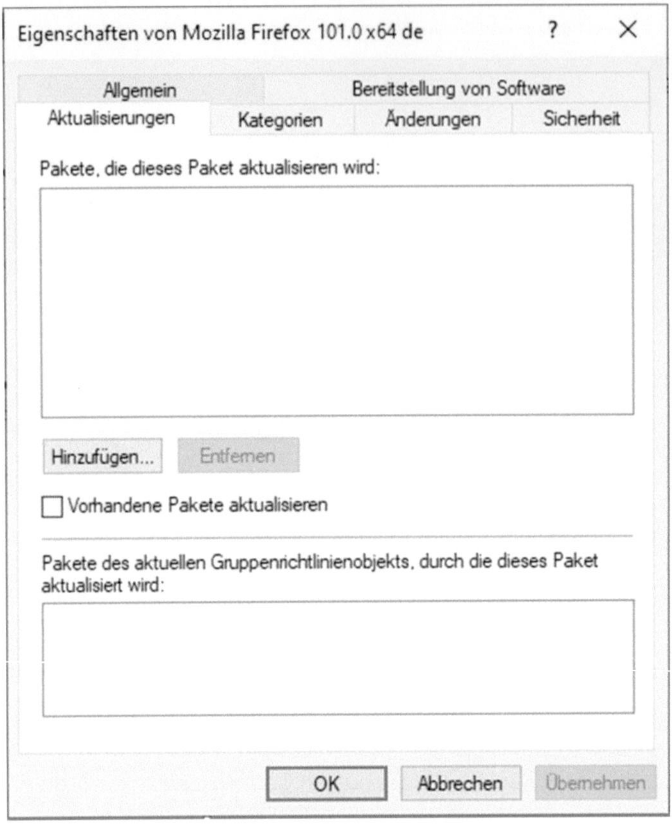


*Abbildung 18.21: Aktualisieren*

## *Pakete, die dieses Paket aktualisieren wird*

Hier geben Sie das neue Softwarepaket an, mit dem Sie das bestehende Paket aktualisieren werden. Klicken Sie auf „Hinzufügen…".

Dort können Sie wählen, ob das neue Paket (Version 2) in diesem Gruppenrichtlinienobjekt oder in einem anderen zu finden ist.

Außerdem können Sie festlegen, ob die Aktualisierung

- Verbindlich (Bestehendes Paket deinstallieren, Aktualisierungspaket installieren) oder
- Freiwillig (Paket kann über das vorhandene Paket aktualisieren)

sein soll.

## Registerkarte „Kategorien“

Hier können Sie Kategorien für die Software festlegen, unter denen Sie dann in der Systemsteuerung / Software angezeigt wird. Dies klappt aber nur, wenn zuvor Kategorien definiert worden sind.

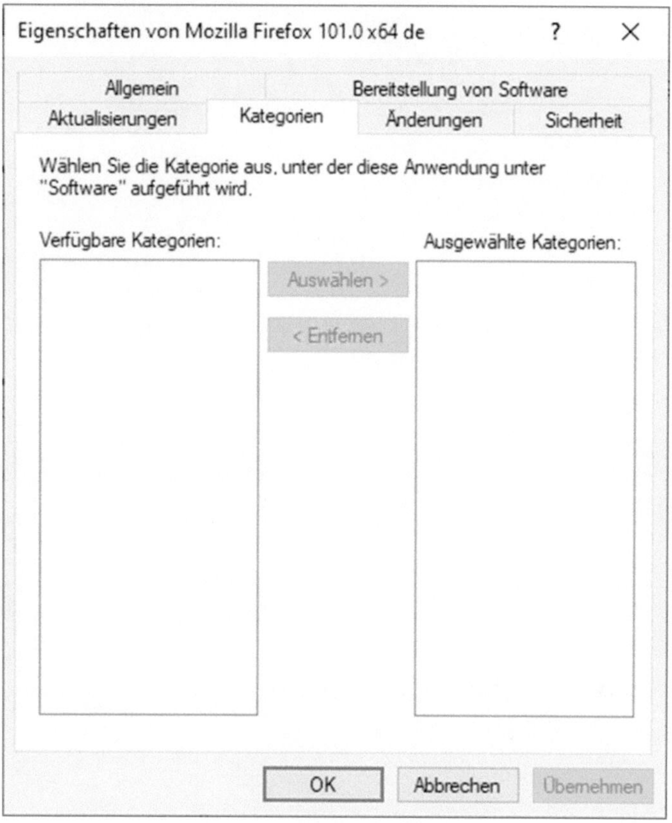


*Abbildung 18.22: Kategorien*

Wählen Sie eine Kategorie aus, und unter dieser Kategorie wird das Paket später angezeigt.

## Registerkarte „Änderungen“

Wenn Sie Änderungen an der Standardinstallation vornehmen wollen, können Sie diese Änderungen hier angeben. So können Sie zum Beispiel ein zusätzliches Wörterbuch in einer anderen Sprache installieren, oder andere individuelle Anpassungen machen.

Um Änderungen durchzuführen benutzen Sie oder erstellen Sie eine .MST-Datei, die Sie hier angeben.

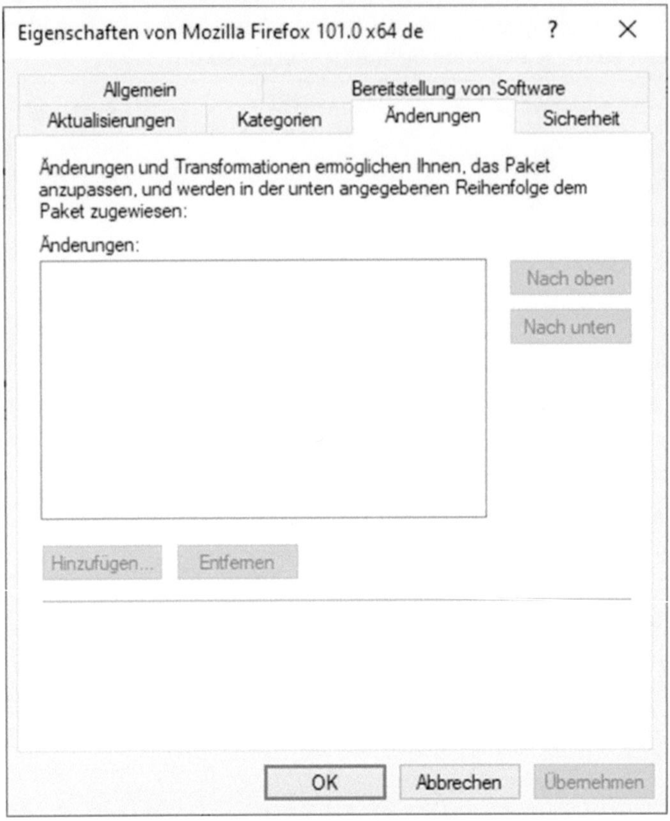


*Abbildung 18.23: Änderungen*

.MST-Dateien werden für die meisten Programme mit dem Ressource-Kit erstellt, und sollten im Installationspfad gespeichert werden.

# Übung 18.3

- Verschieben Sie das Computerkonto „W11“ in die OU „Arbeit“
- Laden Sie auf Ihrem Hostcomputer das MSI-Paket „Firefox.msi“ von der Website https://www.mozilla.org/de/firefox/all/#product-desktop-release herunter
- Speichern Sie es Ordner „Downloads“
- Laden Sie von der Seite https://www.imgburn.com/index.php?act=download das Programm ImgBurn herunter und installieren sie es auf der Hostmaschine
- Erstellen Sie eine ISO-Datei, in der das MSI-Paket ist und binden Sie diese in der virtuellen Maschine „DC“ ein
- Kopieren Sie die ISO-Datei in eine Freigabe mit Namen „Firefox“ auf der Maschine „DC“
- Geben Sie den Ordner „Firefox“ frei, mit der Berechtigung „Jeder – Vollzugriff“
- Erstellen Sie auf Domänenebene eine Gruppenrichtlinie mit Namen „Software“
- Fügen Sie bei der „Computerkonfiguration“ ein neues Softwarepaket für die Installation von Firefox ein
- Wählen Sie „Zugewiesen“ und bestätigen Sie das Anlegen des Softwarepakets
- Warten Sie, bis das Paket im rechten Fenster angezeigt wird
- Wechseln Sie zur virtuellen Maschine „W11“
- Starten Sie die Maschine neu und melden Sie sich als „KK“ mit dem Kennwort „Kennw0rt!“ an der Domäne an

- Firefox sollte installiert werden und als Icon auf dem Desktop erscheinen
- Sollte das nicht der Fall sein, geben Sie „GPUpdate /Force“ ein und folgen Sie den Anweisungen
- Setzen Sie danach alle virtuellen Maschinen auf den Prüfpunkt „Basis“ zurück

# 19 Tag 19: Gruppenrichtlinien - Anwendungsbeispiele

## 19.1 Ordnerumleitungen

Jeder Administrator kennt das Problem, dass Benutzer gerne ihre Daten im Ordner „Eigene Dateien“ speichern. Auch ist dies der Standardspeicherort der meisten Programme.

Aus der Sicht der Administratoren eines großen Unternehmens ist dieser Speicherort aber auf keinen Fall akzeptabel. Sollte ein Fehler am Client auftreten, der eventuell eine Neuinstallation nötig macht, sind auch alle Daten verloren.

Aus diesem Grund, und aus dem Grund der einfacheren Datensicherung werden Daten in einer Domäne normalerweise auf einem Server gespeichert. Eine Möglichkeit für die zentrale Speicherung ist es, alle Pfade in den einzelnen Programmen auf das Netzwerklaufwerk zu leiten.

Microsoft bietet uns aber hierfür noch eine zweite Möglichkeit: Die Ordnerumleitung.

Mithilfe einer Gruppenrichtlinie können die Profilordner auf ein Netzwerklaufwerk umgeleitet werden.

Um eine Ordnerumleitung zu konfigurieren, muss natürlich wieder eine Gruppenrichtlinie erstellt werden.

**Ein Beispiel:**

Alle Benutzer sollen eine Ordnerumleitung für den Ordner „Dokumente“ erhalten. Die Daten sollen auf eine Freigabe mit dem Namen „Profil“ auf den Server „Server1“ geleitet werden.

Die Default Domain Policy wird bearbeitet.

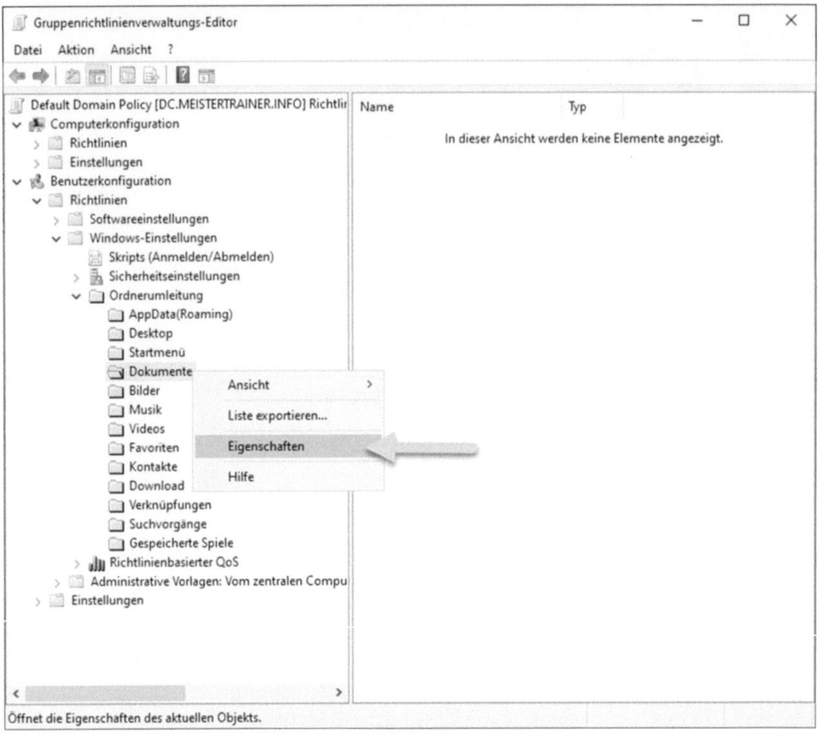


*Abbildung 19.1: Ordnerumleitung*

Die gewünschte Einstellung finden Sie unter

- Benutzerkonfiguration
- Richtlinien
- Windows-Einstellungen
- Ordnerumleitung
- Rechte Maustaste auf „Dokumente“
- Eigenschaften

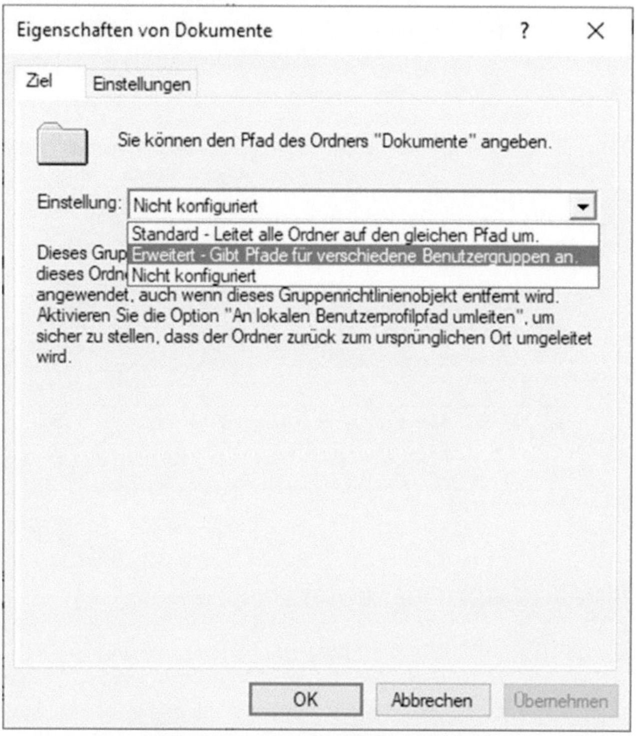


*Abbildung 19.2: Auswahl der Umleitung*

Sie können nun zwischen drei Möglichkeiten der Ordnerumleitung wählen:

**Standard – Leitet alle Ordner auf den gleichen Pfad um**

Sie wählen eine Freigabe aus, und in einen Unterordner dieser Freigabe werden alle Ordner „Eigene Dateien" geleitet.

**Erweitert – Gibt Pfade für verschiedene Benutzergruppen an**

Mit dieser Option können Sie für verschiedene Benutzergruppen verschiedene Umleitungsziele konfigurieren.

**Nicht konfiguriert**

Es findet keine Umleitung statt.

Für unser Beispiel können wir es bei der Einstellung „Standard" belassen. Nun müssen Sie noch die Freigabe wählen, in die die Daten umgeleitet werden sollen.

*Abbildung 19.3: Festlegen des Zielordners für die Umleitung*

Für jeden Benutzer wird ein eigener Unterordner erstellt.

## ACHTUNG!

Die Angabe des Stammverzeichnisses muss in Form eines Netzwerkpfades erfolgen. Auch wenn die Freigabe lokal auf Ihrem Rechner liegen sollte, müssen Sie den Pfad in der Schreibweise \\SERVERNAME\FREIGABENAME eingeben.

Nun sollten Sie noch die Registerkarte „Einstellungen“ betrachten.

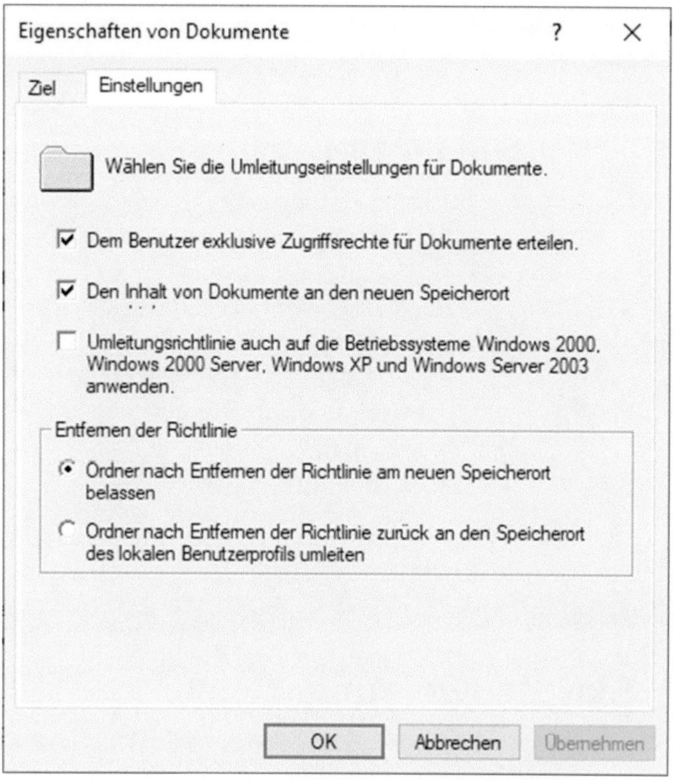


*Abbildung 19.4: Einstellungen der Ordnerumleitung*

**Dem Benutzer exklusive Zugriffsrechte für Dokumente erteilen**

Hier ist der Haken als Voreinstellung gesetzt. Diese Einstellung gewährt dem Benutzer das exklusive Zugriffsrecht auf seine Eigenen Dateien. Andere Benutzer und auch die Administratoren haben keine Zugriffsrechte.

**Den Inhalt von Dokumente an den neuen Ort verschieben**

Auch dieser Haken ist gesetzt. Er bedeutet, dass die Daten, die im lokalen Ordner „Eigene Dateien“ bereits gespeichert waren, an den neuen Speicherort verschoben werden.

**Entfernen der Richtlinie**

Hier können Sie die Vorgehensweise für den Fall festlegen, dass Sie eines Tages die Gruppenrichtlinie wieder entfernen. Der Ordner „Eigene

Dateien“ kann entweder am neuen Platz belassen werden, oder an den alten Platz zurückverschoben werden.

## Übung 19.1

- Erstellen Sie in der „Default Domain Policy“ eine Ordnerumleitung, in der der Ordner „Dokumente“ auf eine Freigabe auf Server 1 mit Namen „Profile“ umgeleitet wird
- Erstellen Sie die benötigte Freigabe und vergeben Sie die Berechtigung „Jeder – Vollzugriff“
- Melden Sie sich danach als Karl Klammer an W11 an, und beobachten Sie, was in der Freigabe auf Server1 passiert

# 19.2 Skriptzuweisung

Eine weitere Möglichkeit, die die Gruppenrichtlinien bieten, ist die Zuweisung von Skripten.

Auch hier gibt es, bedingt durch die Einteilung in Computer- und Benutzerrichtlinie, mehrere Möglichkeiten.

Genau vier Betriebsereignisse stellen sich während einer Benutzersitzung ein:

- Computer startet
- Benutzer meldet sich an
- Benutzer meldet sich ab
- Computer fährt herunter

Für jedes dieser vier Ereignisse kann durch Active Directory mit einer Gruppenrichtlinie ein oder mehrere Skripte zugeordnet werden.

Um eine Skriptzuweisung zu machen, wird im Geltungsbereich eine neue Gruppenrichtlinie erstellt, die einen Namen tragen sollte, der auf das Anwendungsziel hinweist.

**Ein Beispiel:**

Allen Benutzern soll ein Anmeldeskript zugewiesen werden, das sie begrüßt.

In diesem Fall wird wieder die Default Domain Policy bearbeitet.

Nun sollten wir nachdenken: Damit das Skript einwandfrei funktioniert, muss es an der richtigen Stelle gespeichert sein. Dies ist im Ordner „Sysvol“, in der richtigen Gruppenrichtlinienvorlage, und dort auch noch im richtigen Ordner.

Leider sind die Gruppenrichtlinien im Explorer nicht mit ihrem Namen gekennzeichnet, sondern mit für uns unleserlichen IDs. Also ist es auf diese Art unmöglich, das Skript in den richtigen Ordner zu kopieren.

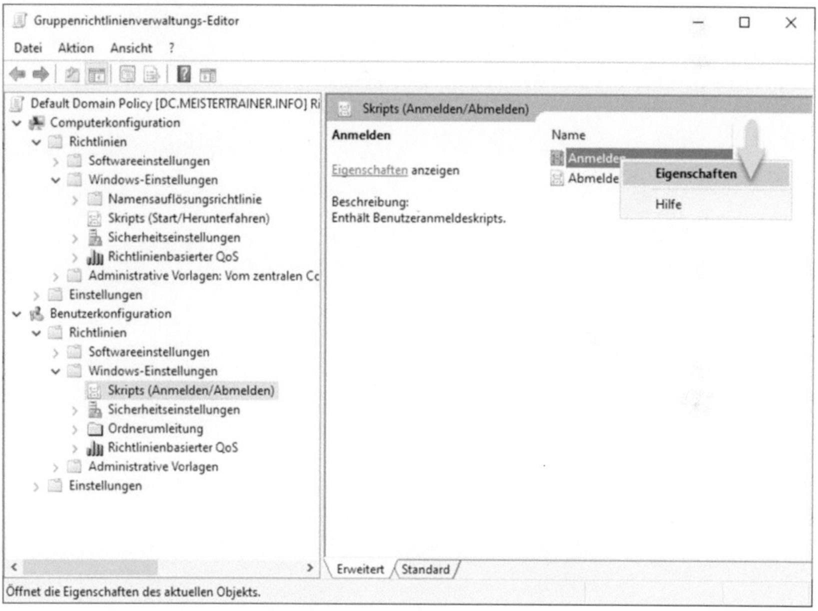


*Abbildung 19.5: Skripte zuweisen*

Also gehen wir einen anderen Weg. Wir benutzen einfach die Zwischenablage von Windows. Das entsprechende Skript wird mit dem Befehl „kopieren“ in die Zwischenablage gelegt, auf die wir jederzeit zugreifen können.

Nun widmen wir uns wieder der eben erstellten Gruppenrichtlinie.

Im Bearbeitungsmodus erkennen wir, dass es sowohl auf der Computerseite, als auch auf der Benutzerseite die Einstellung „Skripte" gibt.

Da wir aber ein Anmeldeskript zuweisen wollen, können wir dies nur auf der Benutzerseite tun. Hier wählen wir „Anmelden".

*Abbildung 19.6: Fenster des Anmeldeskripts*

Nun müssen wir zunächst einmal das Skript, das sich momentan in der Zwischenablage befindet, an die richtige Stelle kopieren.

Dazu benutzen wir die Schaltfläche „Dateien anzeigen".

Es wird uns der richtige Ordner angezeigt, und wir können nun das Skript hineinkopieren.

Danach schließen Sie dieses Fenster.

Klicken Sie auf „Hinzufügen".

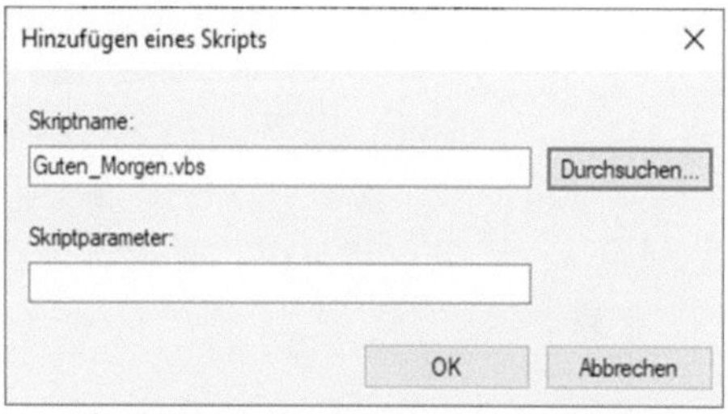


*Abbildung 19.7: Auswahl des Skripts*

Mit der Schaltfläche „Durchsuchen" können Sie nun das Skript aussuchen. In der Zeile „Skriptparameter" haben Sie noch die Möglichkeit, zusätzliche Parameter anzufügen.

*Abbildung 19.8: Skriptzuweisung ist abgeschlossen*

Nach dem Klicken von „OK" ist das Skript konfiguriert und wird bei jedem Anmeldevorgang eines Benutzers im Geltungsbereich angewendet.

## Übung 19.2

- Erstellen Sie ein VBS-Skript mit Namen „Guten_Morgen.vbs“, das eine Textbox mit den Worten „Guten Morgen!“ ausgibt
- Bearbeiten Sie die „Default Domain Policy“ und binden Sie dort dieses Skript als Anmelde-Skript ein
- Melden Sie sich als Karl Klammer an W11 an, und überprüfen Sie, ob das Skript ausgeführt wird

# 19.3 Sicherheitsrichtlinien

Ein weiterer wichtiger Teil sind die Sicherheitseinstellungen. Auch hier haben Vorlagen eine große Bedeutung.

## 19.3.1 Sicherheitsvorlagen

Theoretisch könnten Sie an den Sicherheitseinstellungen problemlos Änderungen an den Einstellungen vornehmen.

Microsoft verfolgt aber in Bezug auf die Sicherheitseinstellungen ein anderes Konzept:

Für alle Anwendungszwecke werden ganze Sätze von Sicherheitseinstellungen zur Verfügung gestellt, von denen die gebräuchlichsten bereits von Microsoft geliefert werden.

Änderungen werden keine vorgenommen, sondern es werden nur ganze „Sicherheitssätze“ ausgetauscht.

Dies hat den Vorteil, dass es definierte Sicherheitszustände gibt, zu denen im Idealfall auch jederzeit wieder zurückgekehrt werden kann. Wenn Sie nicht so handeln, kann es sein, dass Sie mit einer unbedachten Einstellung eventuell das ganze System instabil machen können, und diese Einstellung nicht mehr rückgängig machen können.

Außerdem ist es immer besser, definierte „Sicherheitssätze“ zu haben, denn dadurch kann auf einfache Weise ein definierter Satz mehreren Computern zugewiesen werden.

Diese definierten Sätze werden als „Sicherheitsvorlagen“ bezeichnet.

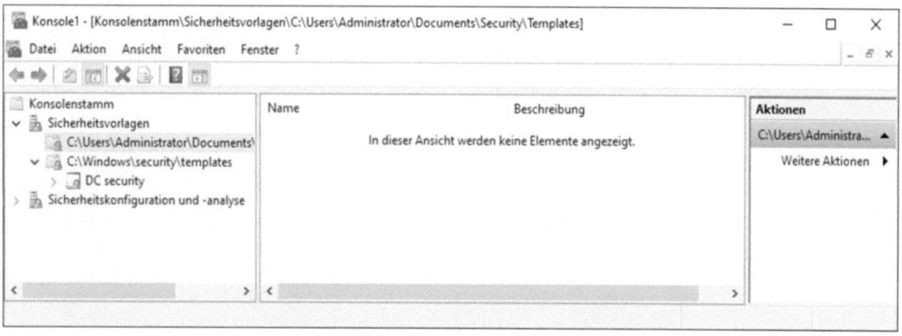


*Abbildung 19.9: Sicherheitsvorlagen*

Diese Sicherheitsvorlagen können betrachtet werden, indem Sie sich eine MMC erstellen, und das Snap-In

- Sicherheitsvorlagen

aufnehmen. Sie sollten auch gleich für weitere Anwendungen das Snap-In

- Sicherheitskonfiguration und -analyse

hinzufügen.

Windows Server 2022 hat eine Sicherheitsvorlage, die sich im folgenden Pfad befindet:

%systemroot%\security\templates

**ACHTUNG!**

Weitere Sicherheitsvorlagen gibt es im Internet bei Microsoft als Download, und auch bei diversen anderen Stellen.

## Kopieren von Sicherheitsvorlagen

Alle Sicherheitsvorlagen, die Sie herunterladen können, haben einen klar definierten Zweck, und genauso klar definierte Inhalte.

Deswegen sollten Sie die Vorlagen immer unverändert lassen. Wenn Ihnen die Einstellungen bestimmter Vorlagen nicht vollkommen gefallen, können Sie sich eine Vorlage kopieren, ihr einen anderen Namen geben, und diese neu erstellte Vorlage dann bearbeiten.

**Ein Beispiel:**

Sie möchten die Vorlage „DCSecurity" als Ausgangsmaterial benutzen, aber einige Einstellungen verändern. Dazu gehen Sie in die oben erstellte MMC und wählen sich die Vorlage „DCSecurity" aus.

- Rechte Maustaste auf die Vorlage
- Speichern unter

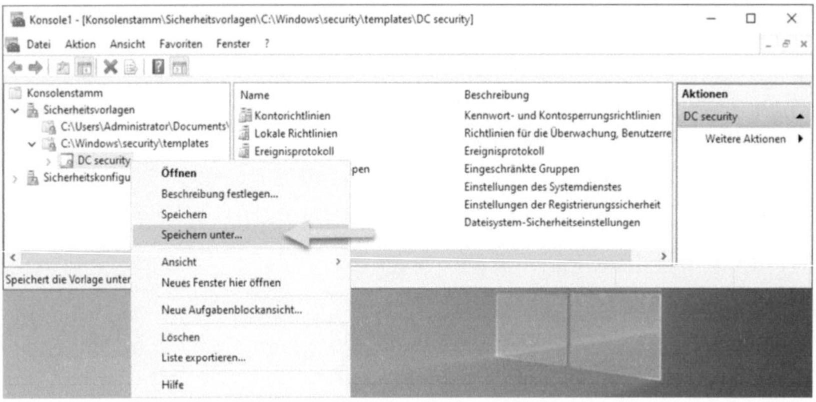


*Abbildung 19.10: Vorlage kopieren*

Nachdem Sie der Vorlage einen neuen Namen (zum Beispiel „Eigene Sicherheitsvorlage") gegeben haben, erscheint sie in der Konsole.

Diese neue Vorlage können Sie nun bearbeiten, wie Sie möchten.

## Erstellen einer neuen, leeren Vorlage

Manchmal ist es besser, eine komplett neue Vorlage zu erstellen, und nicht eine bereits vorhandene zu kopieren. Dies ist dann der Fall, wenn Sie zu viele Einstellungen ändern müssten.

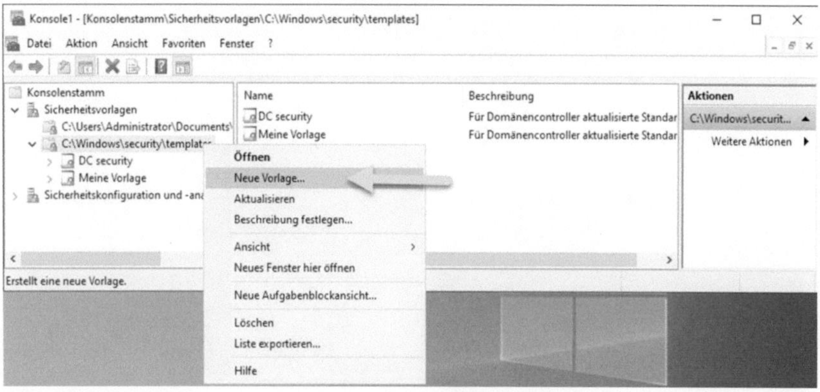


*Abbildung 19.11: Neue Vorlage*

Auch das Neuerstellen einer Vorlage wird in der MMC gemacht. Sie wählen den Speicherort der Vorlagen aus und klicken mit der rechten Maustaste darauf. Dann wählen Sie „Neue Vorlage“.

Auch der neuen Vorlage müssen Sie nur noch einen Namen geben, und schon wird sie in der Konsole angezeigt. Da diese Vorlage nun keinerlei Einstellungen beinhaltet, können Sie Ihre Wünsche sehr einfach verwirklichen.

## Vorlagen importieren

Ein wichtiges Instrument ist es, dass Vorlagen importiert werden können. Das bedeutet, Sie erstellen Vorlagen, auch auf einem anderen Rechner, speichern diese und können die Vorlage auch auf diesem Rechner benutzen.

Das bedeutet natürlich, dass Sie Vorlagen, die an mehreren Stellen benutzt werden sollen, nur einmal zu erstellen brauchen, und sie dann zu den gewünschten Rechnern importieren können.

Zum Importieren von Vorlagen benötigen wir das zweite Snap-In, nämlich „Sicherheitskonfiguration und –analyse“.

Um die nächsten Schritte zu verstehen, muss geklärt werden, wie aus einer Vorlage, die ja zunächst einmal nur eine Sammlung der Einstellungen ist, ein anwendbarer „Sicherheitssatz“ wird.

Ein Sicherheitssatz setzt sich immer aus einer Datenbank und einer Vorlage zusammen.

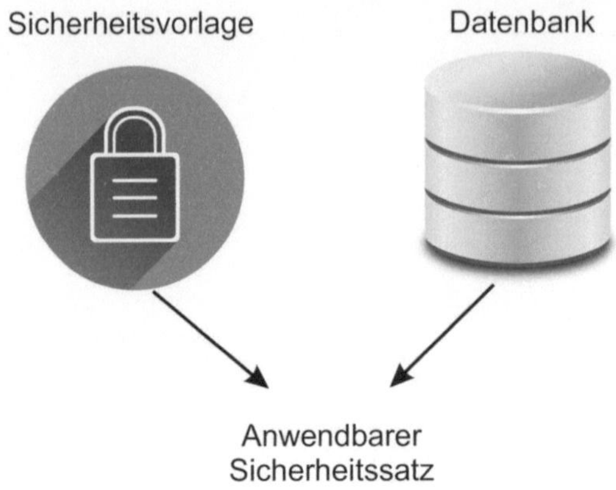


*Abbildung 19.12: Sicherheitssatz*

Das bedeutet, um einen wirksamen Sicherheitssatz erstellen zu können, müssen wir zunächst eine Datenbank schaffen.

Dies wird im Snap-In „Sicherheitskonfiguration und –analyse“ gemacht.

- Rechte Maustaste auf Sicherheitskonfiguration und –analyse
- Datenbank öffnen

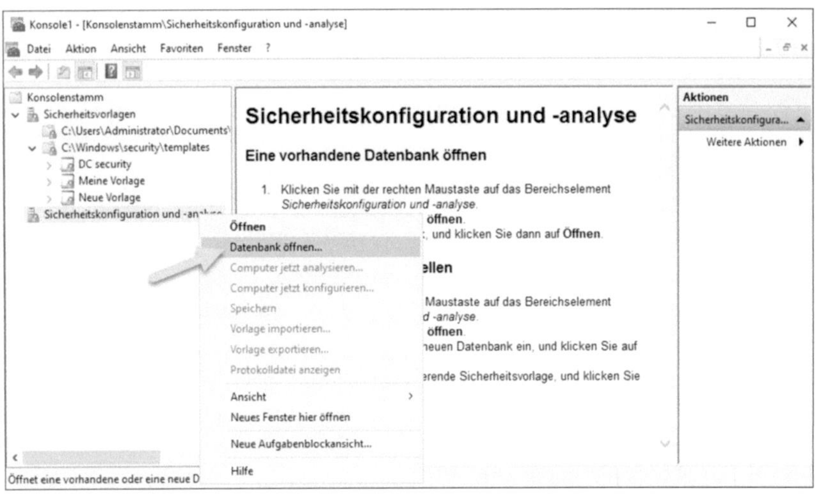


*Abbildung 19.13: Neue Datenbank*

**ACHTUNG!**

Auch wenn wir erst eine neue Datenbank erstellen müssen, in die eine Vorlage eingelagert werden kann, müssen wir an dieser Stelle „Datenbank öffnen“ wählen. Das ist leider nicht korrekt, aber mit dieser Unzulänglichkeit müssen wir leider umgehen.

Geben Sie nun der Datenbank einen Namen.

Danach haben Sie die Möglichkeit, eine Vorlage zu importieren.

Auf diese Art können Sie Vorlagen einmal anfertigen und an verschiedenen Computern benutzen.

## Sicherheitseinstellungen testen

Wenn Sie sich nun für eine Sicherheitsvorlage entschieden haben und dieser eine Datenbank zugewiesen haben, möchten Sie sicherlich diese neuen Sicherheitseinstellungen erst einmal betrachten, und mit den derzeitigen Einstellungen vergleichen, bevor Sie endgültig die neuen Einstellungen zuweisen.

Windows Server 2022 bietet dafür eine sehr angenehme Möglichkeit, die Sicherheitsanalyse.

Nach dem Öffnen (oder Erstellen) der Datenbank wählen Sie „Computer jetzt analysieren“.

Sie werden nach dem Pfad gefragt, in dem das Fehlerprotokoll gespeichert werden soll.

Nun vergleicht Windows die momentan zugewiesenen Sicherheitseinstellungen mit den Sicherheitseinstellungen, die Sie in der neuen Vorlage definiert haben.

Dieser Vorgang kann einige Zeit dauern.

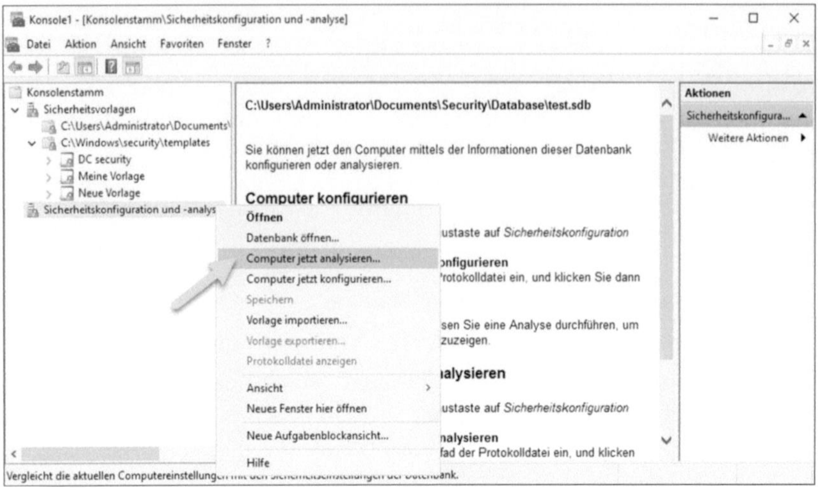

*Abbildung 19.14: Analyse*

Im Anschluss erhalten Sie unter dem Punkt „Sicherheitskonfiguration und –analyse" eine Gegenüberstellung der Einstellungen der Datenbank und der momentanen Einstellungen des Computers.

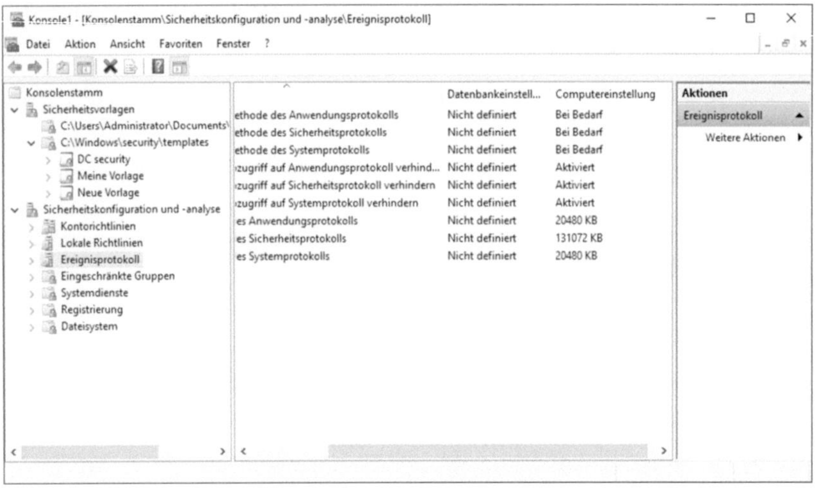

*Abbildung 19.15: Fertige Analyse*

Sie können deutlich erkennen, dass die Werte der „Datenbankeinstellung" und der „Computereinstellung" gegenübergestellt sind. Damit können Sie genau vergleichen, wo die Unterschiede der momentanen Einstellungen

(Computereinstellungen) zu den Einstellungen in der Vorlage (Datenbankeinstellungen) liegen.

## Zuweisen der neuen Einstellungen

Wenn Sie die Einstellungen überprüft haben, und Sie sind sich sicher, dass die Datenbankeinstellungen genau die Sicherheitsbelange beinhalten, die Sie möchten, können Sie diese Einstellungen nun zuweisen.

Dies nehmen Sie in der entsprechenden Gruppenrichtlinie vor. Sie können jeder Gruppenrichtlinie eine eigene Sicherheitsvorlage zuweisen.

Klicken Sie dazu mit der rechten Maustaste auf „Sicherheitseinstellungen", und wählen Sie „Richtlinie importieren". Dann wählen Sie die neue Sicherheitsvorlage aus.

Nach dem Zuweisen der neuen Einstellungen sind diese nun aktiv.

# Übung 19.3.1

- Erstellen Sie auf der virtuellen Maschine „DC" eine MMC mit den Snap-ins
  - Sicherheitsvorlagen
  - Sicherheitskonfiguration und –analyse
- Fügen Sie den lokalen Pfad zu den Sicherheitsvorlagen hinzu
- Kopieren Sie die Sicherheitsvorlage „DC security" und speichern Sie sie unter dem Namen „Meine Vorlage"
- Erstellen Sie eine neue leere Vorlage mit dem Namen „Neue Vorlage"
- Erstellen Sie eine neue Sicherheitsdatenbank mit dem Namen „Test"
- Importieren Sie die Vorlage „Neue Vorlage"
- Starten Sie eine Analyse und betrachten Sie die Ergebnisse

## 19.3.2 Lokale Richtlinien: Überwachungsrichtlinien

Nun haben Sie gesehen, wie komplette Sicherheitsvorlagen ausgetauscht werden können.

Es ist an der Zeit, dass wir uns mit den einigen Einstellungen beschäftigen.

Manchmal ist es nötig, nachzuprüfen, ob das Netzwerk wirklich so sicher ist, wie man es gerne hätte. Microsoft hat eine ganze Reihe an Überwachungsmöglichkeiten mit dem Server 2022 mitgeliefert, es sollte in jedem Fall möglich sein, das Netzwerk nach Schwachpunkten zu untersuchen.

Ein großer Schwachpunkt ist die Sicherheit nach außen. Wie sollen Sie zum Beispiel nachvollziehen, dass niemand versucht, durch Erraten des Kennwortes in das Netzwerk einzudringen?

Oder ist es in Ihrer Firma auch schon passiert, dass Dateien verschwunden sind, aber niemand hat sie gelöscht?

Um solche Manipulationsversuche von außen (oder auch von innen!) festzustellen, benötigen Sie eine Überwachungsfunktion.

In den Sicherheitseinstellungen wird auch ein Menüpunkt „Überwachungsrichtlinie“ verwaltet.

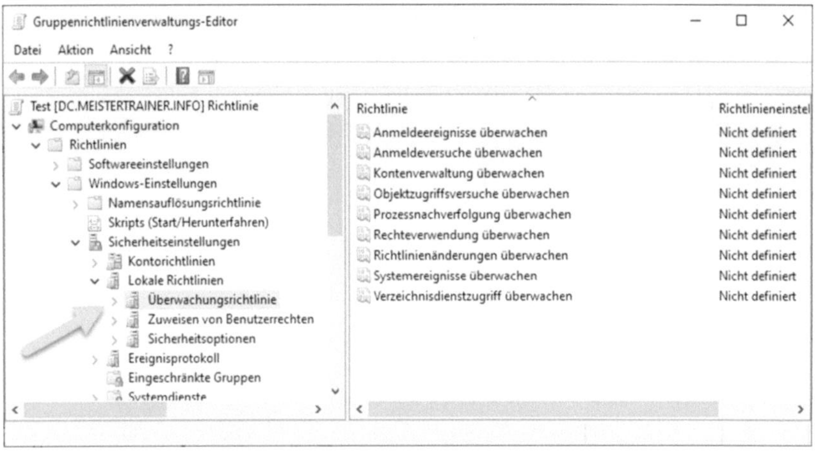


*Abbildung 19.16: Überwachungsrichtlinie*

Hier sind verschiedene Überwachungseinstellungen dargestellt.

| **Einstellungen** | **Bedeutung** |
|---|---|
| Anmeldeereignisse überwachen | Zugriffe auf den lokalen Computer, um sich lokal anzumelden, können überwacht werden |
| Anmeldeversuche überwachen | Zugriffe auf das Active Directory, um sich an der Domäne anzumelden, können überwacht werden |
| Kontenverwaltung überwachen | Zugriffe auf Konten, mit dem Ziel der Erstellung, Änderung oder Löschung, können überwacht werden |
| Objektzugriffsversuche überwachen | Zugriffe auf Ordner, Dateien oder Drucker können überwacht werden |
| Prozessverfolgung überwachen | Einzelne Prozesse, das sind Teile eines Programms, können überwacht werden |
| Rechteverwendung überwachen | Das Einsetzen eines Benutzerrechts kann überwacht werden |
| Richtlinienänderung überwachen | Änderungen an Gruppenrichtlinien können überwacht werden |
| Systemereignisse überwachen | Ereignisse, die das System betreffen, können überwacht werden. Beispiel: Herunterfahren eines Computers |
| Verzeichnisdienstzugriff überwachen | Der Zugriff auf Objekte im Active Directory kann überwacht werden |

Wenn Sie hier Konfigurationen vornehmen, werden die entsprechenden Überwachungseinträge im Ereignisprotokoll vorgenommen.

Wie Sie sehen, sind die Überwachungsmöglichkeiten mehr als ausreichend. Sie müssen sich als nächstes überlegen, ob Sie

- Erfolg oder
- Fehlschlag

einer Aktion aufzeichnen möchten.

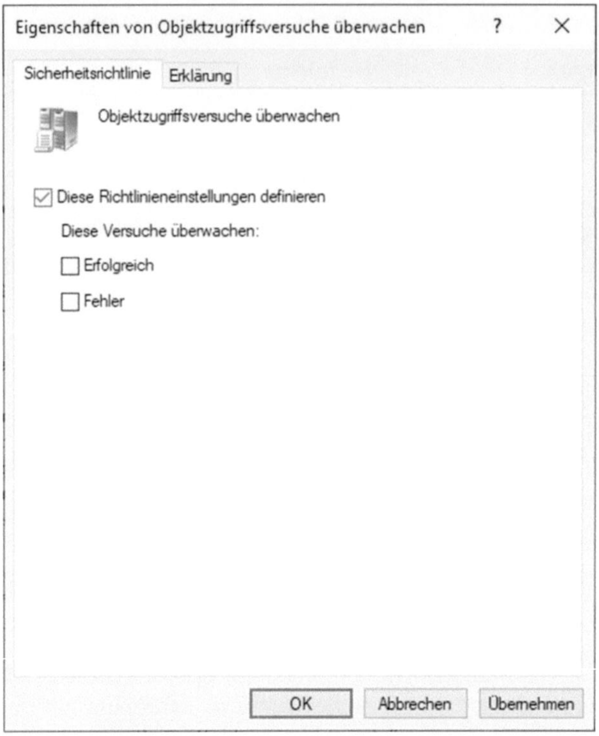


*Abbildung 19.17: Fehlschlag oder Erfolg*

**Ein Beispiel:**

Seit einiger Zeit vermuten Sie Zugriffsversuche auf die Domäne von unbefugten Personen. Sie möchten gerne wissen, wann und von welcher Maschine aus Angriffe versucht werden.

In diesem Fall sollten Sie „Anmeldeversuche“ und dabei „Fehlschlag“ aktivieren. Erfolgreiche Anmeldeversuche können Sie getrost außen vor lassen, denn sonst zeichnen Sie auch alle Anmeldeversuche aller Mitarbeiter auf.

## ACHTUNG!

Jede Überwachung ist ein Eingriff in die Arbeitsumgebung der Mitarbeiter. Sprechen Sie jede Überwachung mit den Mitarbeitern oder dem Betriebsrat ab!

Nun stellt sich die Frage, ob das einfache Aussuchen, ob Erfolg oder Fehlschlag aufgezeichnet werden soll, ausreicht.

In den allermeisten Fällen wird es ausreichen, aber bei einigen Zugriffen wäre die Überwachungsbandbreite zu groß, und das Ereignisprotokoll würde in kürzester Zeit überquellen.

Diese Ereignisse sind

- Objektzugriffsversuche
- Verzeichnisdienstzugriffe

Wenn Sie Objektzugriffe nicht weiter einschränken könnten, würde jedes Öffnen, Benutzen oder Löschen einer Datei oder eines Ordners und jedes Benutzen eines Druckers von allen Benutzern aufgezeichnet werden. Das kann natürlich keine Lösung sein.

Auch bei Verzeichnisdienstzugriffen ist das Problem vorhanden. Aus diesem Grund müssen für diese zwei Überwachungsrichtlinien weitere Einschränkungen getroffen werden.

| **Einstellungen** | **Weitere Einschränkungen** |
|---|---|
| Anmeldeereignisse überwachen | Nicht nötig |
| Anmeldeversuche überwachen | Nicht nötig |
| Kontenverwaltung überwachen | Nicht nötig |
| Objektzugriffsversuche überwachen | Ja:<br>• Welche Gruppe<br>• Welches Ereignis |
| Prozessverfolgung überwachen | Nicht nötig |
| Rechteverwendung überwachen | Nicht nötig |
| Richtlinienänderung überwachen | Nicht nötig |
| Systemereignisse überwachen | Nicht nötig |
| Verzeichnisdienstzugriff überwachen | Ja:<br>• Welche Gruppe<br>• Welches Ereignis |

## Weitere Einschränkungen: Objektzugriff Ordner und Dateien

Um die Überwachung des Objektzugriffs auf Ordner oder Dateien weiter einzuschränken, öffnen Sie den Explorer.

**Ein Beispiel:**

Aus einem Ordner mit Namen „Daten“ verschwinden regelmäßig Dateien, aber niemand will sie gelöscht haben. Aus diesem Grund haben Sie eine Überwachungsrichtlinie erstellt, die den Erfolg und den Fehlschlag des Objektzugriffs überwachen soll. Sie möchten nicht nur wissen, wer erfolgreich eine Datei gelöscht hat, sondern auch, wer es erfolglos probiert hat.

Um nun die weiteren Einschränkungen zu treffen, öffnen Sie die Eigenschaften des Ordners „Daten“.

- Sicherheit
- Erweitert
- Überwachung
- Hinzufügen

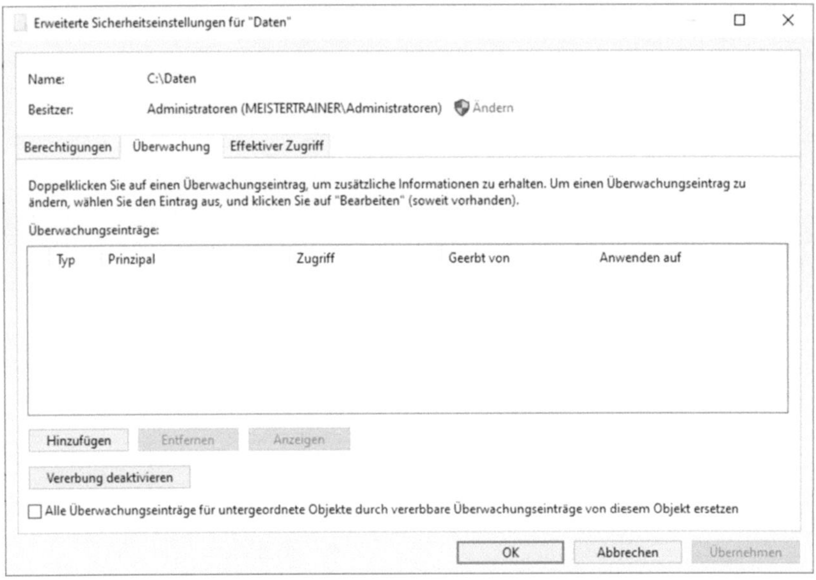


*Abbildung 19.18: Überwachung eines Ordners*

Wie Sie sehen, ist kein Überwachungseintrag erstellt.

Um die Überwachung zu konfigurieren, klicken Sie auf „Hinzufügen“.

Nun suchen Sie sich die Gruppe oder den Benutzer aus, den Sie überwachen wollen.

In unserem Beispiel haben wir noch keine Ahnung, wer der Übeltäter sein könnte. Aus diesem Grund wählen wir die zu überwachende Gruppe sehr groß, nämlich die Domänen-Benutzer.

Danach erscheint ein Fenster, in dem wir noch die Art der Aktion eintragen müssen, die überwacht werden soll.

Da wir in unserem Beispiel nur wissen möchten, wer Daten löscht, wählen wir auch nur „Löschen“ aus.

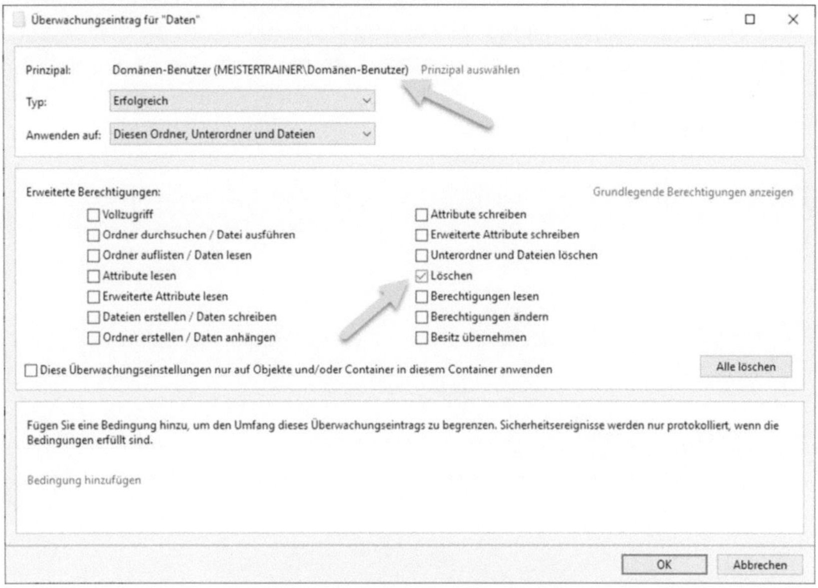


*Abbildung 19.19: Auswahl der Aktion*

## ACHTUNG!

Wie Sie bemerkt haben, werden hier die NTFS-Rechte bearbeitet. Deswegen ist es nur auf NTFS-Partitionen möglich, Datei- und Ordnerzugriff zu überwachen. Auf einer FAT Partition besteht dafür keine Möglichkeit!

**Ein Tipp:**

Entfernen Sie die Überwachungseinträge nach Beendigung der Überwachung wieder. Wenn Sie nur die Überwachung deaktivieren, haben Sie auf den ersten Blick zwar das gleiche erreicht, aber wenn Sie später ein anderes Objekt überwachen möchten, und die Überwachung in der Sicherheitskonsole wieder einrichten, bekommen Sie ansonsten auch die alten Einträge angezeigt. Um diesen Datenmüll zu vermeiden und um das Ganze übersichtlich und verwaltbar zu halten, sollten Sie die NTFS-Rechte auf jeden Fall entfernen.

## Weitere Einschränkungen: Objektzugriff Drucker

Im Prinzip gilt das gleiche für den Zugriff auf Drucker.

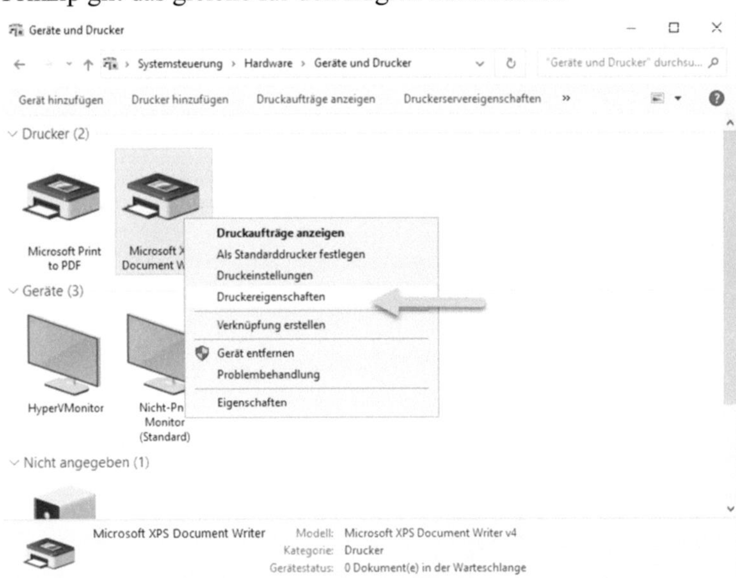


*Abbildung 19.20: Überwachung von Druckern*

Auch Drucker haben eine Rechtestruktur, die den NTFS-Rechten ähnlich ist. Da sie ebenfalls unter die Überwachungsrichtlinie „Objektzugriff" fallen, muss auch hier eine Einschränkung getroffen werden.

Analog zu den Zugriffsrechten auf Dateien und Ordner können auch hier Einschränkungen getroffen werden.

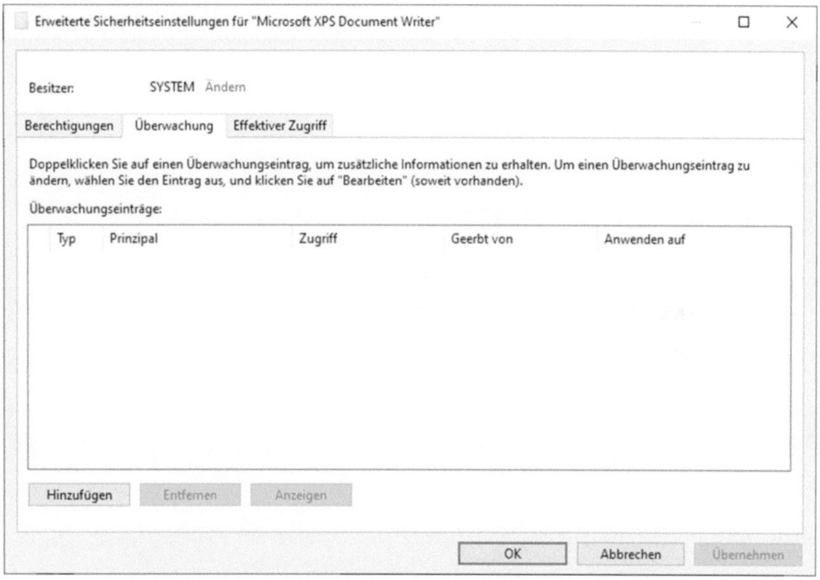


*Abbildung 19.21: Einschränkung der Druckerüberwachung*

Die Rechte sind hier natürlich die Druckerrechte.

## Weitere Einschränkungen: Objektzugriff Active Directory Objekte

Als letzte Einschränkung der Objektüberwachung ist noch der Verzeichnisdienstzugriff zu nennen. Dies ist eine eigene Überwachungsrichtlinie, und unterliegt den gleichen Regeln wie Dateien, Ordner und Drucker.

Wenn man beispielsweise wissen möchte, wer im Active Directory in der OU „Arbeit" auf die Objekte zugreift, müssen die Einstellungen zusätzlich zu den Überwachungseinstellungen in der Sicherheitskonsole auch noch im Active Directory gemacht werden.

- Rechte Maustaste auf den Container (hier: OU „Arbeit“)
- Eigenschaften
- Sicherheit
- Erweitert
- Überwachung

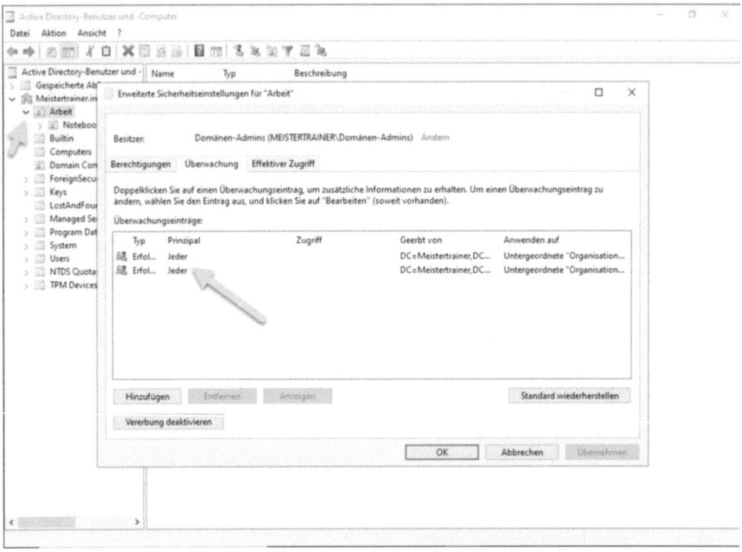


*Abbildung 19.22: Überwachungseinträge*

Wie Sie hier erkennen können, wird im Active Directory standardmäßig bereits der Zugriff überwacht.

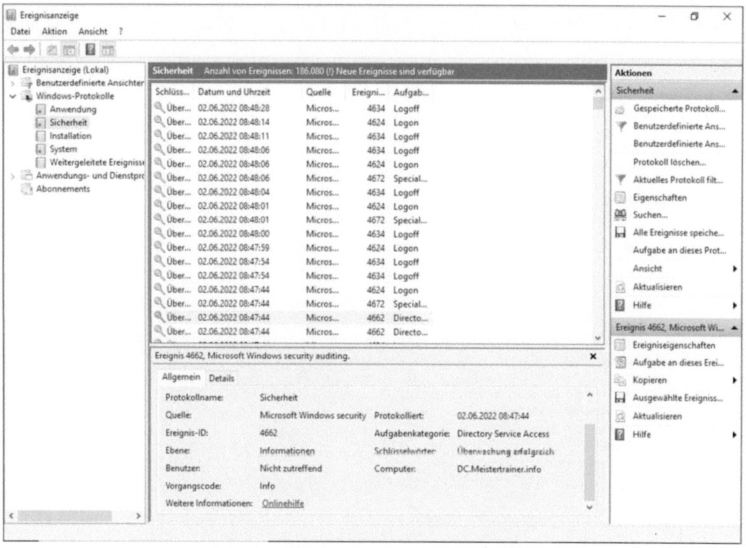


*Abbildung 19.23: Ereignisprotokoll*

Wo finden sich denn nun die ganzen Ergebnisse der Überwachung?

Alle Überwachungseinträge werden im Ereignisprotokoll vorgenommen, das Sie über den Server-Manager öffnen können.

Hier betrachten Sie das Protokoll „Sicherheit".

### 19.3.3 Lokale Richtlinien: Zuweisen von Benutzerrechten

Der zweite Punkt unterhalb der „Lokalen Richtlinien" ist das „Zuweisen von Benutzerrechten".

Die Benutzerrechte sind die Rechte, die Benutzer (oder natürlich auch Gruppen) auf das System haben.

Benutzerrechte sind keine Zugriffsrechte auf Ressourcen, es sind systemnahe Rechte, wie beispielsweise das Recht zum Ändern der Systemzeit oder zum lokalen Anmelden an einer Maschine.

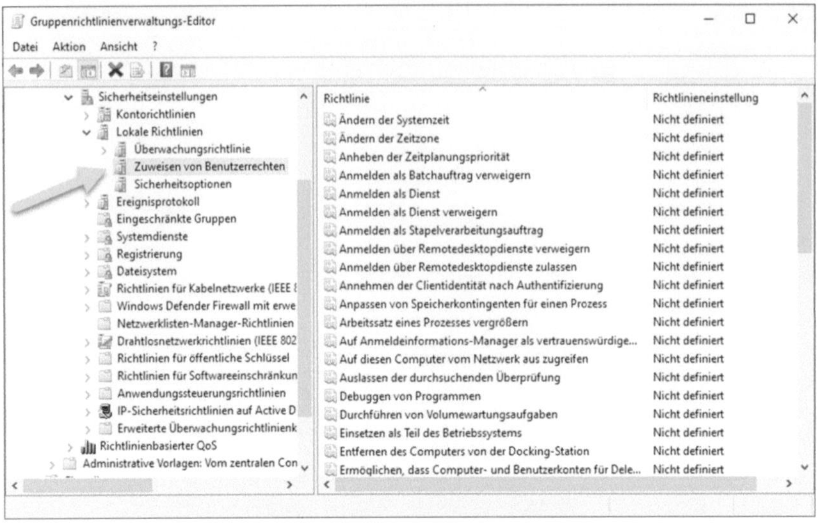


*Abbildung 19.24: Benutzerrechte*

# Übung 19.3.3

- Öffnen Sie die „Default Domain Policy" und betrachten Sie die Kontorichtlinien.
- Beurteilen Sie die Einstellungen
- Wechseln Sie zu den Überwachungsrichtlinien
- Aktivieren Sie die „Objektzugriffsversuche" mit „Erfolgreich" und „Fehler"
- Erstellen Sie auf der virtuellen Maschine „DC" einen Ordner mit Namen „Daten"
- Aktivieren Sie die Überwachung auf diesem Ordner, für alle Domänenbenutzer mit der Aktion „Löschen"
- Erstellen Sie eine Textdatei im Ordner „Daten" und löschen Sie diese wieder
- Kontrollieren Sie die Sicherheitseinträge im Ereignisprotokoll

### 19.3.4 Sicherheitsoptionen: Die Benutzerkontensteuerung

Nun kommen wir zum Menüpunkt Sicherheitsoptionen. Hier betrifft ein Großteil der Einstellungen die Benutzerkontensteuerung.

Die Benutzerkontensteuerung (auch User Account Control, UAC genannt), ist eine Sicherheitstechnik, die unbefugte Zugriffe auf das System verhindert. Diese Funktionalität ist vor allem für die Clientbetriebssysteme wichtig.

Bis zum Betriebssystem Windows XP erhielten die bei der Installation angelegten Benutzerkonten Administratorrechte.

Das Problem dabei war, dass diese Rechner immer mit vollen Administratorrechten ausgeführt wurden, was jeglicher Art von Schadsoftware Tür und Tor geöffnet hat.

Deswegen wurde mit Windows Vista die Benutzerkontensteuerung eingeführt.

Ab diesem System müssen alle systemnahen Tasks durch einen Administrator (durch Eingabe des entsprechenden Benutzernamens und Passworts) bestätigt werden.

Diese Einstellungen können natürlich genau konfiguriert werden.

Dazu müssen Sie die entsprechende Gruppenrichtlinie bearbeiten.

- Computerkonfiguration
- Windows-Einstellungen
- Sicherheitseinstellungen
- Lokale Richtlinien
- Sicherheitsoptionen

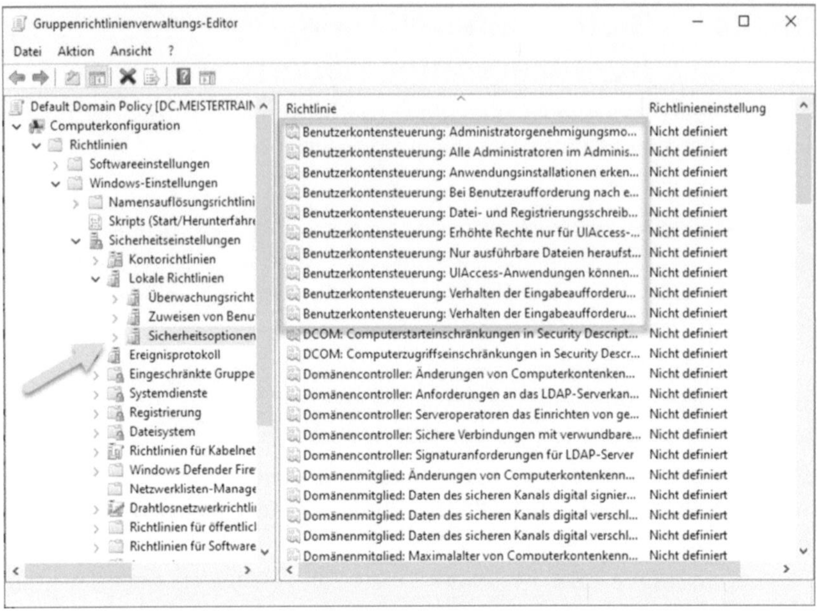


*Abbildung 19.25: Einstellungen der Benutzerkontensteuerung*

Hier sind die verschiedenen Einstellungsmöglichkeiten, die Sie gut kennen sollten.

**Benutzerkontoschutz: Administratorbestätigungsmodus für das integrierte Administratorkonto**

Hier wird das Verhalten des integrierten Administratorkontos festgelegt. Dieses Konto ist standardmäßig deaktiviert, kann aber aktiviert werden.

*Optionen*:

**Aktiviert**:

Der integrierte Administrator wird im so genannten Administratorbestätigungsmodus angemeldet. Dies ist der Modus, der bei jeder Aktion, die systemnah ist, bestätigt oder abgelehnt werden muss.

**Deaktiviert**:

Wenn Sie deaktiviert wählen, gibt es für das Administratorkonto keine Benutzerkontensteuerung und der Administrator hat volle Rechte (dies ist der XP-kompatible Modus).

**Standardeinstellung:**

Deaktiviert

**Benutzerkontensteuerung: Alle Administratoren im Administratorbestätigungsmodus ausführen**

Hier wird das Verhalten aller Administratorenkonten festgelegt.

*Optionen*:

**Aktiviert**:

Der Administratorgenehmigungsmodus ist aktiviert. Die Richtlinie muss aktiviert werden und zugehörige UAC-Richtlinieneinstellungen müssen ebenfalls ordnungsgemäß festgelegt werden, um die Ausführung des integrierten Administratorkontos und aller anderen Benutzer, die Mitglieder der Administratorgruppe sind, im Administratorgenehmigungsmodus zu ermöglichen.

**Deaktiviert**:

Wenn Sie deaktiviert wählen, werden der Administratorgenehmigungsmodus und alle zugehörigen UAC-Richtlinieneinstellungen deaktiviert.

**ACHTUNG!**

Wird die Richtlinieneinstellung deaktiviert, werden Sie vom Sicherheitscenter benachrichtigt, dass die Gesamtsicherheit des Betriebssystems verringert wurde.

**Standardeinstellung:**

Aktiviert

**Benutzerkontensteuerung: Anwendungsinstallationen erkennen und erhöhte Rechte anfordern**

Hier legen Sie fest, wie das Verhalten des Systems ist, wenn Anwendungen installiert werden sollen.

*Optionen*:

**Aktiviert**:

Wenn Anwendungen installiert werden sollen, erscheint automatisch die entsprechende Abfrage.

**Deaktiviert**:

In einer Unternehmensumgebung wird oftmals nicht am Einzelplatz installiert, sondern durch Tools, wie SMS oder auch Gruppenrichtlinien. Hier sollte die Option deaktiviert sein.

**Standardeinstellung**:

- Aktiviert (privat)
- Deaktiviert (Unternehmen)

**Benutzerkontensteuerung: Bei Benutzeraufforderung nach erhöhten Rechten zum sicheren Desktop wechseln**

Hier legen Sie fest, ob die Anforderung erhöhter Rechte als Benutzeraufforderung auf dem interaktiven Benutzerdesktop oder auf dem sicheren Desktop angezeigt wird.

*Optionen:*

**Aktiviert:**

Alle Anforderungen nach erhöhten Rechten werden standardmäßig auf dem sicheren Desktop angezeigt.

**Deaktiviert**:

Alle Anforderungen nach erhöhten Rechten werden auf dem interaktiven Benutzerdesktop angezeigt.

**Standardeinstellung**:

Aktiviert

**Benutzerkontensteuerung: Nur erhöhte Rechte für UIAccess-Anwendungen, die an sicheren Orten installiert sind**

Diese Einstellung sorgt dafür, dass sich Anwendungen, die eine Ausführung mit einer UIAccess-Integritätsebene anfordern (über das Kennzeichnen von UIAccess=true in ihrem Anwendungsmanifest) an bestimmten Stellen im Dateisystem befinden müssen. Tun sie das nicht, werden ihnen keine erhöhten Rechte gewährt.

Folgendes sind diese bestimmten Stellen:

- ...\Programme\, einschließlich Unterverzeichnissen
- ...\Windows\system32\
- ...\Programme (x86)\, einschließlich Unterverzeichnissen für 64-Bit-Versionen von Windows

*Optionen*:

**Aktiviert**:

Nur Anwendungen, die sich an den richtigen Speicherorten befinden, werden mit UIAccess-Integrität gestartet.

**Deaktiviert**:

Auch Anwendungen, die sich nicht an den richtigen Speicherorten befinden, werden mit UIAccess-Integrität gestartet.

**Standardeinstellung**:

Aktiviert

**Benutzerkontensteuerung: Nur ausführbare Dateien heraufstufen, die signiert und überprüft sind**

Mit dieser Einstellung können Sie PKI-Signaturüberprüfungen für interaktive Anwendungen mit erhöhten Rechten erzwingen.

Sie können eine Liste mit zugelassenen Anwendungen erstellen und diese durch Zertifikate steuern.

*Optionen:*

**Aktiviert:**

Die Überprüfung der PKI-Zertifikatkette wird erzwungen, bevor sie ausgeführt werden darf.

**Deaktiviert:**

Die Überprüfung der PKI-Zertifikatkette wird nicht erzwungen, bevor sie ausgeführt werden darf.

**Standardeinstellung:**

Deaktiviert

**Benutzerkontensteuerung: UIAccess-Anwendungen das Anfordern erhöhter Rechte ohne Verwendung des sicheren Desktop erlauben**

Mit dieser Richtlinieneinstellung wird gesteuert, ob Programme für Eingabehilfen für die Benutzeroberfläche (UIAccess oder UIA) den sicheren Desktop für von einem Standardbenutzer verwendete Eingabeaufforderungen für erhöhte Rechte automatisch deaktivieren können.

*Optionen:*

**Aktiviert:**

UIA-Programme, einschließlich Windows-Remoteunterstützung, deaktivieren automatisch den sicheren Desktop für Benutzeraufforderungen mit erhöhten Rechten.

**Deaktiviert:**

Der sichere Desktop kann nur vom Benutzer des interaktiven Desktops oder durch Deaktivieren der Einstellung "Benutzerkontensteuerung: Bei Eingabeaufforderung für erhöhte Rechte zum sicheren Desktop wechseln" deaktiviert werden.

**Standardeinstellung:**

Deaktiviert

**Benutzerkontensteuerung: Verhalten der Benutzeraufforderung mit erhöhten Rechten für Standardbenutzer**

Hier legen Sie fest, was bei Anforderungen eines Standardbenutzers passiert.

*Optionen*:

**Aufforderung zur Eingabe der Anmeldeinformationen:**

Der Benutzer muss einen Benutzernamen und ein Kennwort eines Kontos mit administrativen Rechten angeben, damit der Vorgang fortgesetzt werden kann.

**Anhebungsaufforderung automatisch abweisen:**

Hier wird ein Versuch, eine Aktion auszuführen, die höhere Rechte benötigt, sofort abgewiesen.

**Standardeinstellung:**

- Aufforderung zur Eingabe der Anmeldeinformationen (privat)
- Anhebungsaufforderung automatisch abweisen (Unternehmen)

**Benutzerkontensteuerung: Verhalten der Benutzeraufforderung mit erhöhten Rechten für Administratoren im Administratorbestätigungsmodus**

Der Administratorenbestätigungsmodus ist der Modus, in dem ein Administrator eine Aktion, die systemnah ist, bestätigen oder ablehnen kann (Standardeinstellung).

*Optionen*:

**Aufforderung zur Eingabe der Zustimmung:**

Der Administrator muss zustimmen oder kann ablehnen.

**Aufforderung zur Eingabe der Anmeldeinformationen:**

Hier reicht Zustimmen nicht, sondern es müssen die Kontodaten mit administrativen Rechten eingegeben werden.

**Keine Aufforderung:**

In diesem Fall wird keine Abfrage gemacht, dies ist eine nicht sichere Einstellung.

**Standardeinstellung**:

Aufforderung zur Eingabe der Zustimmung

## Die Virtualisierung

Sicher ist Ihnen aufgefallen, dass wir gerade eine Einstellung der Benutzerkontensteuerung in der Besprechung ausgelassen haben.

Diese Einstellung ist besonders bemerkenswert, denn sie erlaubt, dass ältere Anwendungen eventuell trotz eingeschalteter Benutzerkontensteuerung funktionieren können.

Wie Sie sicherlich immer wieder merken werden, funktionieren nicht alle Anwendungen unter Windows Vista, und auch die neueren Systeme machen manchmal Probleme.

Das liegt unter anderem daran, dass viele ältere Anwendungen nicht nur in der Registry, sondern auch in die nun geschützten Ordner, wie beispielsweise %systemroot%, schreiben möchten.

Dafür sind aber erhöhte Benutzerrechte nötig, was dazu führt, dass diese Anwendungen nicht funktionieren.

**ACHTUNG!**

Auch wenn Sie als ein Administrator angemeldet sind, funktionieren diese Programme nicht automatisch, denn Sie haben ja auch nur normale Benutzerrechte!

In diesem Fall könnte die „Virtualisierung“ helfen.

Das Prinzip funktioniert folgendermaßen:

Das Programm versucht, in einen geschützten Bereich zu schreiben, was von der Benutzerkontensteuerung verboten wird.

Allerdings wird nun dieser Bereich als virtuelle Ressource bereitgestellt, in die das Programm schreiben kann und damit die Möglichkeit hat, ausgeführt zu werden.

Diese virtuellen Verzeichnisse werden für jeden Benutzer im Profil gespeichert.

## ACHTUNG!

Also stehen für das Ausführen dieser älteren Programme mehrere Möglichkeiten zur Verfügung: zum einen die Virtualisierung, wie eben besprochen.

Sie können aber natürlich auch die Anwendung mit dem Flag „Als ein Administrator ausführen" setzen, dann hat die Anwendung immer erhöhte Rechte.

Nun betrachten wir die Einstellung in der Gruppenrichtlinie noch einmal im Detail:

**Benutzerkontensteuerung: Datei- und Registrierungsschreibfehler an Einzelbenutzerstandorte virtualisieren**

Mit dieser Einstellung können ältere Anwendungen, die in geschützte Verzeichnisse, wie "%Programme%, %Windir%, %Windir%\system32" oder "HKLM\Software\..." schreiben möchten, ein virtualisiertes Verzeichnis zugewiesen bekommen.

*Optionen:*

**Aktiviert:**

Vereinfacht die Umleitung von Anwendungsschreibfehlern zur Laufzeit an definierte Benutzerspeicherorte für das Dateisystem und die Registrierung.

**Deaktiviert:**

Für Anwendungen, die Daten in geschützte Speicherorte schreiben, wird wie in vorherigen Windows-Versionen auch ein Fehler zurückgegeben.

**Standardeinstellung:**

Aktiviert

## Übung 19.3.4

- Betrachten Sie die Einstellungen der Benutzerkontensteuerung genau
- Beachten Sie auch die Erklärungen zu den einzelnen Einstellungen.
- Führen Sie keine Änderungen durch

## 19.3.5 Eingeschränkte Gruppen

Eingeschränkte Gruppen erlauben Ihnen, einen Benutzer der Domäne automatisch in die lokale Gruppe der Hauptbenutzer oder der lokalen Administratoren auf einem Mitgliedserver oder einem Client zu übernehmen.

Das ist ein großer Vorteil, denn so kann der Benutzer auf seiner Arbeitsstation mehr Rechte bekommen, ohne gleich Domänenadministrator sein zu müssen.

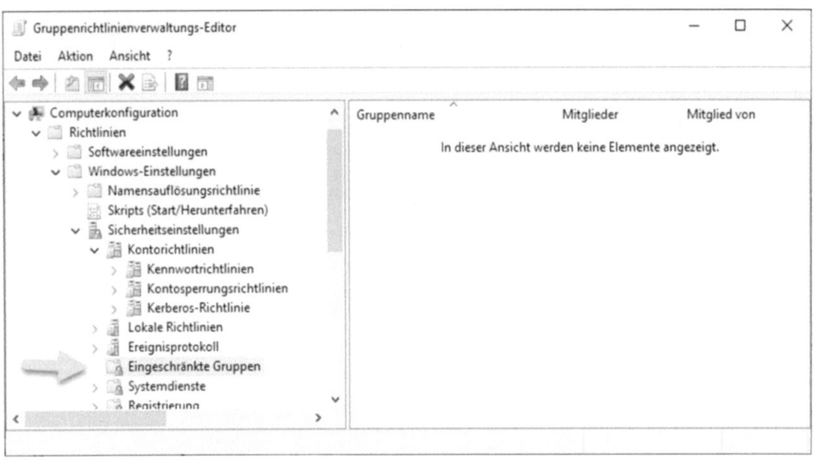


*Abbildung 19.26: Eingeschränkte Gruppen*

# 19.4 Anwendungssteuerungsrichtlinien

Die Anwendungssteuerungsrichtlinien sind der Nachfolger der „Softwareeinschränkungen", die es in vorherigen Betriebssystemen gab. Dieser Punkt ist aus Abwärtskompatibilitätsgründen noch immer vorhanden, denn die neuen Anwendungssteuerungsrichtlinien wird es für die älteren Systeme nicht geben.

## 19.4.1 Konfiguration von Anwendungssteuerungsrichtlinien

Im Installationszustand existieren keine Anwendungssteuerungsrichtlinien. Sie müssen diese zunächst einmal aktivieren.

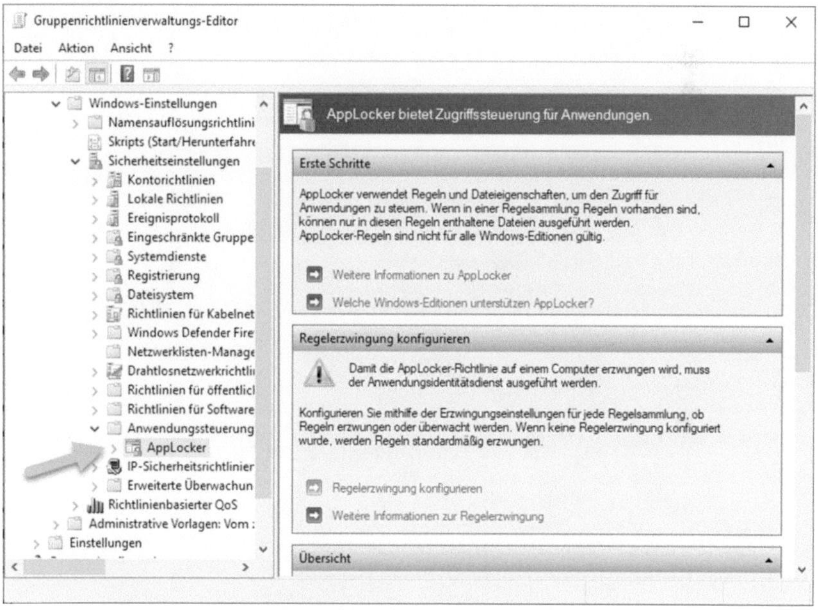


*Abbildung 19.27: AppLocker*

Dazu wählen Sie die entsprechende Gruppenrichtlinie aus:

- Lokale Gruppenrichtlinie
- Computerkonfiguration
- Windows-Einstellungen

- Sicherheitseinstellungen
- Anwendungssteuerungsrichtlinien
- AppLocker

Sie sehen, es gibt drei Arten von Regeln, die Sie konfigurieren können:

- Ausführbare Regeln: Hier werden ausführbare Dateien (*.exe) erlaubt oder verboten
- Windows Installer-Regeln: Damit können Sie Installationsdateien einschränken (*.msi, *.msp)
- Skriptregeln: Damit können Sie die Skriptausführung steuern (*.ps1, *.bat, *.cmd, *.vbs, *.js)

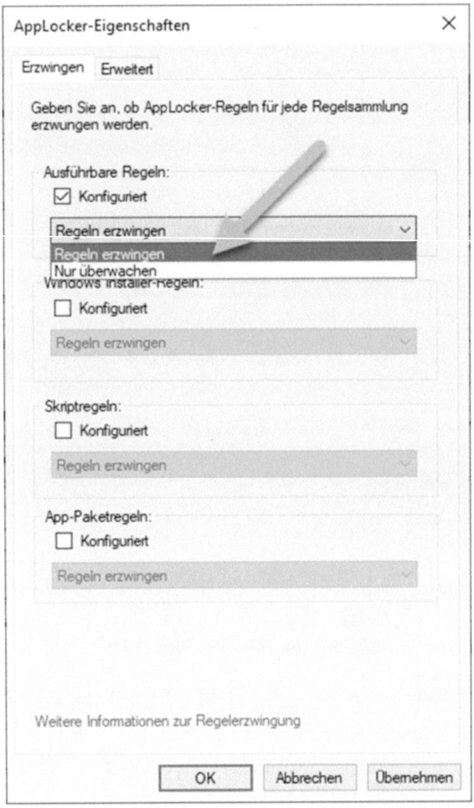


*Abbildung 19.28: Aktivieren der Regeln*

In der Standardinstallation ist keine Regelerzwingung eingestellt, diese müssen Sie manuell aktivieren, wenn Sie das wünschen, indem Sie wählen „Regelerzwingung konfigurieren".

Sie können wählen zwischen „Regel erzwingen" oder „Nur überwachen". Wenn Sie nur überwachen wollen, wird die Regel nicht erzwungen, sondern Überschreitungen werden im Ereignisprotokoll dokumentiert.

Aber nun sollten wir auch Regeln einrichten!

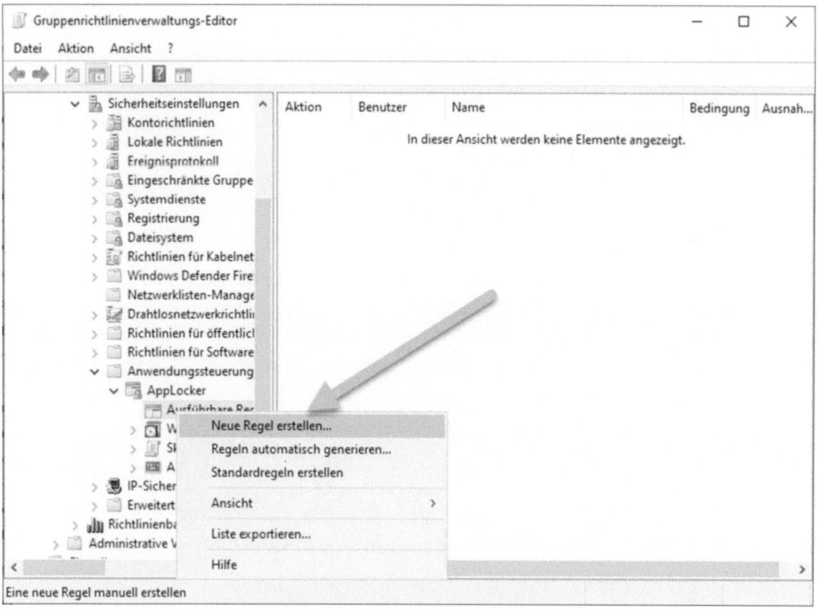


*Abbildung 19.29: Regeln einrichten*

Wenn wir beispielsweise bestimmte Programme verbieten wollen, klicken wir mit der rechten Maustaste auf „Ausführbare Regeln" und wählen „Neue Regel erstellen".

Ein Assistent startet.

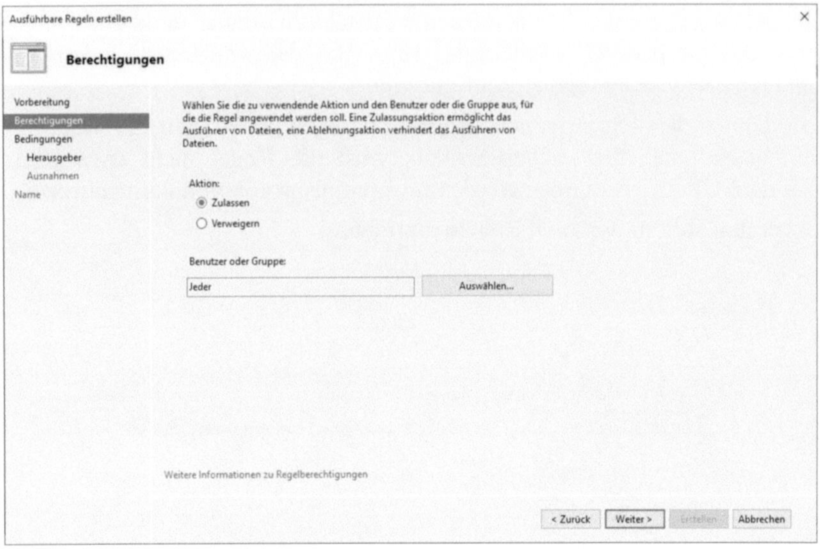


*Abbildung 19.30: Zulassen oder Verweigern*

Im ersten Fenster wählen Sie aus, ob Sie die Ausführung des festzulegenden Programms zulassen oder verweigern möchten und welche Gruppe dies betreffen soll.

Die wirklich wichtige Frage ist, welches Programm oder welche Programme Sie denn eigentlich einschränken möchten.

Auf diese Frage geben Sie im nächsten Fenster Antwort.

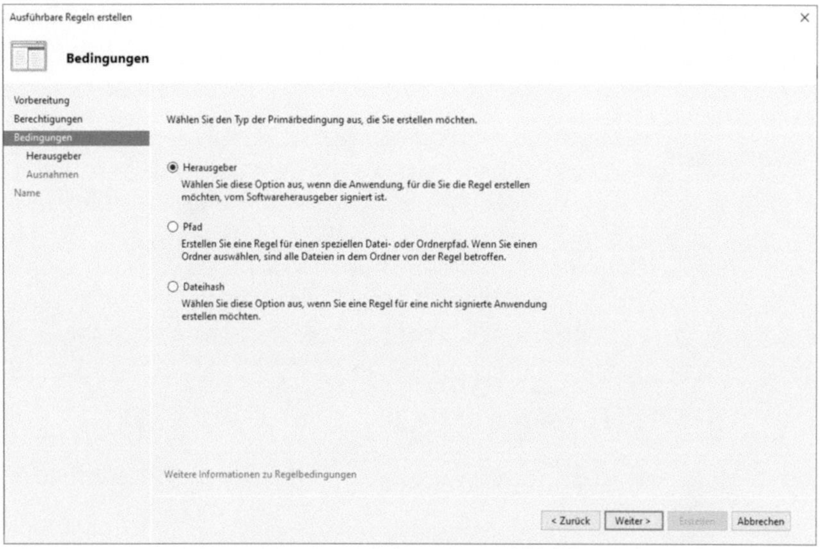


*Abbildung 19.31: Typ der Einschränkung*

Sie können das Programm oder die Programme nach drei Möglichkeiten aussuchen:

- Herausgeber
- Pfad
- Dateihash

Programme eines Herausgebers haben meistens digitale Signaturen, die den Herausgeber anzeigen. Dadurch ist es möglich, den Hersteller durch Angabe einer Referenzdatei zu bestimmen.

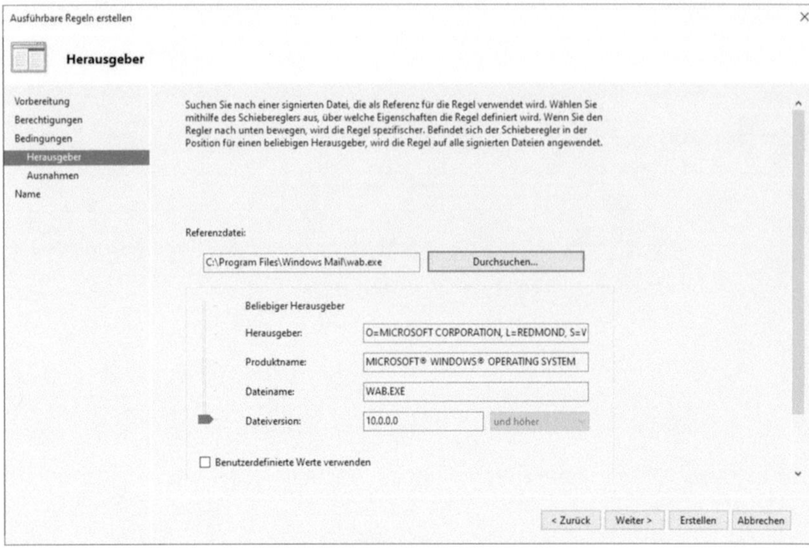


*Abbildung 19.32: Identifikation mit einer Referenzdatei*

Natürlich ist es auch möglich, Ausnahmen zu definieren.

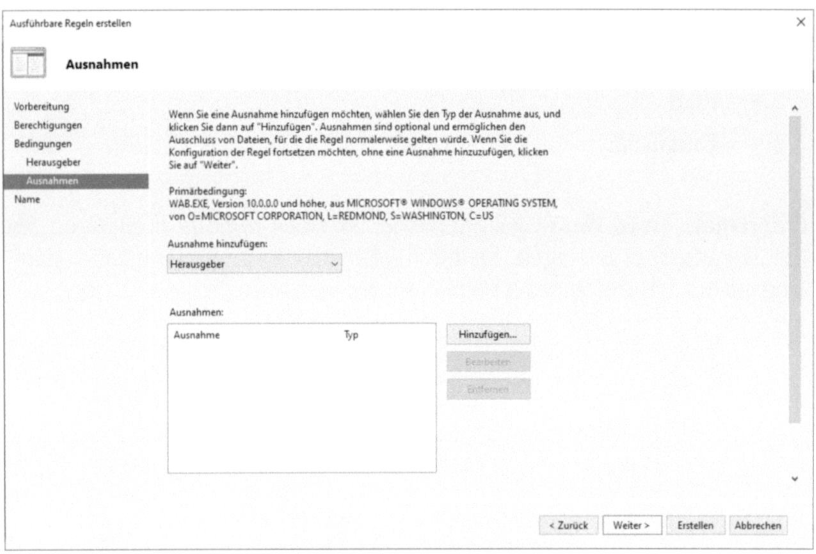


*Abbildung 19.33: Ausnahmen*

Für die Pfad- oder Dateihashregeln ist die Vorgehensweise identisch, nur dass hier die Programme entweder durch ihren Pfad oder ihren Dateihash identifiziert werden.

## Übung 19.4

- Erstellen Sie eine Anwendungssteuerungsrichtlinie in der „Default Domain Policy“, in der Sie den Zugriff auf alle Apps erlauben, die von Microsoft erstellt worden sind
- Setzen Sie alle virtuellen Maschinen auf den Prüfpunkt „Basis“ zurück

## 19.5 Die Windows-Defender Firewall

Natürlich können auch die sicherheitsrelevanten Einstellungen der Firewall über eine Gruppenrichtlinie gemacht werden.

Windows Server 2022 hat eine integrierte Firewall, mit der Sie sowohl den Datenverkehr von innen nach außen als auch den Datenverkehr von außen nach innen regeln können.

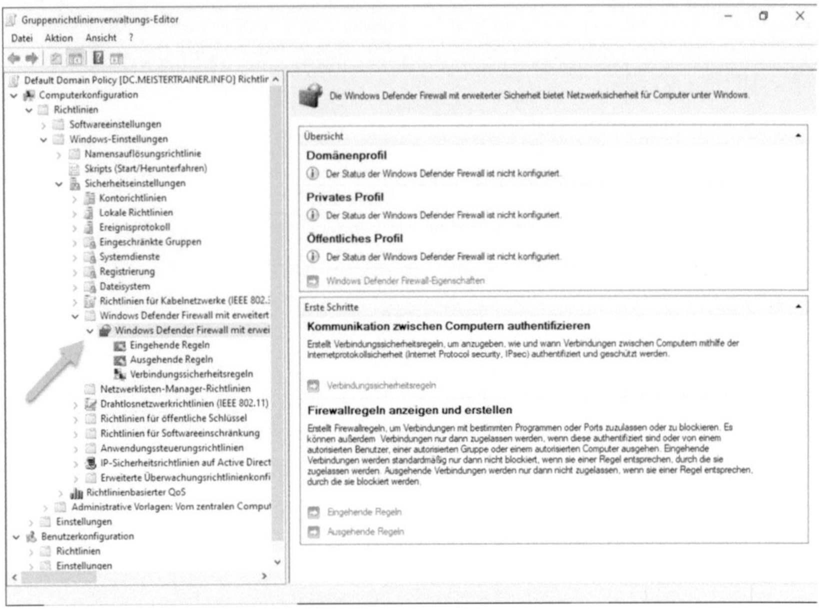


*Abbildung 19.34: Firewall*

Jeder Server kann mithilfe der Firewall relativ gut geschützt werden. Die wichtigsten Einstellungen sind sowohl für den eingehenden als auch für den ausgehenden Datenverkehr bereits vordefiniert.

Damit erreichen Sie bereits eine Grundabsicherung des Servers.

Natürlich können Sie jederzeit neue Regeln erstellen, um die Sicherheit des Servers an Ihre Bedürfnisse anzupassen.

Dazu wählen Sie „Neue Regel“.

Ein Assistent hilft Ihnen, eine neue Regel zu erstellen.

Zunächst entscheiden Sie sich für den Regeltyp.

Normalerweise werden Firewallregeln immer für Ports definiert, aber hier haben Sie die komfortable Möglichkeit, die Regeln auch für ein Programm oder für vordefinierte Windows-Vorgänge zu generieren.

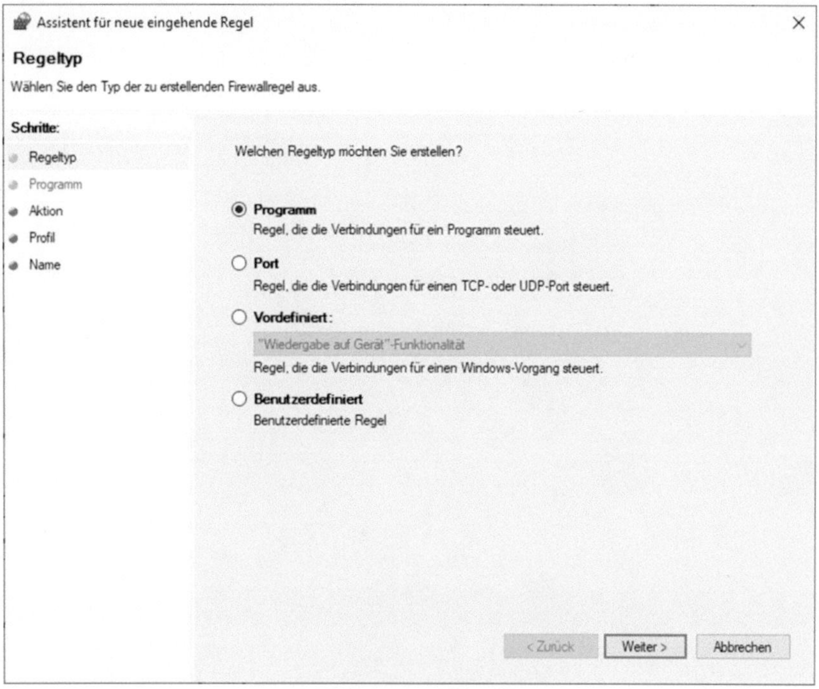


*Abbildung 19.35: Regeltyp*

Falls Sie sich für „Programme“ entschieden haben, müssen Sie im nächsten Schritt natürlich das Programm festlegen.

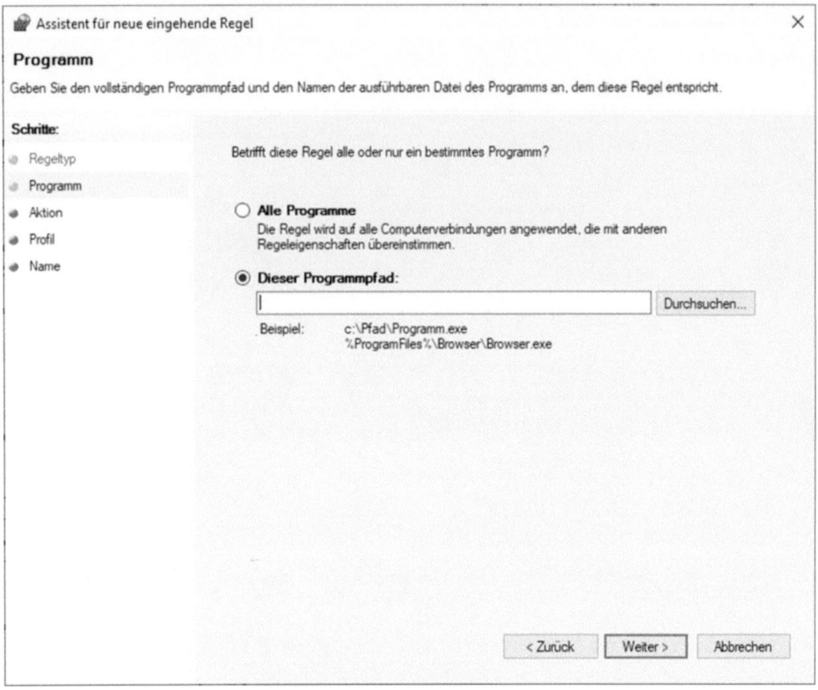


*Abbildung 19.36: Programm*

Falls Sie sich für „Ports" entschieden haben, werden an dieser Stelle natürlich die Ports definiert.

## ACHTUNG!

Sie sollten auf jeden Fall die wichtigsten Ports kennen!

Die nächste Karte legt die Aktion fest.

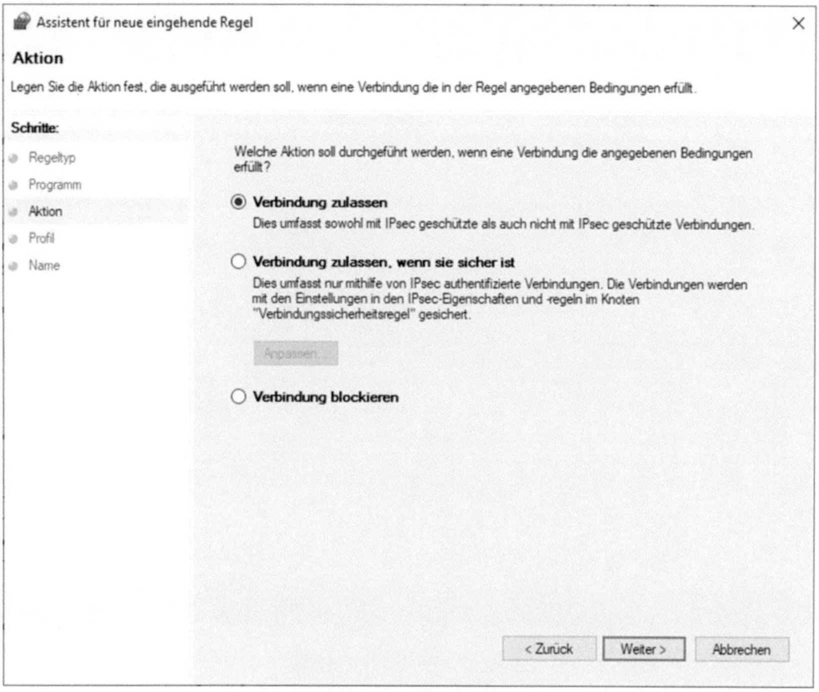


*Abbildung 19.37: Aktion*

Sie können die Verbindung entweder zulassen oder blockieren, oder Sie entscheiden sich für die Variante, dass Sie die Verbindung nur dann zulassen möchten, wenn sie gesichert ist.

Diese Regelung ist sehr interessant, da Sie die Möglichkeit haben, auf verschlüsselte Verbindungen zu bestehen.

Außerdem können Sie auch Ausnahmen festlegen, die einen Datenverkehr für bestimmte Computer auch unverschlüsselt erlauben.

Im letzten Schritt legen Sie noch fest, für welche Profile diese Einstellung gelten soll.

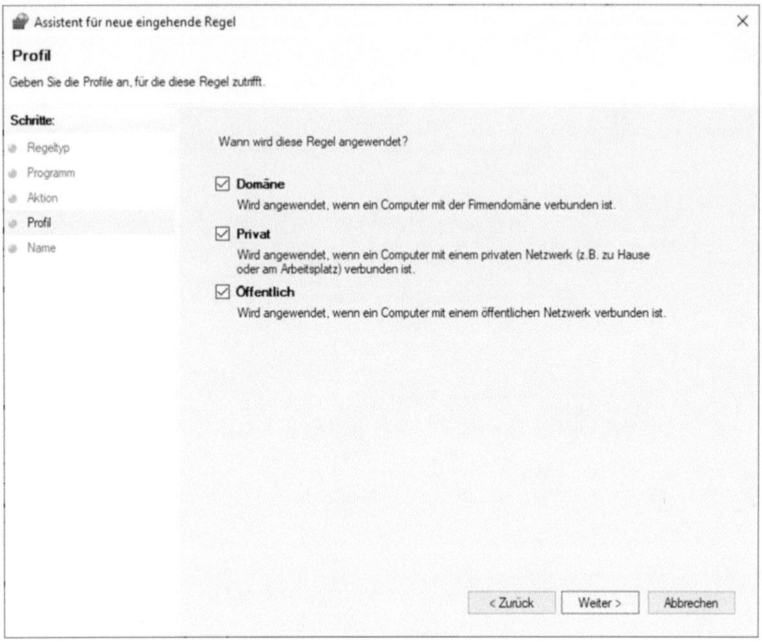


*Abbildung 19.38: Profile*

Nachdem Sie der Regel einen Namen gegeben haben, wird sie angewendet.

# 19.6 Gruppenrichtlinien Einstellungen

Gruppenrichtlinien haben das Ziel, zentrale Einstellungen für die Clientcomputer zu tätigen.

Wir haben aber in der Gruppenrichtlinienkonsole einen weiteren Unterpunkt, die „Einstellungen“.

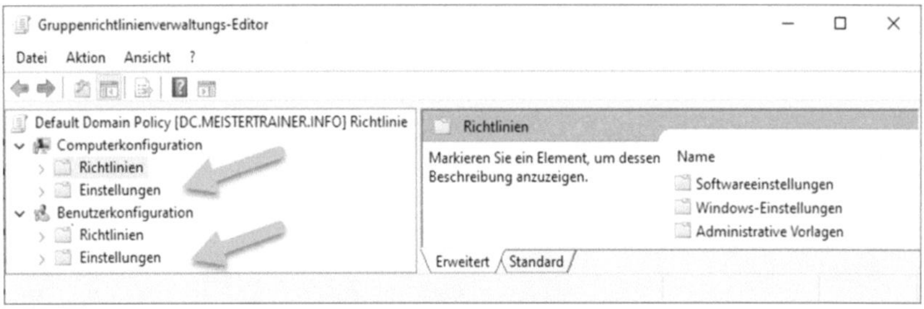


*Abbildung 19.39: Einstellungen*

Mit den „Einstellungen“, die auch als „Group Policy Preferences (GPP)“ bezeichnet werden, können Sie Dinge festlegen, die sonst gerne in Anmeldeskripten definiert werden, also Dinge wie Laufwerkszuweisung, Druckerzuweisung und vieles mehr.

Ein wichtiger Punkt bei den GPP ist, dass sie vom Benutzer wieder geändert werden können, also nicht eine so erzwungene Maßnahme sind, wie die Gruppenrichtlinien.

Allerdings unterliegen auch die GPP dem Aktualisierungsintervall von 90 Minuten, so dass eine Änderung dieser Vorgaben nicht von Dauer ist.

## 19.7 Active Directory PowerShell

Die Gruppenrichtlinien können natürlich auch über die PowerShell konfiguriert werden. Windows Server 2022 bietet dafür eine Reihe von Cmdlets, die die Administration erleichtern können.

Die wichtigsten sind hier aufgeführt:

| **Cmdlet** | **Erklärung** |
|---|---|
| Backup-GPO: | Mit diesem Cmdlet sichert man das angegebene Gruppenrichtlinienobjekt (GPO) oder alle Gruppenrichtlinienobjekte in einer angegebenen Domäne in ein Sicherungsverzeichnis. Dabei muss das Sicherungsverzeichnis bereits existieren. |
| Copy-GPO: | Dieses Cmdlet erstellt eine neue GPO und kopiert die Einstellungen aus der Quell-GPO in die neue GPO. Mit diesem Cmdlet kann eine GPO aus einer Domäne in eine andere Domäne innerhalb der gleichen Gesamtstruktur kopiert werden. |
| Get-GPInheritance: | Informationen zur Gruppenrichtlinienvererbung für eine angegebene Domäne oder Organisationseinheit kann man sich mit diesem Cmdlet ausgeben lassen. |

| | |
|---|---|
| Get-GPO: | Eine bestimmte GPO oder alle GPOs innerhalb einer Domäne kann man sich mit diesem Cmdlet anzeigen lassen. |
| Get-GPOReport: | Hiermit wird ein Bericht im XML- oder HTML-Format generiert, in dem die Eigenschaften und Richtlinieneinstellungen für eine angegebene GPO oder für alle GPOs einer Domäne angezeigt werden. |
| Get-GPPermissions: | Die Berechtigungen für einen oder mehrere Sicherheitsprinzipale kann man mit diesem Cmdlet in der angegebenen GPO abrufen. |
| Get-GPPrefRegistryValue: | Dieses Cmdlet zeigt eine oder mehrere Registrierungseinstellungen die unterhalb der Computerkonfiguration oder der Benutzerkonfiguration in einer GPO getätigt wurden an. |
| Get-GPRegistryValue: | Bei diesem Cmdlet werden eine oder mehrere registrierungsbasierte Richtlinieneinstellungen aus der Computerkonfiguration oder der Benutzerkonfiguration in einer GPO abgerufen. |
| Get-GPResultantSetOfPolicy: | Mit diesem Cmdlet kann man die Richtlinienergebnissatz-Informationen für einen Benutzer, einen Computer oder für beide in eine Datei im HTML- oder XML-Format ausgeben lassen. |
| Get-GPStarterGPO: | Ein bestimmtes oder alle Starter-GPOs werden mit diesem Cmdlet angezeigt. |
| Import-GPO: | Dieses Cmdlet importiert die Einstellungen aus einer gesicherten GPO in die angegebene Ziel-GPO. Dabei kann sich das Ziel-GPO in einer anderen Domäne oder in einer anderen Gesamtstruktur befinden als die Sicherungs-GPO und muss vorher nicht existieren. |

| | |
|---|---|
| New-GPLink: | Eine GPO wird auf eine Organisationseinheit (OU), einen AD-Standort oder auf die Domäne mit diesem Cmdlet verlinkt. |
| New-GPO: | Eine neue GPO wird mit diesem Cmdlet erstellt. |
| New-GPStarterGPO: | Mit diesem Cmdlet wird eine neue Starter-GPO erstellt. |
| Remove-GPLink: | Dieses Cmdlet entfernt eine GPO-Verlinkung von einer OU, einem AD-Standort oder von der Domäne. |
| Remove-GPO: | Eine GPO wird mit samt allen Verlinkungen mit diesem Cmdlet gelöscht. |
| Rename-GPO: | Mit diesem Cmdlet kann man eine GPO umbenennen bzw. der GPO einen anderen Anzeigenamen zuweisen. Dabei bleibt die GUID der umbenannten GPO erhalten. |
| Restore-GPO: | Dieses Cmdlet stellt eine GPO-Sicherung in der Domäne wieder her, in der sie ursprünglich gespeichert wurde. Ist die ursprüngliche Domäne oder die GPO nicht mehr in der Domäne vorhanden, tritt ein Fehler auf. |
| Set-GPLink: | Die Eigenschaften einer GPO-Verknüpfung lassen sich mit diesem Cmdlet festlegen. |
| Set-GPPermissions: | Die Berechtigungen einer GPO oder für alle GPOs innerhalb einer Domäne lassen sich mit diesem Cmdlet bearbeiten. |

# 20 Tag 20: Das Active Directory fachmännisch verwalten

Das Active Directory ist zwar eine sehr robuste Datenbank, aber auch sie muss gewartet werden, um ordnungsgemäß zu funktionieren.

Einige Funktionen sind sehr praktisch für größere Unternehmen, diese Technologien betrachten wir ebenfalls in diesem Kapitel.

## 20.1 Verwaltete Dienstkonten

Viele Anwendungen benötigen Dienstkonten, in deren Umfeld sie laufen.

Häufig wird hierfür ein vorhandenes Konto benutzt, wie beispielsweise der Netzwerkdienst.

Das funktioniert in den meisten Fällen auch einwandfrei.

Allerdings ist es nicht gerade besonders sicher, viele Anwendungen im gleichen Kontext laufen zu lassen. Auch ist es nicht möglich, den Dienst dann nach Wunsch zu konfigurieren.

Viele Administratoren sind aus diesem Grund bisher auf die Möglichkeit ausgewichen, ein normales Domänenkonto zu erstellen, und bei diesem den Haken „Kennwort läuft nie ab“ zu setzen. Dies gibt die Möglichkeit, die Kennwörter einmal zu vergeben, und nicht regelmäßig ändern zu müssen.

Auch das funktioniert gut. Allerdings entspricht es oft nicht den Sicherheitsanforderungen im Unternehmen, bei dem die Kennwörter aller Konten regelmäßig geändert werden müssen.

Um dieses Problem zu lösen, hat Microsoft bereits in der Version Server 2008 R2 die „verwalteten Dienstkonten“ eingeführt.

Diese Konten werden im Active Directory gespeichert, in der Klasse msDS-ManagedServiceAccounts.

Sie werden also getrennt von den Benutzerkonten verwaltet, und haben andere Eigenschaften. Sie haben beispielsweise die Möglichkeit, die gleiche Kennwortabgleichung zu machen, wie ein Computerkonto, das ja regelmäßig sein Kennwort mit dem Domänencontroller austauscht.

Dadurch ergeben sich folgende Vorteile:

- Automatisches Kennwortmanagement. Ein verwaltetes Dienstkonto benötigt keinerlei Kennworteinstellungen, es kann diese selber verwalten.
- Einfache Verwaltung des „Service Principal Names“ (SPN). Der „Service Principal Name“ ist der Name des Dienstes. Wenn er sich ändert, muss auch der Dienst angepasst werden. Dies wird mit verwalteten Dienstkonten automatisch gemacht.

### 20.1.1 Anforderungen für verwaltete Dienstkonten

Um verwaltete Dienstkonten verwenden zu können, benötigen Sie mindestens die Domänenfunktionsebene Windows Server 2008 R2.

Auch muss der Server, auf dem die Anwendung läuft, mindestens Windows Server 2008 R2 sein.

Auf ihm müssen das .NET Framework 3.5.x und das PowerShell - Modul für Active Directory installiert sein.

Verwaltete Dienstkonten werden in der PowerShell angelegt.

## 20.1.2 Anlegen von verwalteten Dienstkonten

Das Anlegen von verwalteten Dienstkonten erfolgt in mehreren Schritten.

- Anlegen des Root – Schlüssels
- Erstellen des Dienstkontos als Active Directory Objekt
- Verbinden des verwalteten Kontos mit einem Computerkonto
- Installieren des verwalteten Kontos auf dem Anwendungsserver
- Konfigurieren des Dienstes für die Verwendung dieses Kontos

### Anlegen des Root – Schlüssels

Im ersten Schritt muss ein Root – Schlüssel angelegt werden. Mithilfe dieses Schlüssels wird das Active Directory das Dienstkonto verwalten.

Dies führen wir auf einem Domänencontroller durch.

Der Befehl dazu lautet:

```
Add-KDSRootKey –EffectiveImmediately
```

Der Schalter –EffectiveImmediately bedeutet, dass dieses Objekt in 10 Stunden aktiv wird.

Diese Zeitverzögerung ist wichtig, damit die Replikation an alle Domänencontroller durchgereicht werden kann.

In unserem Fall ist das aber nicht nötig, da wir nur zwei Domänencontroller haben die mit schneller Replikation verbunden sind.

Deswegen wäre es besser, wenn die Änderungen sofort aktiv sind, deswegen benutzen wir einen modifizierten Befehl:

```
Add-KDSRootKey –EffectiveTime ((Get-Date).AddHours(-10))
```

um die Verzögerung von 10 Stunden zu umgehen.

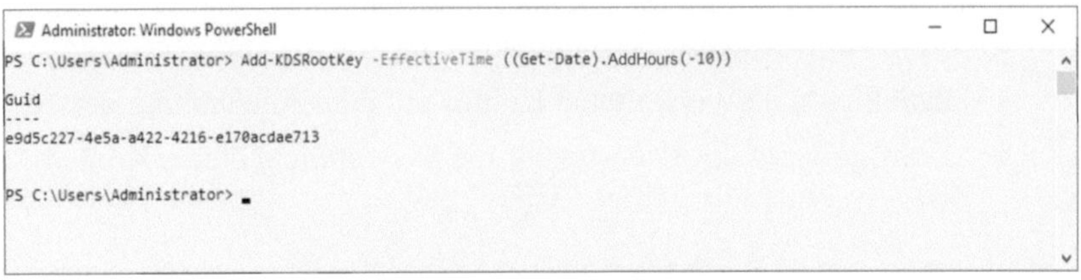


*Abbildung 20.1: Root – Schlüssel erstellen*

## Erstellen des Dienstkontos als Active Directory Objekt

Nun können wir ein Dienstkonto erstellen.

Der Befehl lautet:

```
New-ADServiceAccount -name <NameDesKontos> -DNSHostName <DNSName> -PrincipalsAllowedToRetrieveManagedPassword Domänencomputer
```

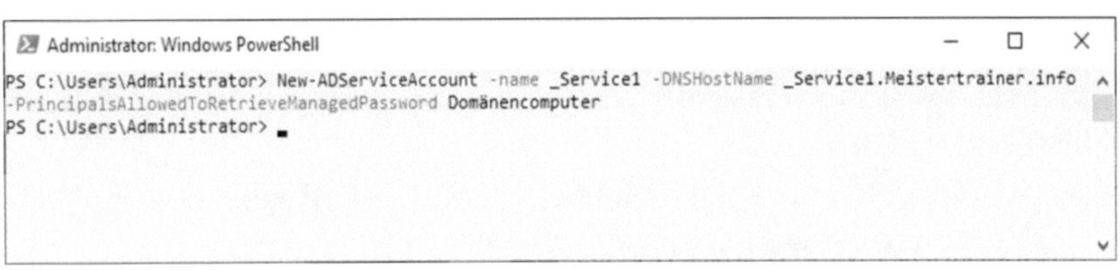


*Abbildung 20.2: Erstellen des verwalteten Kontos*

## Verbinden des verwalteten Kontos mit einem Computerkonto

Der nächste Schritt ist das Verbinden des verwalteten Kontos mit einem Computerkonto

*Add-ADComputerServiceAccount –Identity <ComputerName> -ServiceAccout <NameDesVerwaltetenKontos>*

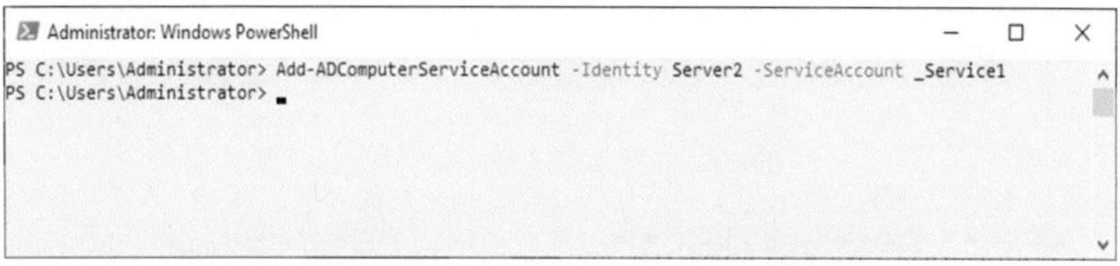


*Abbildung 20.3: Verbinden mit einem Computerkonto*

Nun können Sie überprüfen, ob das Konto erstellt worden ist.
Dies können Sie mit folgendem Befehl tun:

*Get-ADServiceAccount –Filter **

*Abbildung 20.4: Konten betrachten*

Hier sehen Sie auch deutlich, dass der SamAccountName ein „$“ Zeichen dahinter hat.

## ACHTUNG!

In vielen Fällen müssen Sie das verwaltete Dienstkonto mit dem SamAccountName angeben! Beachten Sie das „$“ Zeichen!

Auch in der grafischen Oberfläche ist das verwaltete Konto jetzt sichtbar.

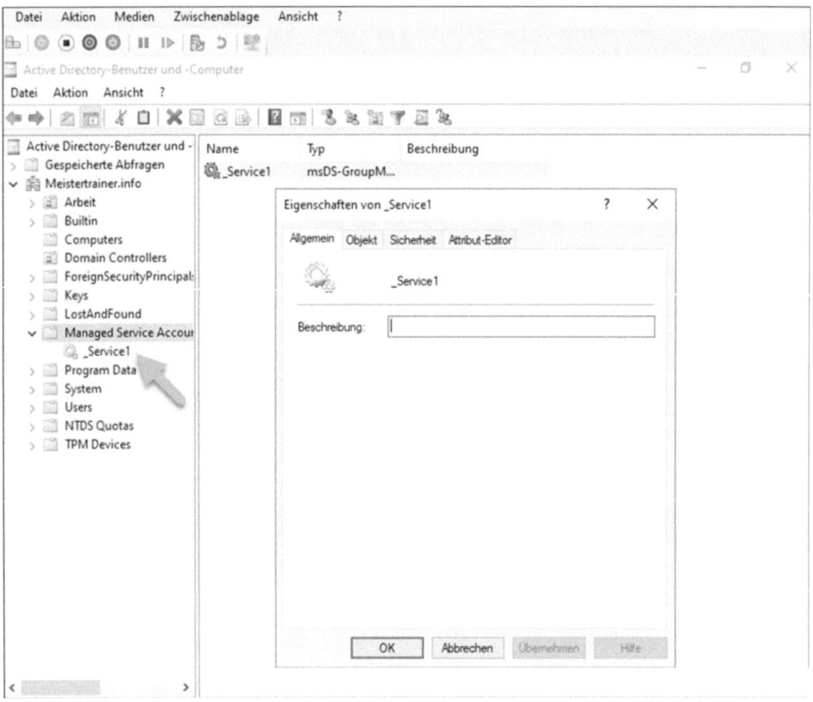


*Abbildung 20.5: Managed Service Accounts*

Im Snap-In „Active Directory-Benutzer und -Computer” finden Sie im Container „Managed Service Accounts“ den Eintrag. Hier lässt sich leider nicht viel konfigurieren.

## Installieren des verwalteten Kontos auf dem Anwendungsserver

Nun können Sie das Konto auf dem Zielserver installieren.

Dazu müssen Sie zunächst das Feature „Active Directory-Modul für Windows PowerShell" installieren.

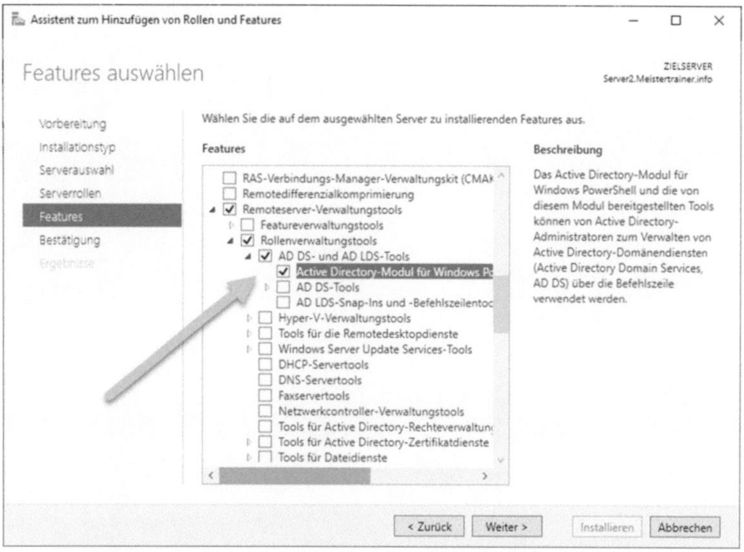


*Abbildung 20.6: Active Directory-Modul für Windows PowerShell*

Nun installieren Sie das Konto mit dem Befehl

*Install-ADServiceAccount –Identity <NameDesKontos>*

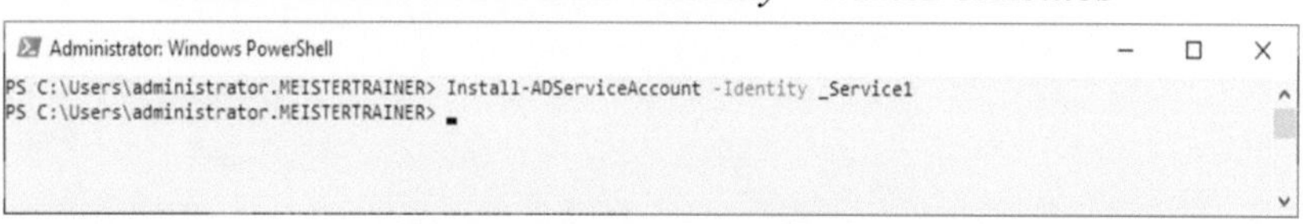


*Abbildung 20.7: Installieren des Kontos*

## Konfigurieren des Dienstes für die Verwendung dieses Kontos

Nun müssen Sie nur noch dem gewünschten Dienst das eben erstellte Konto zuweisen.

Normalerweise wird immer ein lokales Konto für den Dienst benutzt, in unserem Fall müssen wir aber den Suchpfad auf die Domäne umschalten.

Danach ist das eben erstellte Dienstkonto auswählbar.

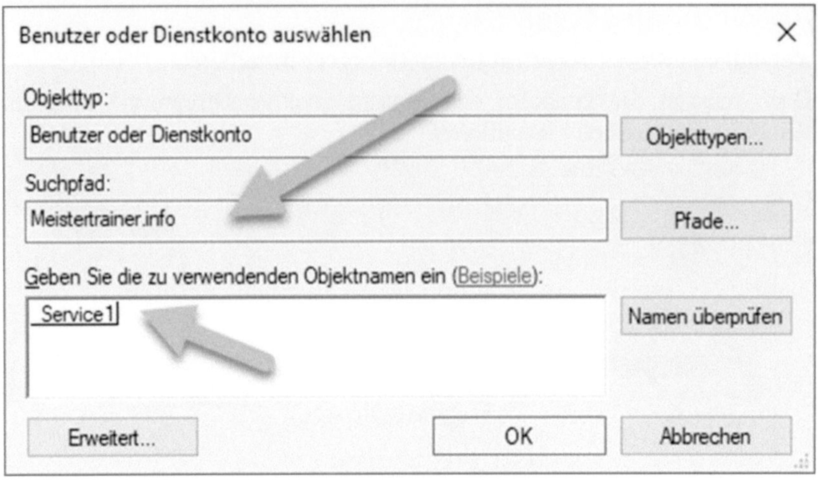


*Abbildung 20.8: Suchpfad*

Nun erscheint das neue Dienstkonto in der Konsole.

*Abbildung 20.9: Konto zuweisen*

Sie sehen, dass hier wieder der SAMAccountName benutzt wird! Lassen Sie das Kennwort leer, denn es wird ja vom System verwaltet. Nach Klicken auf „OK“ erhalten Sie noch folgende Meldung:

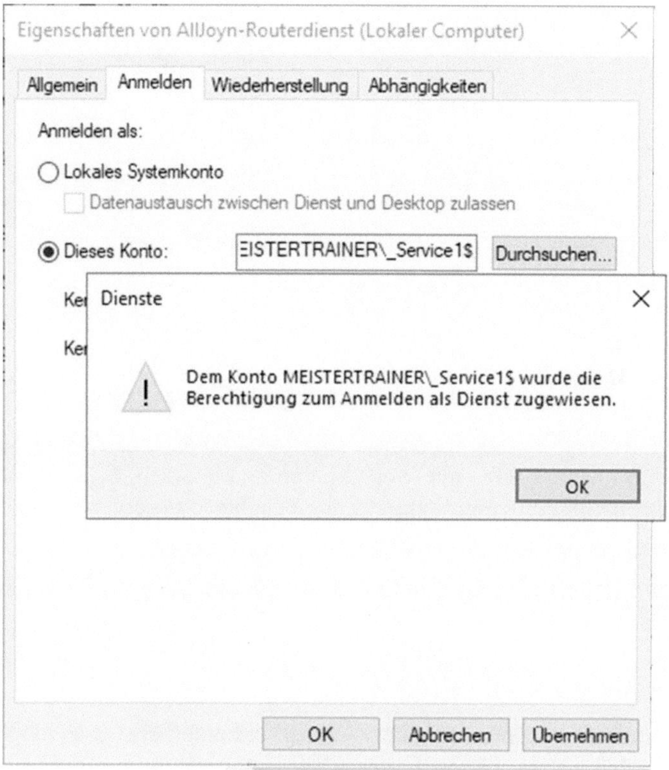


*Abbildung 20.10: Konto wird zugewiesen*

Nun ist der Dienst mit diesem Konto konfiguriert.

## Übung 20.1.2

- Legen Sie auf der virtuellen Maschine „DC" ein verwaltetes Dienstkonto mit dem Namen „_Service1" für „Server2" an
- Installieren Sie das Feature „Active Directory-Modul für Windows PowerShell" auf „Server2"
- Installieren Sie das Dienstkonto auf „Server2"
- Weisen Sie dem AllJoyn-Routerdienst das eben erstellte Dienstkonto zu

### 20.1.3 Benutzerkonten als Dienstkonten

Wie am Anfang bereits angesprochen, ist es auch immer noch möglich, normale Benutzerkonten als Dienstkonten zu benutzen, hierbei muss aber die Problematik der Kennwortänderung beachtet werden!

Aber auch der Service Principal Name ist ein Problem.

Mit dem SPN erkennt der Client unverwechselbar einen Dienst oder eine Instanz des Dienstes.

Wenn der SPN nicht definiert ist, gibt es bei vielen Diensten Probleme, so zum Beispiel beim SQL-Server.

Verwaltete und gruppenverwaltete Dienstkonten haben dieses Flag bereits gesetzt, aber wenn Sie ein normales Benutzerkonto als Dienstkonto verwenden möchten, müssen Sie dies erst noch durchführen.

Der Befehl dazu lautet

*Setspn -s http/<computername> <domain-user-account>*

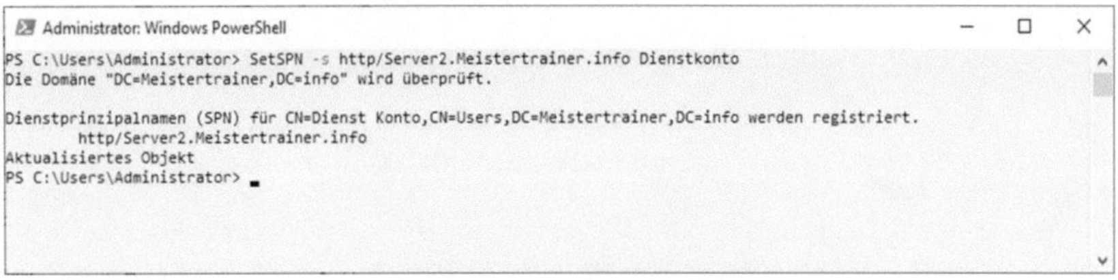


*Abbildung 20.11: SPN anlegen*

Nun ist eine neue Registerkarte im Konto aufgetaucht: Die Karte „Delegierung".

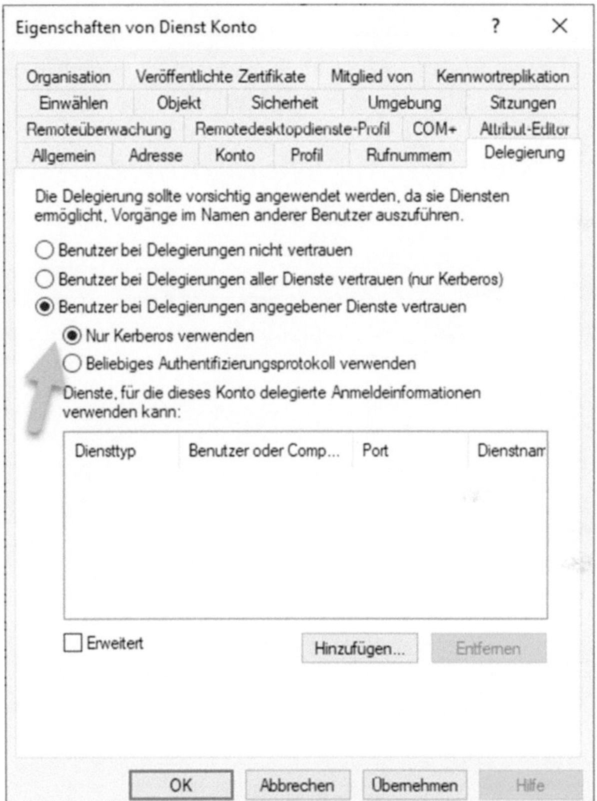


*Abbildung 20.12: Delegierung*

Hier müssen Sie noch die Sicherheitsstufe für die Delegierung einrichten, zum Beispiel, dass eine Benutzung des Kontos nur über Kerberos vorgenommen werden darf.

## Übung 20.1.3

- Legen Sie einen Benutzer mit Namen „Dienstkonto“ an
- Weisen Sie diesem Konto einen SPN für Server2 zu

# 20.2 Active Directory verwalten

Eine Active Directory Umgebung muss so sicher wie möglich sein. Deswegen sind die vorhandenen Möglichkeiten von größter Bedeutung.

Einerseits können Sie die Datenbank regelmäßig sichern, andererseits sollten Sie aber auch wissen, was im Fehlerfall zu tun ist.

## 20.2.1 Sichern und Wiederherstellen von Active Directory

Active Directory ist die zentrale Datenbank für die Verwaltung der Firma. Diese Datenbank muss besonders geschützt werden.

Aus diesem Grund müssen Sie regelmäßig eine Sicherung machen, und dafür sorgen, dass im Notfall das Active Directory schnell wiederhergestellt werden kann.

### Sicherung

Einen Domänencontroller zu sichern, bedeutet, die sogenannten Systemstatusdateien zu sichern.

**ACHTUNG!**

Die Systemstatusdateien sind die Daten, die einen Rechner einmalig machen. Bei einem Domänencontroller enthalten die Systemstatusdateien

- Registry
- Systemdateien
- Startdateien
- SYSVOL
- Active Directory

Diese Daten können gesichert werden.

Windows Server 2022 hat ein eigenes Sicherungsprogramm, das allerdings in einer Standardinstallation nicht verfügbar ist.

Es wird als „Feature“ betrachtet und kann problemlos im Server-Manager nachinstalliert werden.

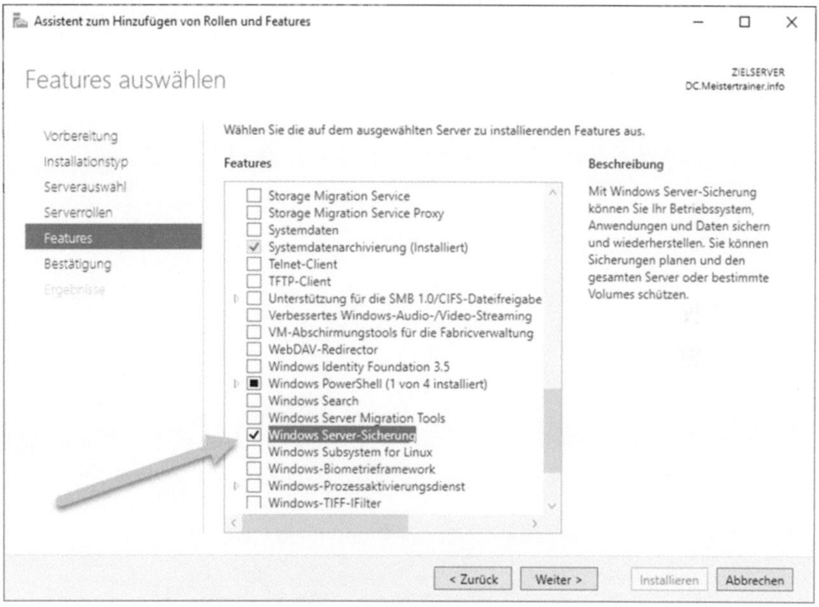


*Abbildung 20.13: Sicherungsprogramm installieren*

Nach der Installation kann es aufgerufen werden.

Sie können eine Einmalsicherung durchführen, oder natürlich auch regelmäßige Sicherungen nach einem Sicherungszeitplan.

Dies ist auf einem Domänencontroller natürlich die richtige Wahl.

Wählen Sie hier die Sicherung der Systemstatusdateien.

Wenn Sie auf „Sicherungszeitplan“ klicken, startet ein Assistent, der Sie durch die Einrichtung der Sicherungsparameter führt.

Sie legen fest

- Was gesichert werden soll
- Wann gesichert werden soll
- Wohin gesichert werden soll

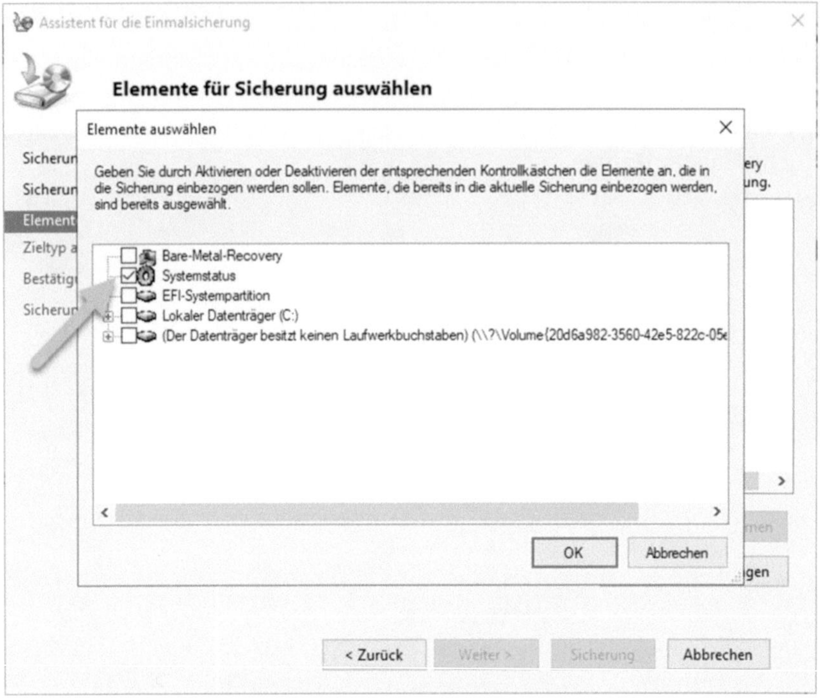


*Abbildung 20.14: Sicherungsprogramm*

# Übung 20.2.1a

- Installieren Sie das Sicherungsprogramm auf der virtuellen Maschine „DC“
- Erstellen Sie auf „Server2“ eine Freigabe mit Namen „Backup“ und geben Sie die Berechtigung „Jeder“ – „Vollzugriff“
- Erstellen Sie auf der virtuellen Maschine „DC“eine Systemstatusdateien-Sicherung und Speichern Sie die Daten in der Freigabe \\Server2\Sicherung

## Wiederherstellen (nicht autorisierender Restore)

Wenn nun der Gau eintritt, und der Domänencontroller ist beschädigt, können Sie die Sicherung wiederherstellen.

Es gibt nur ein kleines Problem: Es ist nicht möglich, eine Datenbank, die in Betrieb ist, wiederherzustellen.

Das Active Directory, die Datenbank, die wiederhergestellt werden soll, wird aber automatisch beim Systemstart mitgestartet.

**ACHTUNG!**

Die Dienste von Active Directory können zwar beendet werden, allerdings hat das für die Wiederherstellung des Active Directory keine Bedeutung, hierfür darf die Datenbank nicht gestartet werden!

Natürlich gibt es hierfür eine Lösung.

Wenn Sie das System mit den erweiterten Startoptionen starten, indem Sie beim Starten des Computers „F8“ drücken, erhalten Sie eine Auswahl, wie Sie den Computer nun starten möchten.

Hier erkennen Sie als einen Menüpunkt „Verzeichnisdienstwiederherstellung (Windows Domänencontroller)“.

Die Verzeichnisdienstwiederherstellung ermöglicht, den Domänencontroller zu starten, ohne dass Active Directory auch mitgestartet wird.

**ACHTUNG!**

Wenn Sie den Domänencontroller mit der „Verzeichnisdienstwiederherstellung“ starten, ist er zu diesem Zeitpunkt eigentlich kein Domänencontroller mehr, da kein Active Directory aktiv ist. Sie können diesen Modus nur für die Wiederherstellung benutzen!

Der Start im Verzeichnisdienstwiederherstellungsmodus dauert sehr lange. Dabei wird der Rechner gestartet, aber ohne Start des Active Directory.

**Übrigens:**

Es gibt eine zweite Methode, den Domänencontroller im Verzeichnisdienstwiederherstellungsmodus zu starten, nämlich indem man die Datenbank „BCD“ verändert.

Dazu öffnen Sie eine Kommandozeile als Administrator und tippen ein:

**Bcdedit /set safeboot dsrepair**

Danach starten Sie den Rechner neu, indem Sie eintippen:

**shutdown –t 0 –r**

Diese Änderungen müssen Sie später natürlich wieder rückgängig machen, indem Sie wieder eine Kommandozeile als Administrator öffnen, und tippen:

**bcdedit /deletevalue safeboot**

und dann den Rechner neu starten mit:

**shutdown –t 0 –r**

*Wie aber kann man sich nun anmelden?*

Natürlich können Sie sich nicht am Active Directory anmelden, da dies nicht gestartet ist.

Bei der Installation von Active Directory mussten Sie ein Kennwort eingeben, das nur für die „Verzeichnisdienstwiederherstellung“ benutzt wird. Dies ist das lokale Kennwort, das benutzt werden kann, wenn Active Directory nicht läuft.

Genau dieses Kennwort müssen Sie jetzt benutzen.

Melden Sie sich mit dem Kennwort für die „Verzeichnisdienstwiederherstellung“ lokal an der Maschine an.

Dass Sie sich im abgesicherten Modus befinden, können Sie auch daran erkennen, dass in allen vier Ecken „abgesicherter Modus“ steht.

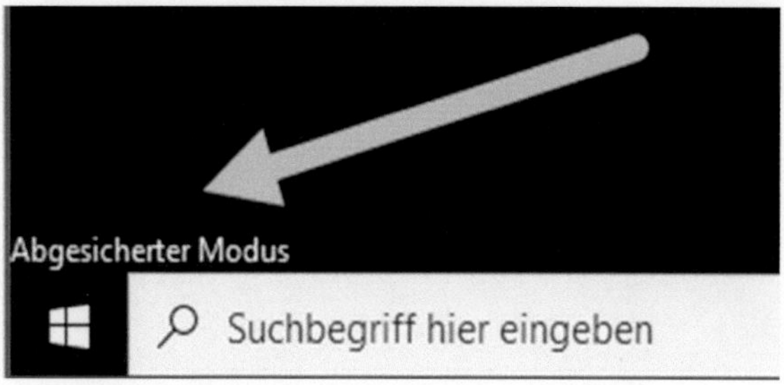


*Abbildung 20.15: Abgesicherter Modus*

## ACHTUNG!

Der Computer besitzt zwar noch seinen FQDN, ist aber momentan kein Mitglied einer Domäne!

Führen Sie nun eine Wiederherstellung durch.

Warten Sie ab, bis die Daten wiederhergestellt sind.

Diese Vorgehensweise ist der Normalfall.

Active Directory besteht aus lauter gleichberechtigten Domänencontrollern. Änderungen, die auf einem Domänencontroller durchgeführt werden, werden an alle anderen Domänencontroller repliziert.

Wenn Sie die Datenbank eines Domänencontrollers wiederherstellen, hat er wahrscheinlich nicht den aktuellen Stand. Wahrscheinlich sind an den Daten seit der letzten Sicherung Änderungen vorgenommen worden. Nun haben Sie auf dem wiederhergestellten Domänencontroller eine veraltete Version.

Das ist kein Problem, denn Domänencontroller führen für alle Objekte eine „Seriennummer" mit (Update Sequenz Number, USN).

Wenn nun eine Replikation ansteht, werden die USN verglichen, und die Daten mit der niedrigeren USN werden überschrieben.

Auch gelöschte Elemente werden ähnlich verwaltet. Objekte werden nicht sofort gelöscht, sondern versteckt, und mit einem „Tombstone" (Grabstein) versehen. Die USN wird erhöht, damit kann sich der Tombstone auf alle anderen Domänencontroller replizieren.

Erst nach 60 Tagen wird das Objekt endgültig gelöscht.

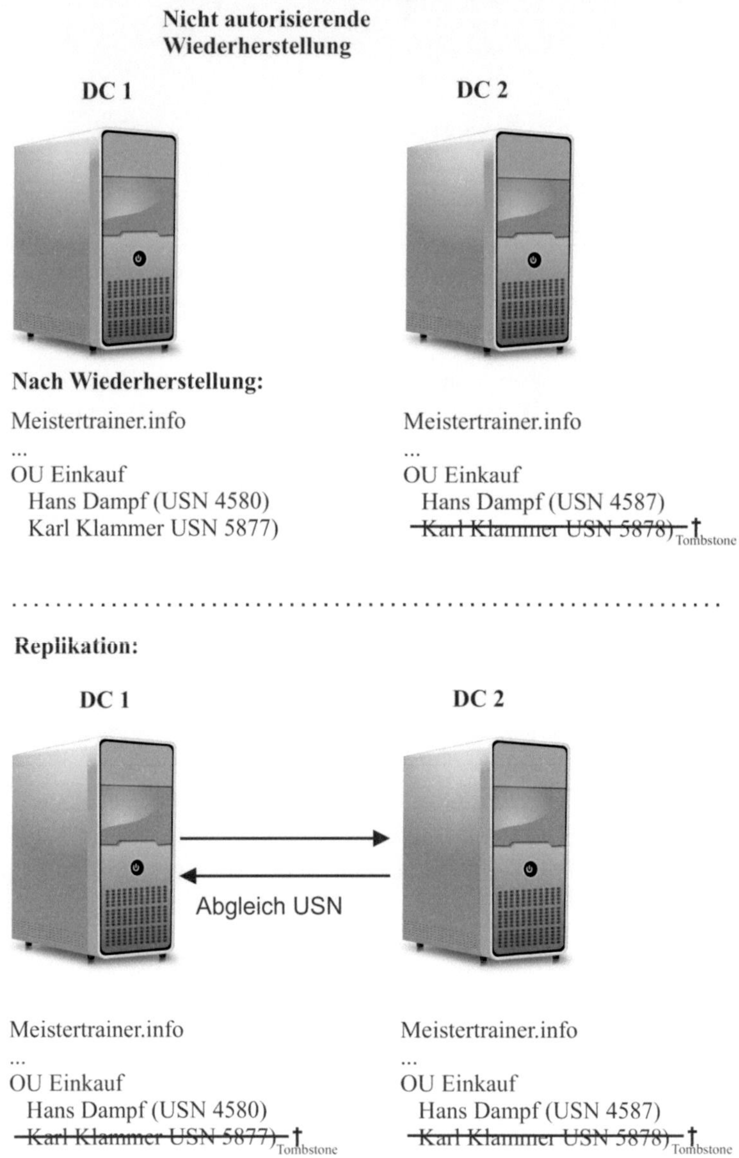


*Abbildung 20.16: Nicht autorisierende Wiederherstellung*

## ACHTUNG!

Aus diesem Grund darf eine Wiederherstellung nur von einer Sicherung gemacht werden, die noch nicht 60 Tage alt ist.

Alle diese Vorkehrungen ermöglichen, dass eine wiederhergestellte Sicherung beim nächsten Replikationszyklus automatisch auf den aktuellen Stand gebracht wird.

## Übung 20.2.1b

- Starten Sie den DC im Wiederherstellungsmodus
- Stellen Sie die zuvor erstellte Sicherung der Systemstatusdateien wieder her
- Starten Sie danach den DC wieder im Normalmodus

### Autorisierende Wiederherstellung

Manchmal ist es aber nötig, dass die Wiederherstellung nicht bei der nächsten Replikation überschrieben werden soll.

**Ein Beispiel:**

Sie haben eine Sicherung in der letzten Nacht gemacht. Heute ist Ihnen ein Fehler passiert, und Sie haben eine komplette OU gelöscht.

Natürlich stellen Sie den alten Stand wieder her, indem Sie die Sicherung der letzten Nacht benutzen.

Leider würde diese Wiederherstellung sofort bei der nächsten Replikation gelöscht werden, da die OU einen Tombstone hat, und auch eine höhere USN.

Die einzige Möglichkeit, dieses Problem zu lösen, ist die Erhöhung der USN für die Daten auf der Sicherung.

Dies nennt sich „Autorisierende Wiederherstellung“.

Sie machen eine völlig normale Wiederherstellung, starten aber den Domänencontroller nicht sofort danach neu.

Sie müssen erst noch die USN für die gewünschte OU erhöhen.

Dazu bietet Windows Server 2022 ein Befehlszeilenprogramm mit Namen „NTDSUTIL“.

Starten Sie eine Eingabeaufforderung, und geben Sie an der Befehlszeile ein

**NTDSUTIL.**

Nun erscheint die Aufforderung NTDSUTIL. Geben Sie nun ein

**Activate instance ntds**

Jetzt können Sie die autorisierende Wiederherstellung starten

**AUTHORITATIVE RESTORE.**

Wenn diese Aktion geklappt hat, starten Sie den Domänencontroller neu und warten die erste Replikation ab. Bei dieser Replikation werden die Daten, die Sie autorisierend gesetzt haben, über alle anderen Daten repliziert.

Allerdings bietet Windows Server 2022 hierfür eine deutlich komfortablere Lösung an, Sie können nämlich die autorisierende Wiederherstellung genauso wie die nichtautorisierende Wiederherstellung vornehmen.

Sie müssen nur bei „Speicherort für die Wiederherstellung des Systemstatus auswählen“ einen kleinen Haken setzen vor „autorisierende Wiederherstellung von Active Directory ausführen“.

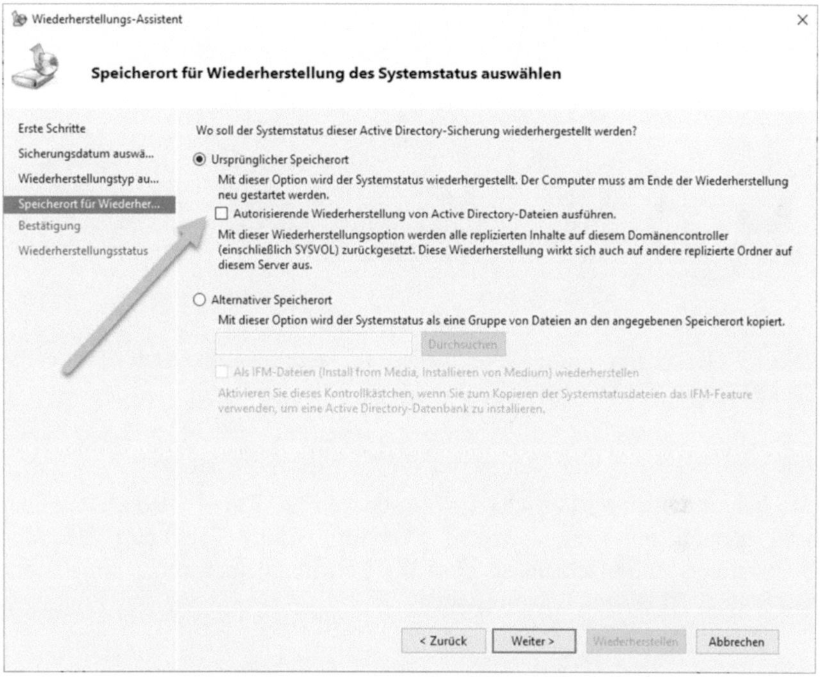


*Abbildung 20.17: Autorisierende Wiederherstellung*

Das Programm nimmt nun alle benötigten Änderungen selbsttätig vor.

## Probleme bei der Wiederherstellung

Eine Wiederherstellung funktioniert in den meisten Fällen völlig problemlos.

Problematisch kann die Wiederherstellung werden, falls die Sicherung zu alt ist.

Objekte, die Sie im Active Directory löschen, werden nämlich nicht wirklich gelöscht, sondern mit einem „Grabstein“ (Tombstone) belegt. Wie bereits erwähnt, werden diese „Tombstones“ repliziert, so dass das Objekt auf allen Domänencontrollern den Tombstone erhält.

Diese Tombstones haben eine „Time to Live“. Das bedeutet, dass die Objekte in der Datenbank verbleiben, aber für uns nicht mehr sichtbar sind. Erst wenn die TTL der Tombstones abgelaufen ist, werden die Objekte endgültig gelöscht.

Der Tombstone hat eine TTL von 60 Tagen. Wenn also ein Tombstone älter als 60 Tage ist, wird das Objekt endgültig gelöscht.

**ACHTUNG!**

Eigentlich ist es widersinnig, dass ein „Grabstein" (Tombstone) eine „Lebenszeit" hat (TTL). Aber im Active Directory sollten diese Ausdrücke vielleicht nicht überbewertet werden!

Die TTL ergibt nun ein Problem, wenn die Sicherung, die wiederhergestellt werden soll, älter als 60 Tage ist.

Aber was können Sie tun, wenn der „Supergau" eintritt, und Sie haben nur eine Sicherung, die älter ist, als die TTL der Tombstones?

Sie haben nur eine Möglichkeit: Sie müssen die Daten wiederherstellen, und danach mit einem Active Directory Editor-Tool die TTL des Tombstones heraufsetzen, so dass die Löschzeit noch nicht eingetreten ist. Solche Tools sind beispielsweise

- ADSIEDIT.MSC
- LDP.EXE

**Ein Beispiel:**

Sie möchten die TTL für die Tombstones auf Server2 in der Domäne Meistertrainer.info verändern.

Suchen Sie hier das Attribut

CN=Directory Service, CN=Windows NT, CN=Services, CN=Configuration, DC=Server2, DC=Meistertrainer, DC=Info.

Der Name des Attributs ist „tombstoneLifetime". Setzen Sie den Wert so, dass er älter ist als das Backup, das Ihnen zur Verfügung steht.

Danach starten Sie den Domänencontroller neu.

### 20.2.2 Verwalten der Datenbank

Jede Datenbank benötigt eine gewisse Wartung. So ist es möglich, dass die Festplatte zu klein wird, oder dass es nötig wird, eine Offline-Defragmentierung durchzuführen.

Der große Vorteil von Windows Server 2022 ist, dass diese

Wartungsarbeiten durchgeführt werden können, indem einfach nur der Dienst beendet wird.

Es gibt also drei Betriebszustände, in denen sich ein Active Directory Domänencontroller befinden kann:

**AD DS gestartet**

Das ist der normale Betriebszustand. Der AD DS (Active Directory Service) ist gestartet, und kann Anmeldungen validieren.

**AD DS beendet**

Hier wurde der AD DS beendet, und der Domänencontroller kann keine Anmeldungen validieren, oder andere Anfragen, die das Active Directory betreffen, beantworten.

Der große Vorteil an diesem Betriebszustand ist aber, dass alle anderen Dienste nicht beeinträchtigt sind.

**Verzeichnisdienstwiederherstellungsmodus**

In diesem Fall wird der Domänencontroller neu gestartet, und es erfolgt nur eine lokale Anmeldung mit dem Verzeichnisdienstwiederherstellungskennwort.

Sie sehen, die Möglichkeit, das Active Directory einfach durch ein Stoppen des Dienstes zu beenden, ist ein großer Vorteil.

**ACHTUNG!**

Wartungsarbeiten können in diesem Zustand durchgeführt werden, allerdings eine Wiederherstellung nicht!

## Grundlagen der Active Directory Datenbank

Die Datenbank Active Directory setzt sich aus verschiedenen Dateien zusammen. Alle diese Dateien befinden sich in einer Standardinstallation im Verzeichnis %systemroot%\ntds.

### *EDB.LOG*

Diese Datei ist eine Textdatei, in die die Änderungen sofort geschrieben werden. Sobald Sie eine Änderung im Active Directory vornehmen, wird diese zunächst in den Arbeitsspeicher, und dann sofort in die Datei EDB.LOG geschrieben. Von hier aus können die Daten weiterverarbeitet werden. Die Datei EDB.LOG ist immer 10 MB groß, und wird umbenannt und weitergespeichert, wenn sie voll ist. Es wird dann sofort eine neue Datei erstellt.

Es existieren noch zwei Dateien mit Namen

- EDBRES00001.JRS
- EDBRES00002.JRS

Dies sind Reservedateien, die für den Fall zur Verfügung stehen, dass der Festplattenspeicher so knapp ist, dass keine neue Datei mehr erstellt werden kann.

### *NTDS.DIT*

Dies ist die eigentliche Datenbank. Die Einträge aus der Datei EDB.LOG werden in die Datenbank geschrieben.

### *EDB.CHK*

Dies ist eine Prüfpunktdatei. In ihr wird dokumentiert, welche Daten aus der EDB.LOG bereits in die Datenbank geschrieben worden sind. Mit dieser Datei kann jederzeit nachverfolgt werden, welche Daten noch in die Datenbank geschrieben werden müssen.

**ACHTUNG!**

In einer produktiven Umgebung wird empfohlen, die LOG-Dateien nicht auf der gleichen Festplatte zu speichern, wie die Datenbank. Im Fehlerfall ist so die Wahrscheinlichkeit größer, dass mithilfe der Protokolldateien der Verlust der Datenbank klein gehalten werden kann.

## Verschieben der Datenbank

Wenn der Festplattenspeicher knapp wird, muss unter Umständen die Datenbank auf eine andere Festplatte verschoben werden.

Natürlich kann eine laufende Datenbank nicht verschoben werden, deswegen müssen Sie die Active Directory Dienste beenden.

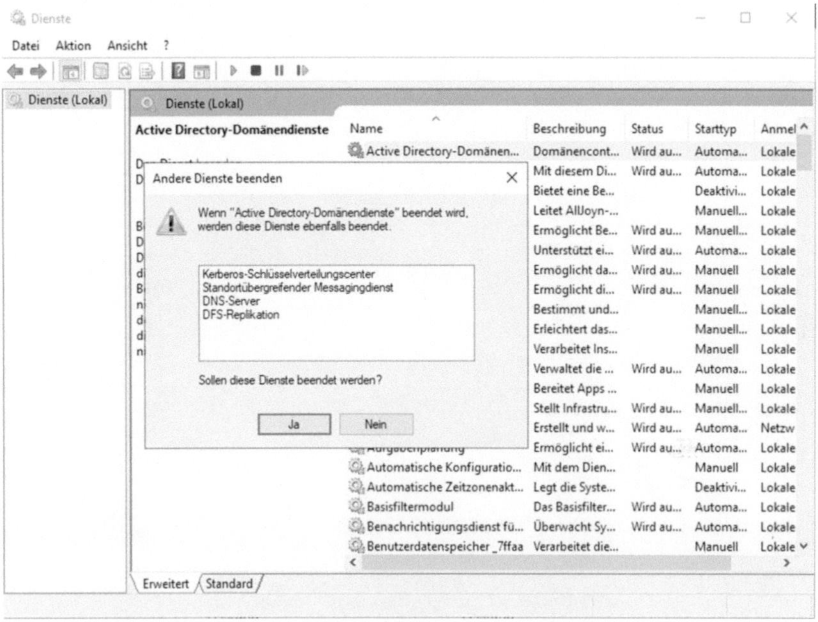


*Abbildung 20.18: Dienste beenden*

Dann öffnen Sie eine Eingabeaufforderung und geben ein

**NTDSUTIL**

Das Tool wechselt in den interaktiven Modus und meldet sich mit der Eingabezeile

**NTDSUTIL**

Geben Sie nun ein

**Activate instance ntds**

Damit aktivieren Sie die Datenbank.

Nun geben Sie ein

**FILES**

Die Eingabeaufforderung zeigt nun an

**file maintenance**

Geben Sie nun ein, wohin Sie die Datenbank verschieben möchten. Wählen Sie einen lokalen Pfad.

**move db to <lokalerPfad>**

Das Verschieben wird nun durchgeführt.

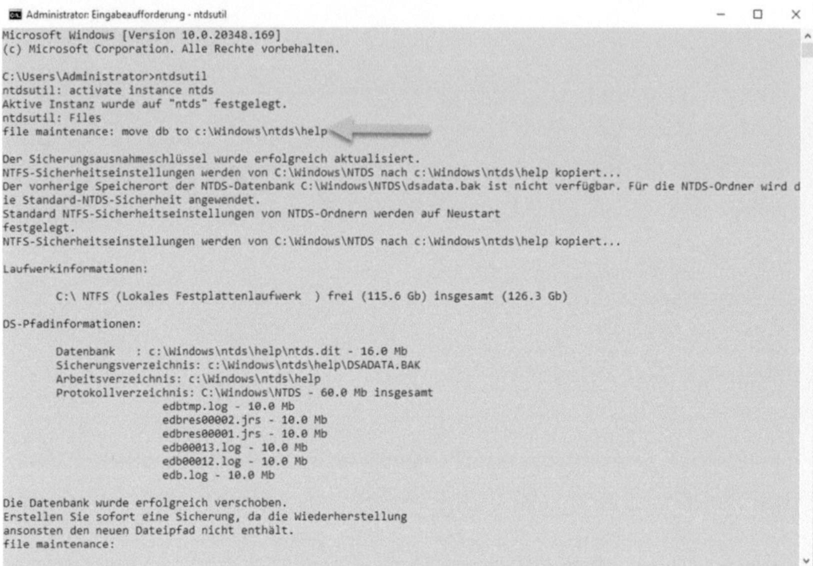


*Abbildung 20.19: Erfolgreiches Verschieben*

Sie werden darauf aufmerksam gemacht, dass Sie eine neue Sicherung machen sollten. Dies ist wichtig, denn die alten Sicherungen beziehen sich noch auf den alten Speicherort der Datenbank, und sind somit nicht mehr aktuell.

Bisher haben Sie nur die Datenbank verschoben. Sie können auch noch die LOG-Dateien verschieben.

Dazu geben Sie an der Eingabeaufforderung

**file maintenance**

folgenden Befehl ein

**move logs to <lokalerPfad>**

Dadurch werden auch die LOG-Dateien verschoben.

Sie können die LOG-Dateien natürlich auch an eine andere Stelle verschieben als die Datenbank.

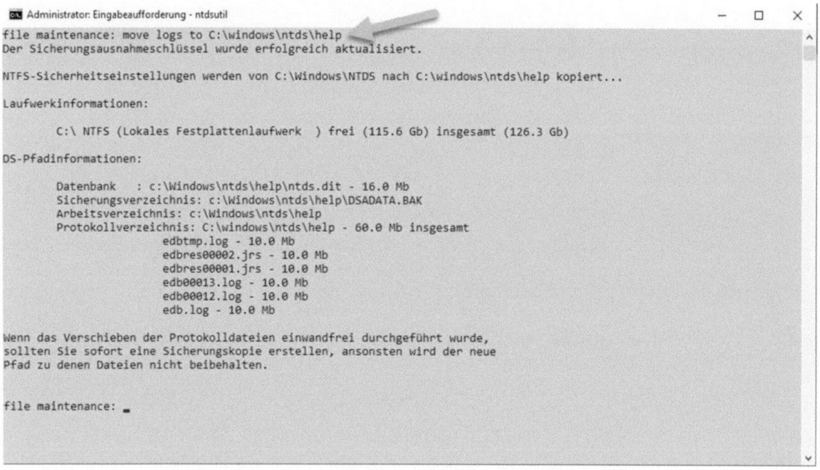


*Abbildung 20.20: Log-Dateien werden verschoben*

Wenn Sie den Dienst nun wieder starten, wird Active Directory von der neuen Stelle aus aktiviert.

## Offline-Defragmentierung

Manchmal wird die Datenbank sehr groß. Es gibt zwar eine regelmäßige Online-Defragmentierung, die aber lediglich die Datenbank aufräumt, nicht aber verkleinert.

Es kann vorkommen, dass Sie viele Objekte aus der Datenbank gelöscht haben, und Sie nun möchten, dass die Datenbank wieder komprimiert wird.

Dies können Sie in einer Offline-Defragmentierung machen. Auch dazu müssen Sie die Active Directory Dienste beenden.

Öffnen Sie „NTDSUTIL“, verbinden Sie sich mit der Instanz „ntds“, und wechseln Sie in die Eingabeaufforderung

**file maintenance**

Geben Sie hier ein

**Compact to <lokalerPfad>**

## ACHTUNG!

Sie können Active Directory nur komprimieren, wenn Sie die Datenbank während der Komprimierung an eine andere Stelle verschieben. Danach müssen Sie die komprimierte Datei wieder an die alte Stelle kopieren. Wenn Sie das nicht tun, zeigt der Datenpfad immer noch auf die alte Stelle, und die alte Datenbank wird benutzt.

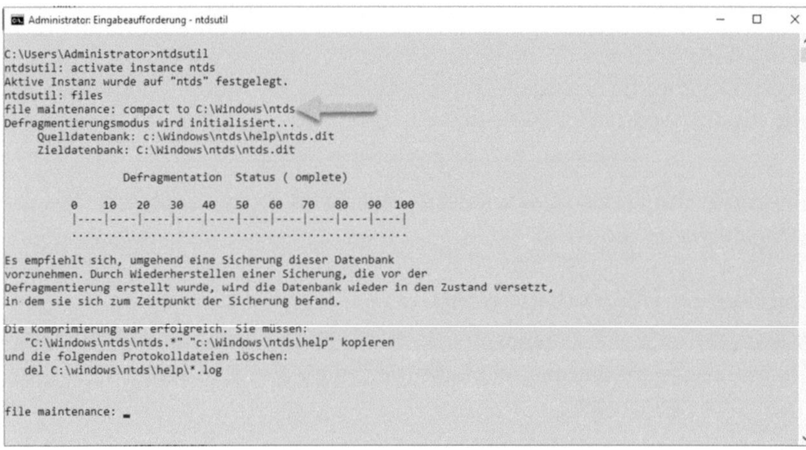


*Abbildung 20.21: Komprimierung beendet*

Deswegen löschen Sie nun die alten Log-Dateien, und kopieren Sie die Datenbank wieder an die alte Stelle.

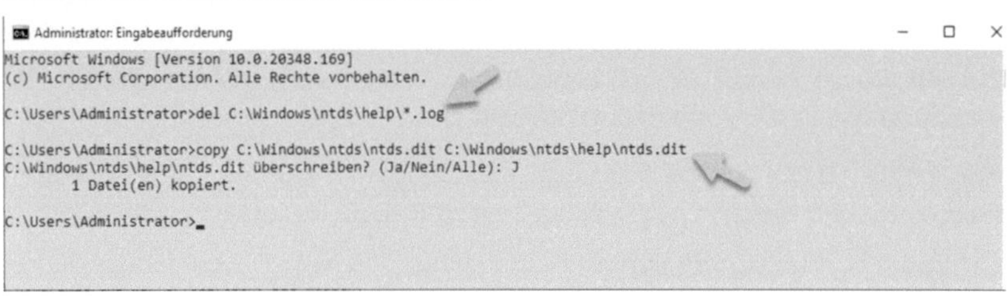


*Abbildung 20.22: Löschen der alten Log-Dateien, und kopieren der Datenbank*

Damit neue, aktuelle LOG-Dateien erstellt werden können, müssen Sie eine Konsistenzprüfung der Datenbank ausführen.

Starten Sie erneut NTDSUTIL, verbinden Sie sich wieder mit der Instanz ntds, und geben Sie ein:

**semantic database analysis.**

Wenn die Eingabezeile

**semantic checker**

erscheint, geben Sie den Befehl

**go**

ein.

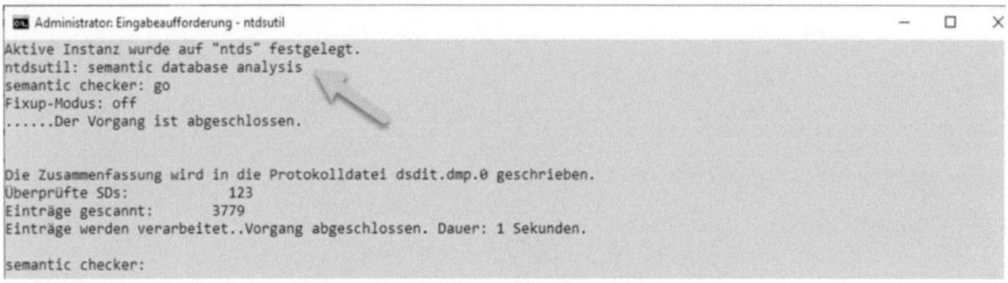


*Abbildung 20.23: Konsistenzprüfung*

Nun werden neue LOG-Dateien erstellt.

Sie können nun die Active Directory Dienste wieder starten.

## DSRM Kennwort zurücksetzen

Eine weitere Wartungsarbeit ist es, das Kennwort für die Verzeichnisdienstwiederherstellung zu verwalten.

Dies haben Sie bei der Installation des Servers festgelegt, und manchmal vergisst man solche Kennwörter.

Das ist nicht weiter schlimm, solange Sie es nicht benötigen.

Wenn Sie das Kennwort vergessen haben, und das Active Directory läuft noch, können Sie es mit NTDSUTIL sehr einfach zurücksetzen.

Sie geben ein:

**NTDSUTIL**

**Activate instance ntds**

**Set dsrm password**

```
Administrator: Eingabeaufforderung - ntdsutil

C:\Users\Administrator>ntdsutil
ntdsutil: activate instance ntds
Aktive Instanz wurde auf "ntds" festgelegt.
ntdsutil: set dsrm password
DSRM-Administratorkennwort zurücksetzen: reset password on server NULL
Geben Sie das Kennwort für das DS-Wiederherstellungsmodus-Administratorkonto ein: *********
Neues Kennwort bestätigen: *********
Das Kennwort wurde erfolgreich festgelegt.

DSRM-Administratorkennwort zurücksetzen: _
```

*Abbildung 20.24: Kennwort zurücksetzen*

Die interaktive Zeile zeigt nun an

**DSRM-Administratorkennwort zurücksetzen:**

Hier geben Sie ein

**Reset password on server NULL**

Damit setzen Sie das Kennwort für den lokalen Server zurück.

Nun geben Sie noch zweimal das neue Kennwort ein, und es ist geändert.

# Übung 20.2.2

- Verschieben Sie die Active Directory Datenbank und die LOG-Dateien der virtuellen Maschine „DC“ in den Ordner „C:\Windows\ntds\help“
- Komprimieren Sie die Datenbank danach in den Ordner „C:\Windows\ntds\“
- Löschen Sie die alten LOG-Dateien und kopieren Sie die Datenbank wieder zu „C:\Windows\ntds\help“
- Erstellen Sie neue LOG-Dateien
- Starten Sie das Active Directory wieder und überprüfen Sie, ob die Datenbank läuft
- Ändern Sie das Verzeichnisdienst-Wiederherstellungskennwort in „Kennw0rt!“
- Setzen Sie alle virtuellen Maschinen auf den Prüfpunkt „Basis“ zurück

# 21 Tag 21: Weitere Verwaltungstasks für das Active Directory

Sie sollten immer eine genaue Vorstellung haben, wie Sie sich in einem Fehlerfall des Active Directory helfen können.

Dafür gibt es mehrere Möglichkeiten, angefangen vom Vergleich einer Momentaufnahme, über das einfache Wiederherstellen einzelner gelöschter Objekte bis hin zu feingranulierten Einstellungen für die Kennwörter.

## 21.1 Snapshots

Beginnen wir mit dem Erstellen einer Momentaufnahme des Active Directorys.

Mit NTDSUTIL können Sie einen Snapshot erstellen und diesen dann zu einem späteren Zeitpunkt betrachten, beispielsweise um Veränderungen zu sehen.

Das kann im Falle eines Fehlers im Active Directory von großem Nutzen für die Fehleranalyse sein.

### 21.1.1 Snapshot erstellen

Im ersten Schritt erstellen wir einen Snapshot des Active Directory.

Dazu öffnen Sie eine Eingabeaufforderung mit erhöhten Rechten und geben ein

**NTDSUTIL**

**Snapshot**

**Activate instance ntds**

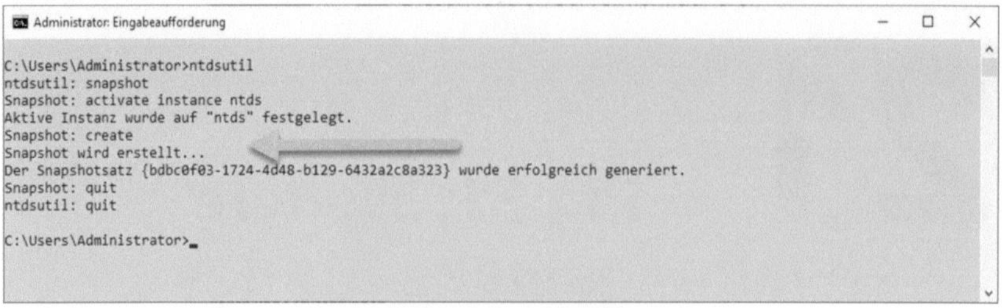


*Abbildung 21.1: NTDSUTIL*

Nun können Sie den Snapshot erstellen mit

**Create**

Sie erhalten eine Meldung, dass der Snapshot erstellt worden ist mit dem Hinweis auf die Guid, die Sie später noch benötigen werden.

Nun verlassen Sie diese NTDSUTIL Ebene mit

**Quit**

**Quit**

### 21.1.2 Snapshot mounten

Im nächsten Schritt mounten Sie den eben erstellten Snapshot, damit auf ihn zugegriffen werden kann.

Dazu öffnen Sie wieder eine Eingabeaufforderung mit erhöhten Rechten und geben ein

**NTDSUTIL**

**Activate instance ntds**

**Snapshot**

**ACHTUNG!**

Beachten Sie die andere Reihenfolge der Befehle!

Nun geben Sie ein

**List all**

Sie sehen eine Aufstellung aller Snapshots.

Der nächste Befehl ist

**Mount {GUID}**

Sie müssen nun wieder zurück zur Eingabeaufforderung mit

**Quit**

**Quit**

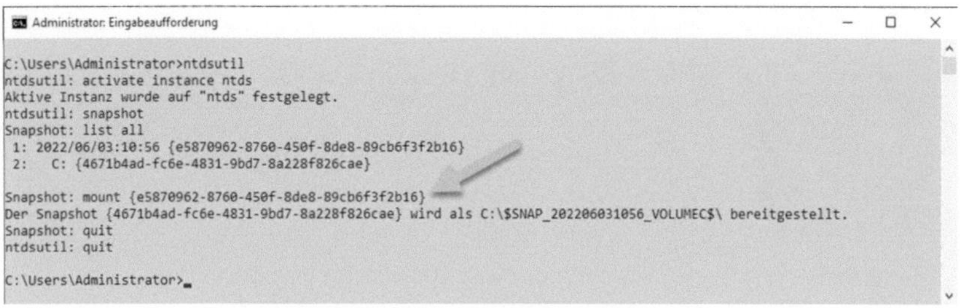


*Abbildung 21.2: Mounten des Snapshots*

Nun ist der Snapshot gemountet worden und ist im Explorer im Laufwerk C:\ zu erkennen.

Er hat den Namen $SNAP_<DatumZeit>_VOLUMEC$

Mit diesem Namen arbeiten wir nun weiter.

Wir geben an der Eingabeaufforderung ein

**Dsamain –dbpath <PfadDesSnapshots><PfadDerDateiNTDS.DIT> -ldapport <PortNummer>**

Bitte beachten Sie, dass zwischen dem Pfad des Snapshots und dem Pfad zur Datei ntds.dit kein Lehrzeichen ist und der Pfad zur Datei ntds.dit mit dem\ beginnt!

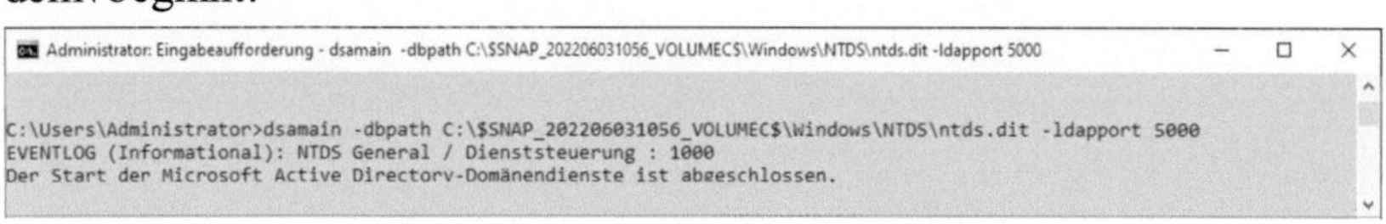


*Abbildung 21.3: Mounten mit DSAMain*

**ACHTUNG!**

Der LDAP-Port muss ein freier Port sein, auf einem Domänencontroller können Sie auf keinen Fall den Port 389 verwenden!

Sie erhalten eine Meldung, dass das Starten der Domänendienste abgeschlossen wurde.

**ACHTUNG!**

Schließen Sie das Fenster nicht! Der Befehl muss während der nächsten Schritte ausgeführt werden.

### 21.1.3 Den Snapshot ansehen

Nun können Sie den Snapshot betrachten.

Öffnen Sie dafür „Active Directory-Benutzer und –Computer“, klicken Sie mit der rechten Maustaste auf den obersten Punkt und wählen Sie „Domänencontroller ändern…“.

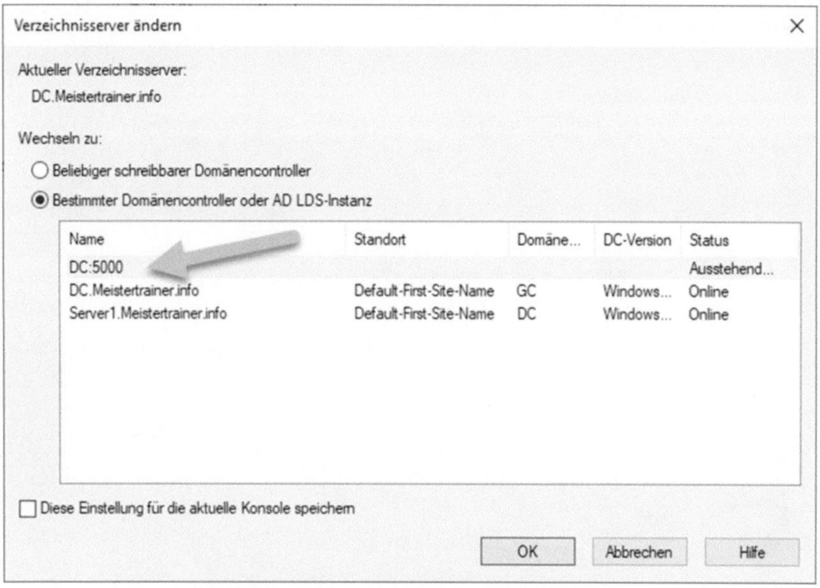


*Abbildung 21.4: Domänencontroller ändern*

Hier können Sie selber einen DC auswählen, geben Sie dort ein

**<NameDesDC:Port>**

In unserem Fall ist es DC:5000

Nun können Sie den Snapshot betrachten. Allerdings können Sie hier keine Änderungen vornehmen, es ist nur eine Momentaufnahme.

### 21.1.4 Unmounten des Snapshots

Zum Schluss müssen Sie den Snapshot wieder unmounten.

Dazu wechseln Sie auf das aktive Fenster und beenden den Vorgang mit

**Strg + C**

Dann geben Sie ein

**NTDSUTIL**

**Activate instance ntds**

**Snapshot**

**Unmount {GUID}**

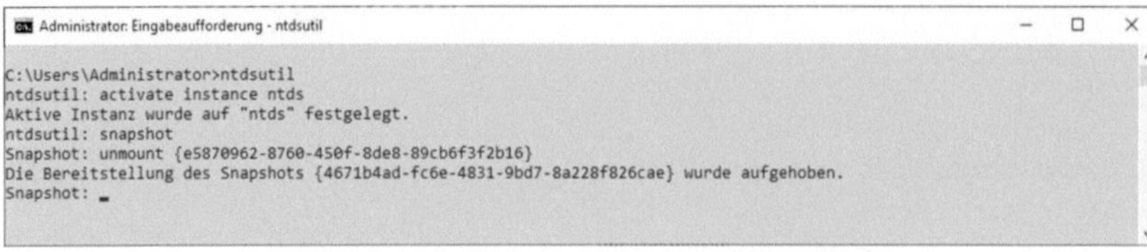


*Abbildung 21.5: Bereitstellung wurde aufgehoben*

## Übung 21.1

- Erstellen Sie auf „DC" einen Snapshot des Active Directorys
- Mounten Sie diesen Snapshot
- Betrachten Sie den Snapshot
- Unmounten Sie den Snapshot wieder

# 21.2 Wiederherstellung von gelöschten Objekten

Wenn ein Objekt im Active Directory gelöscht wird, ist es ja noch nicht wirklich weg, sondern hat nur einen „Tombstone" bekommen.

Diese Tatsache haben wir bereits zuvor besprochen, als wir uns mit der Wiederherstellung des kompletten Active Directory beschäftigt haben.

Eine komplette Wiederherstellung ist zwar gut durchzuführen, aber kompliziert und aufwändig, da es oftmals nur um einzelne gelöschte Objekte geht.

Es gibt zum Glück eine gute Möglichkeit, diese Objekte wiederherzustellen, ohne eine komplette Sicherung einspielen zu müssen.

Allerdings funktioniert dies nur, wenn die Time to live des Tombstones noch nicht abgelaufen ist.

## 21.2.1 Wiederherstellen mit dem Active Directory Papierkorb

Seit Windows Server 2008 R2 gibt es den Active Directory Papierkorb, der über die PowerShell aktiviert und verwaltet werden kann.

Voraussetzung dafür ist ein Gesamtstrukturfunktionsmodus von mindestens Server 2008 R2.

Der Active Directory Papierkorb ist nach der Installation nicht direkt aktiviert, dies müssen sie erst manuell vornehmen.

## 21.2.2 Aktivierung im Active Directory Verwaltungscenter

Dazu öffnen Sie das Active Directory Verwaltungscenter und navigieren zum Namen der Domäne.

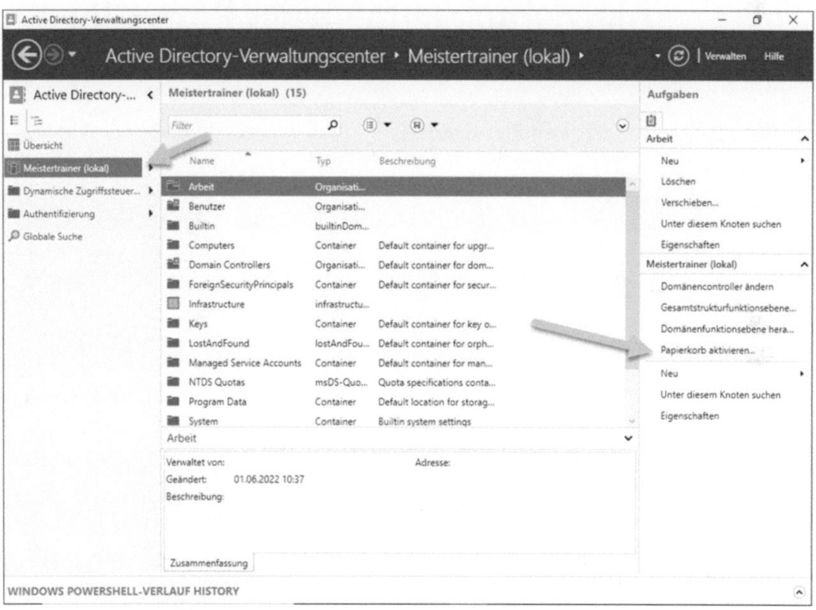


*Abbildung 21.6: Aktivierung im Active Directory Verwaltungscenter*

Hier können Sie dann wählen „Papierkorb aktivieren".

Dieser Vorgang muss nur einmal ausgeführt werden und ist auch nicht rückgängig zu machen!

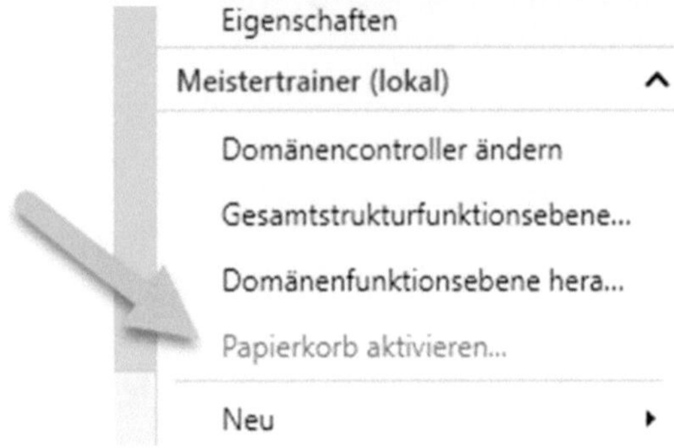


*Abbildung 21.7: Papierkorb ist dauerhaft aktiviert*

## 21.2.3 Aktivierung mithilfe der PowerShell

Natürlich können Sie den Papierkorb auch mithilfe der PowerShell aktivieren.

Dafür benutzen Sie folgendes Cmdlet:

*Enable-ADOptionalFeature –Identity 'CN=Recycle Bin Feature,CN=Optional Features,CN=Directory Service,CN=Windows NT, CN=Services,CN=Configuration, DC=<Domäne>,DC=<DomänenSufix>' –Scope ForestOrConfigurationSet –Target <Domäne>*

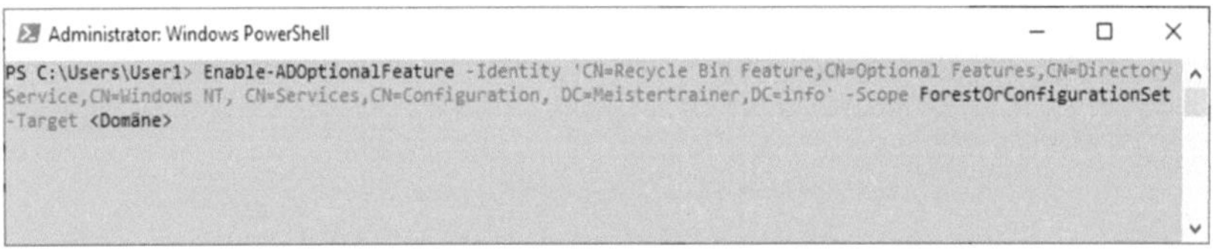


*Abbildung 21.8: Papierkorb wird aktiviert*

Aber egal, wie Sie den Papierkorb aktivieren, Sie finden danach im Active Directory Verwaltungscenter einen Knotenpunkt „Deleted Objects". Diese Objekte können Sie nun sehr einfach wiederherstellen.

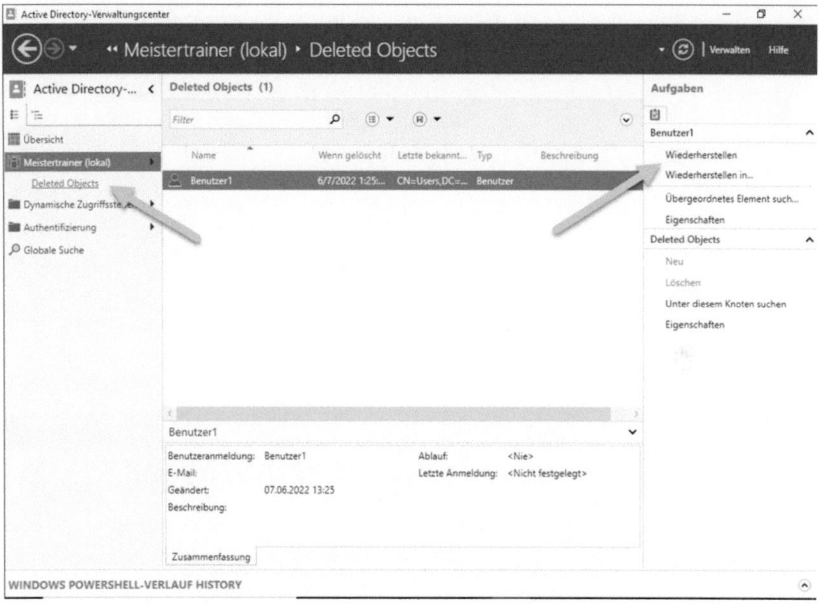


*Abbildung 21.9: Deleted Objects*

Sie können wählen, ob dieses Objekt am alten Platz oder an einer alternativen Speicherstelle wiederhergestellt werden soll.

## ACHTUNG!

Natürlich können Sie nur Elemente wiederherstellen, die nach der Aktivierung des Papierkorbs gelöscht worden sind.

## Übung 21.2.3

- Aktivieren Sie den Active Directory Papierkorb
- Sehen Sie nach, ob bereits gelöschte Objekte im Papierkorb vorhanden sind
- Erstellen Sie den Benutzer „Benutzer1“ im Container „Users“
- Löschen Sie diesen Benutzer
- Stellen Sie ihn wieder her, am ursprünglichen Speicherplatz
- Kontrollieren Sie die Wiederherstellung

## 21.3 Sicherheit für die Kennwörter

Sie sehen, dass die Einstellungen, die die Konten betreffen, von größter Wichtigkeit für die Sicherheit einer Domänenstruktur sind

Diese Sicherheitseinstellungen werden in der „Default Domain Policy“ verwaltet.

Öffnen Sie diese Policy, und wechseln Sie zu

- Computerkonfiguration
- Richtlinien
- Windows-Einstellungen
- Sicherheitseinstellungen
- Kontorichtlinien

Hier sehen Sie die Einstellungsmöglichkeiten für die Benutzerkonten.

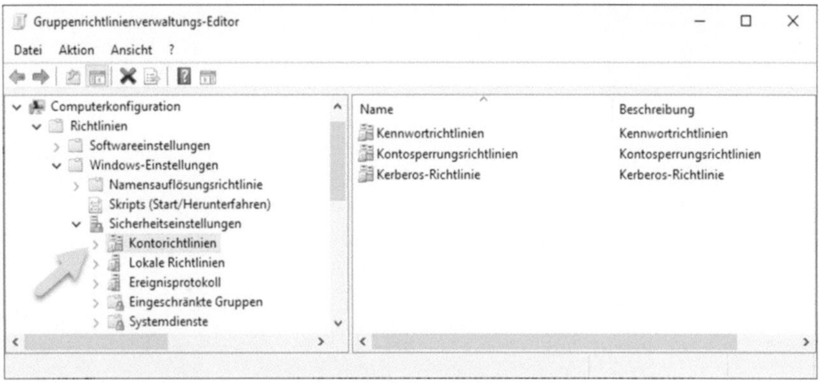


*Abbildung 21.10: Kontorichtlinien*

## 21.3.1 Kennwortrichtlinien

Ein Teil der Kontorichtlinien sind die Kennwortrichtlinien. Hier treffen Sie alle Einstellungen, die mit der Vergabe der Kennwörter zusammenhängen.

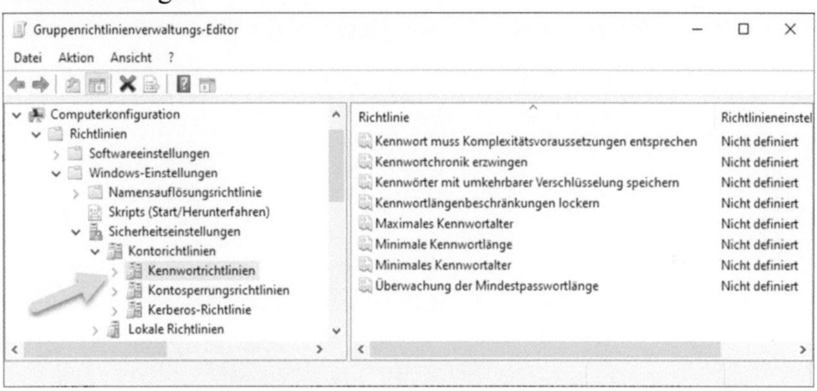


*Abbildung 21.11: Kennwortrichtlinien*

## 21.3.2 Kontosperrungsrichtlinien

In den Kontosperrungsrichtlinien wird festgelegt, wie mit falschen Anmeldeversuchen umgegangen wird, und was im Falle einer Kontosperrung passiert.

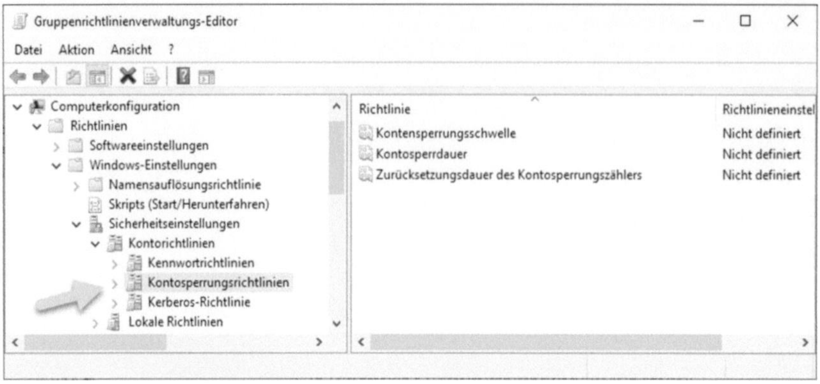


*Abbildung 21.12: Kontosperrungsrichtlinien*

Wenn Sie möchten, dass ein gesperrtes Konto nur durch einen Administrator zurückgesetzt werden kann, wählen Sie an dieser Stelle „Kontosperrungsdauer = 0“.

## 21.3.3 Kerberos-Richtlinien

Hier werden Einstellungen für Kerberos getätigt. Diese Einstellungen betreffen in erster Linie die Tickets.

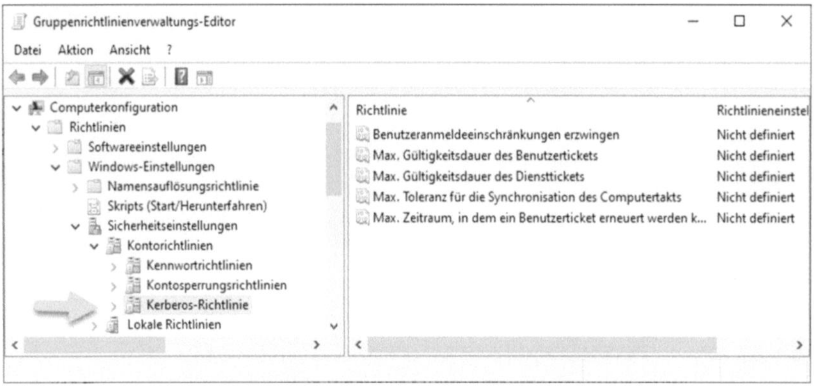


*Abbildung 21.13: Kerberos-Richtlinie*

### 21.3.4 Geltungsbereich der Kennwortrichtlinien

Diese Einstellungen sind ja bisher sehr einfach.

Nun sollten wir uns Gedanken machen, wie der Geltungsbereich ist, wobei es hier ausschließlich um die Kennwortrichtlinien geht.

Fakt ist, dass eine Kennwortrichtlinie nur auf der Domänenebene verknüpft ist, und damit für alle Konten in der Domäne gilt.

Es ist nicht möglich, für eine OU eine andere Kennwortrichtlinie zu generieren, diese Einstellungen werden nur auf Domänenebene angewendet.

Das ist aber nicht immer sinnvoll, denn beispielsweise möchten Sie den Administratoren strengere Kennwortrichtlinien geben, mit häufigeren Wechselintervallen.

## 21.4 Arbeiten mit Password Setting Objects

Mit Windows Server 2008 hat Microsoft aus diesem Grund eine Möglichkeit eingeführt, Kennwortrichtlinien für einzelne Benutzer oder für globale Gruppen zu vergeben.

Diese Möglichkeit wird „Password Setting Object“ (PSO) genannt.

### 21.4.1 Einrichten des PSO im Active Directory Verwaltungscenter

Hier navigieren Sie in der lokalen Domäne zum Container „System“ und den Untercontainer „Password Settings Container“.

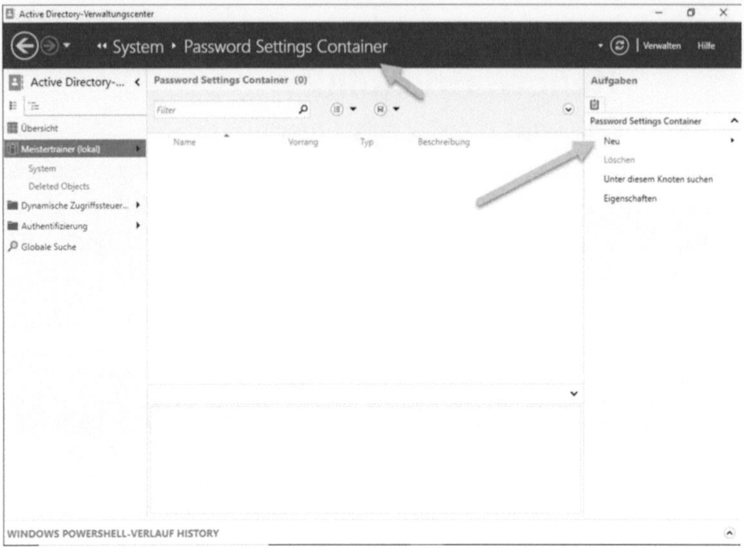

*Abbildung 21.14: Password Settings Container*

Hier wählen Sie „Neu – Kennworteinstellungen“.

Nun können Sie in einer grafischen Umgebung die gewünschten Einstellungen vornehmen.

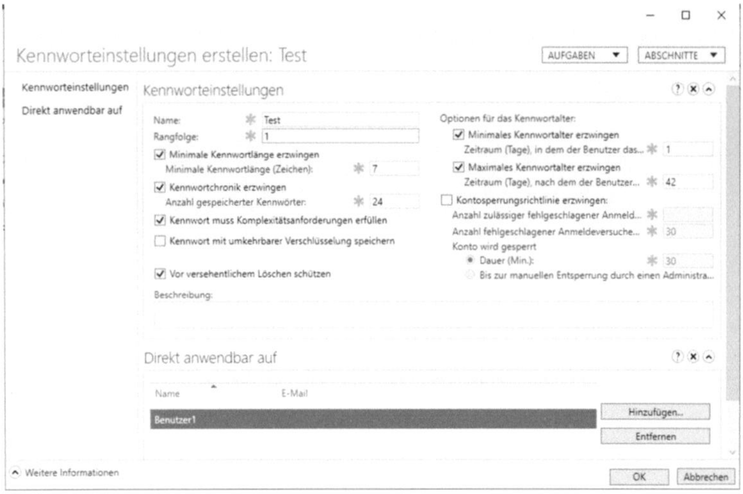

*Abbildung 21.15: Einstellungen*

Im oberen Teil geben Sie der Policy einen Namen und eine Rangfolge. Diese Rangfolge hat nur Bedeutung, wenn mehrere Policies anwendbar sind.

Dann definieren Sie die Einstellungen, die Sie von den „Kennwortrichtlinien“ her schon kennen.

Im unteren Teil können Sie die globalen Gruppen oder die einzelnen Benutzer, wählen, denen die PSO zugewiesen werden soll.

## Übung 21.4

- Erstellen Sie ein Password Setting Object mit dem Namen „Test“ mit von Ihnen gewählten Einstellungen für den Benutzer „Benutzer1“
- Setzen Sie die virtuellen Maschinen auf den Prüfpunkt „Basis“ zurück

# 22 Tag 22: Active Directory für größere Firmen

In größeren Firmen ist es oft nicht möglich, nur mit einer einzigen Domäne zu arbeiten, wie wir es bisher getan haben.

Wenn die Firma beispielsweise mehrere Geschäftsstellen in ganz Europa hat, kann es besser sein, mehrere Domänen einzurichten.

## 22.1 Vertrauensstellungen

Vertrauensstellungen sind Verbindungen, die einen Zugriff auf die Ressourcen einer anderen Domäne prinzipiell ermöglichen.

Es gibt mehrere Arten von Vertrauensstellungen, die je nach Anforderungen eingesetzt werden können.

### 22.1.1 Automatische Vertrauensstellungen

Alle Domänen in einem Tree oder einem Forest haben automatisch bei der Installation generierte Vertrauensstellungen gemeinsam.

Automatisch wird beim Erstellen von Domänen eine Vertrauensstellung zur übergeordneten Domäne erstellt. Mit dieser Vertrauensstellung wird ein Zugriff auf die Ressourcen ermöglicht.

**ACHTUNG!**

Auch wenn es Vertrauensstellungen gibt, muss der Zugriff auf die einzelnen Ressourcen natürlich mit Berechtigungen geregelt werden! Die Vertrauensstellungen machen nur den Zugriff prinzipiell möglich!

Diese Vertrauensstellungen sind bidirektional und transitiv.

Bidirektional bedeutet, dass der Zugriff von beiden Seiten erfolgen kann, transitiv bedeutet „durchleitend“. Dadurch kann jede Domäne auf jede andere Domäne in der Gesamtstruktur zugreifen, egal, ob es eine direkte Verbindung gibt.

Automatisch generierte Vertrauensstellungen können nicht gelöscht werden. Sie werden bei der Installation der Domäne generiert, und bleiben in jedem Fall vorhanden.

Automatische Vertrauensstellungen können Sie jederzeit in der Konsole „Active Directory-Domänen und -Vertrauensstellungen“ betrachten.

Klicken Sie in dieser Konsole mit der rechten Maustaste auf die Domäne, deren Vertrauensstellungen Sie untersuchen möchten, und wählen Sie „Eigenschaften“.

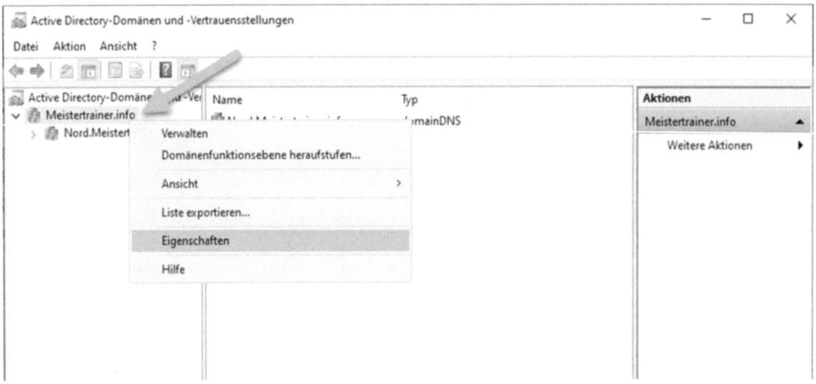


*Abbildung 22.1: Active Directory-Domänen und –Vertrauensstellungen*

Wechseln Sie nun auf die Registerkarte „Vertrauensstellungen“.

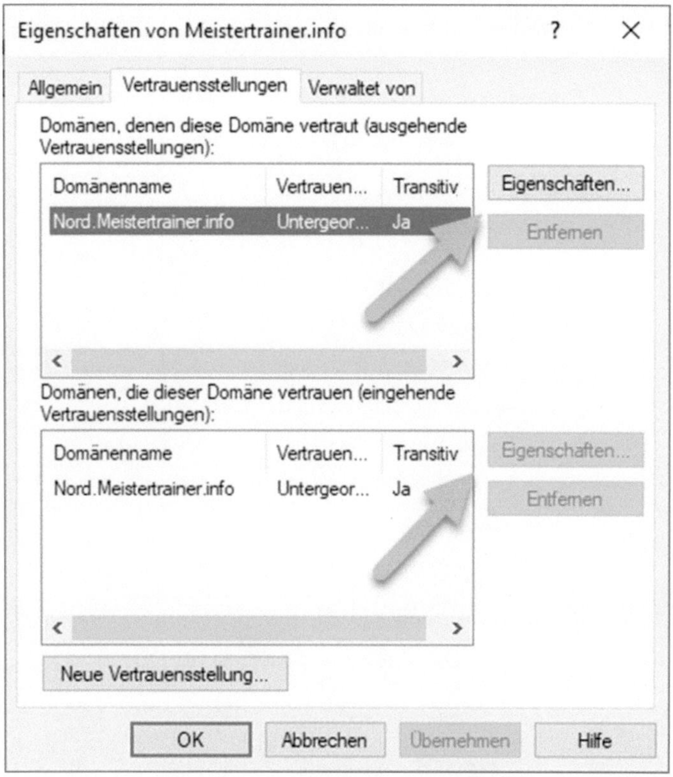


*Abbildung 22.2: Vertrauensstellungen*

Hier sehen Sie nun die vorhandenen Vertrauensstellungen.

Wie Sie erkennen können, ist es nicht möglich, diese automatischen Vertrauensstellungen zu löschen, da der entsprechende Knopf ausgeblendet ist.

Mit einem Klick auf die Schaltfläche „Eigenschaften“ können Sie sich Informationen über die Vertrauensstellungen anzeigen lassen.

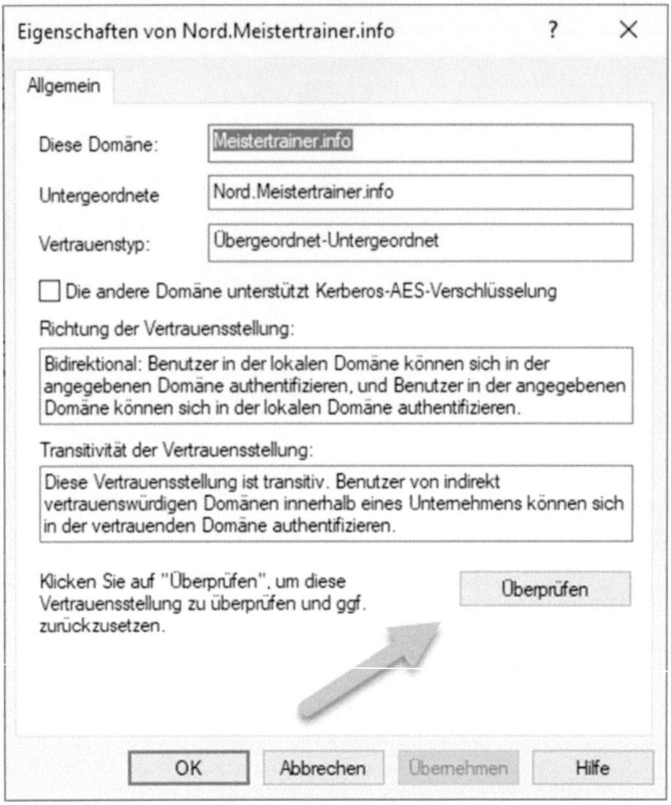


*Abbildung 22.3: Eigenschaften der Vertrauensstellungen*

Sie sehen, dass diese automatischen Vertrauensstellungen bidirektional sind, also in beide Richtungen gehen.

Außerdem sind sie transitiv, also weiterleitend.

Auch eine Überprüfung der Vertrauensstellung können Sie hier vornehmen.

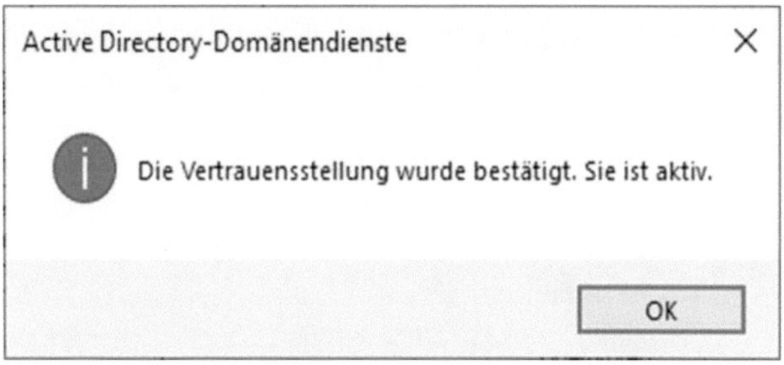


*Abbildung 22.4: Überprüfung der Vertrauensstellung*

Damit können Sie erfahren, ob die Vertrauensstellungen auch funktionieren und aktiv sind.

## Übung 22.1.1

- Treten Sie mit „Server2“ aus der Domäne „Meistertrainer.info“ aus und in die Arbeitsgruppe „Workgroup“ ein
- Richten Sie eine untergeordnete Domäne mit Namen „Nord.Meistertrainer.info“ ein, mit „Server 2“ als Domänencontroller
- Betrachten Sie danach die eingerichteten automatischen Vertrauensstellungen

### 22.1.2 Gesamtstrukturvertrauensstellungen

Sie können Vertrauensstellungen auch zwischen zwei Gesamtstrukturen einrichten, wobei zwei Gesamtstrukturen, die nichts miteinander zu tun haben, die Ressourcen teilen können. Dies ist beispielsweise der Fall, wenn zwei Firmen miteinander fusionieren, und die Ressourcen der einen Firma auch für die andere Firma zur Verfügung stehen sollen.

Danach können Sie die Vertrauensstellungen zwischen zwei Gesamtstrukturen definieren.

## ACHTUNG!

Eine Gesamtstrukturvertrauensstellung ist nicht dasselbe wie ein Forest mit mehreren Namensräumen!

Bei einer Gesamtstrukturvertrauensstellung werden zwei existierende Gesamtstrukturen, die vorher nichts miteinander zu tun hatten, nachträglich zusammengeführt.

Voraussetzung für eine Gesamtstrukturvertrauensstellung ist, dass die beiden Gesamtstrukturen sich auf IP-Ebene erreichen können, also die DNS-Namensauflösung funktioniert.

Gesamtstrukturvertrauensstellungen können Sie in der Konsole „Active Directory-Domänen und -Vertrauensstellungen" konfigurieren.

Hierbei wählen Sie die Domäne aus, von der aus Sie die neue Vertrauensstellung einrichten möchten.

## ACHTUNG!

Für eine Gesamtstrukturvertrauensstellung kann nur die Root-Domäne ausgewählt werden, da solche Vertrauensstellungen immer zwischen den Root-Domänen der einzelnen Gesamtstrukturen eingerichtet werden.

Nun wählen Sie die „Eigenschaften".

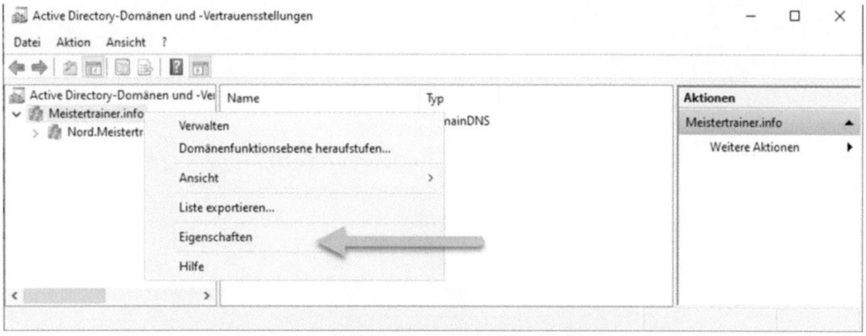


*Abbildung 22.5: Eigenschaften*

Wechseln Sie auf die Registerkarte „Vertrauensstellungen“.

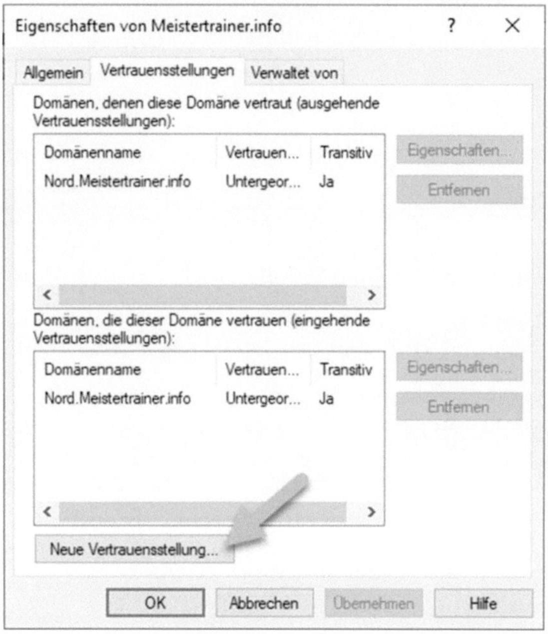


*Abbildung 22.6: Registerkarte „Vertrauensstellungen“*

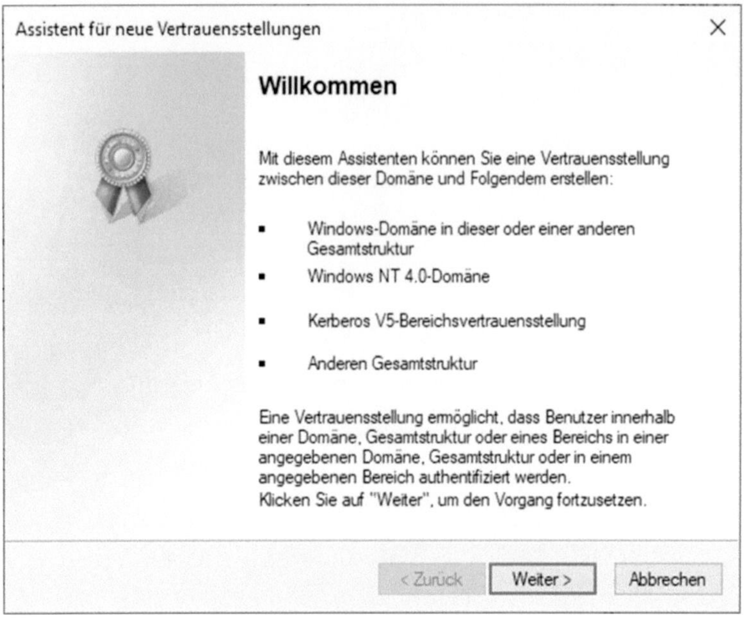


*Abbildung 22.7: Assistent*

Klicken Sie auf „Neue Vertrauensstellung…“.

Ein Assistent startet.

Die erste Auswahl, die Sie treffen müssen, ist der Name der Domäne, mit der Sie eine Vertrauensstellung einrichten möchten.

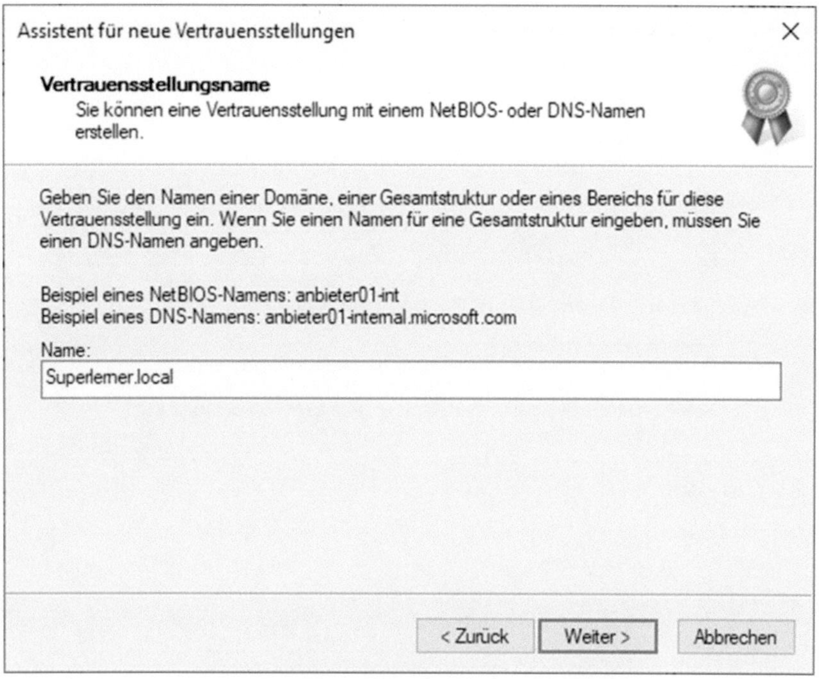


*Abbildung 22.8: Domäne für Vertrauensstellung*

## ACHTUNG!

Damit Sie eine Gesamtstrukturvertrauensstellung einrichten können, müssen Sie den FQDN der anderen Stammdomäne angeben. Sie müssen in diesem Fall natürlich dafür sorgen, dass die DNS-Server beider Gesamtstrukturen aufeinander zugreifen können. Dafür können Sie beispielsweise eine Weiterleitung einrichten.

Im nächsten Fenster müssen Sie sich entscheiden, ob Sie eine externe Vertrauensstellung oder eine Gesamtstrukturvertrauensstellung einrichten möchten.

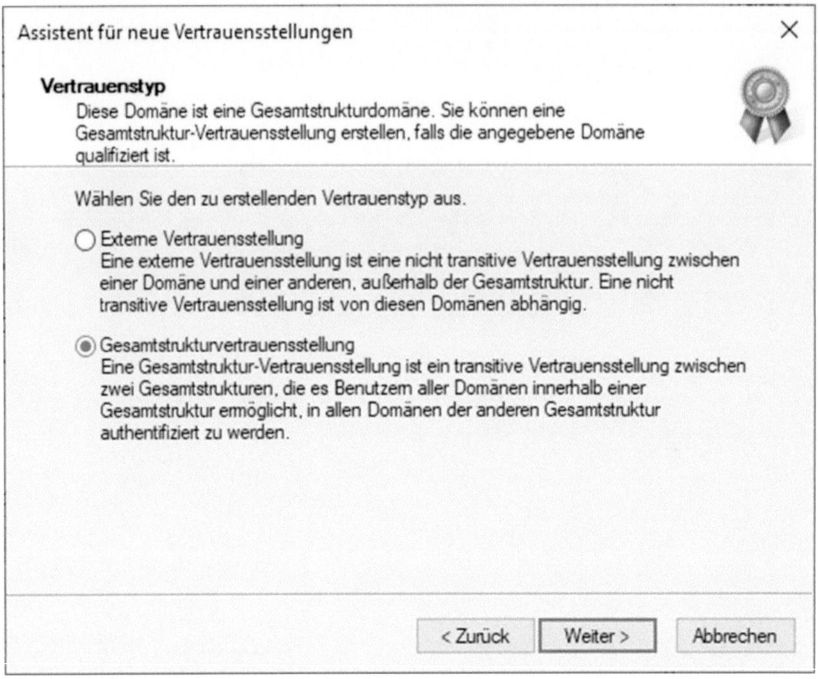


*Abbildung 22.9: Externe- oder Gesamtstrukturvertrauensstellung*

Auch können Sie wählen, ob diese Vertrauensstellungen unidirektional oder bidirektional sein sollen.

Unidirektional bedeutet, dass die Vertrauensstellung nur in eine Richtung möglich ist.

## ACHTUNG!

Merken Sie sich, dass der Ressourcenzugriff immer entgegengesetzt der Vertrauensstellung geht.

Wenn also Domäne 1 der Domäne 2 vertraut, kann Domäne 2 auf die Ressourcen der Domäne 1 zugreifen, aber nicht andersherum!

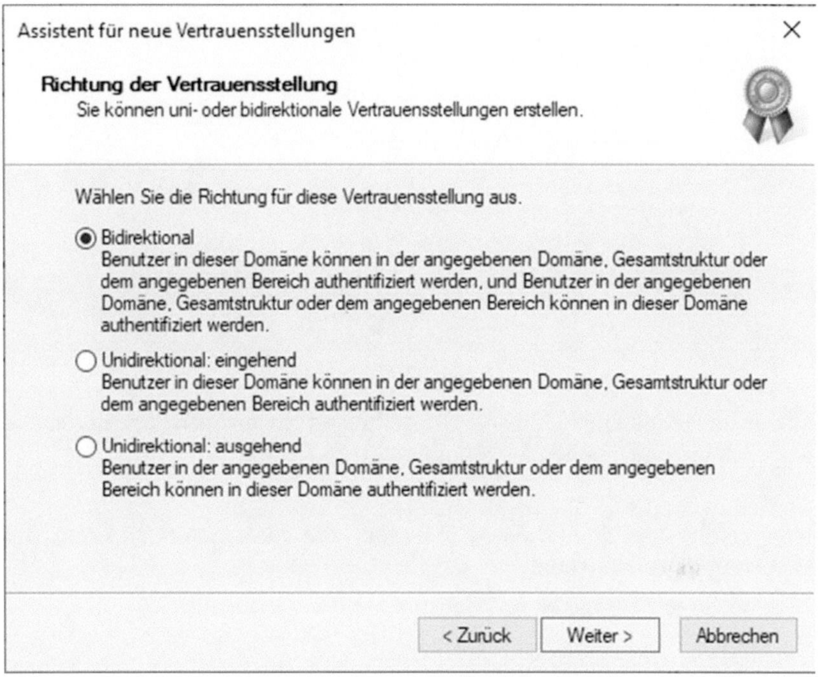


*Abbildung 22.10: Uni- oder bidirektional*

Sie können nun wählen, ob Sie nur die Vertrauensstellung in dieser Domäne einrichten möchten, oder die Einstellungen, die in der anderen Domäne gemacht werden müssen, auch gleich vornehmen wollen.

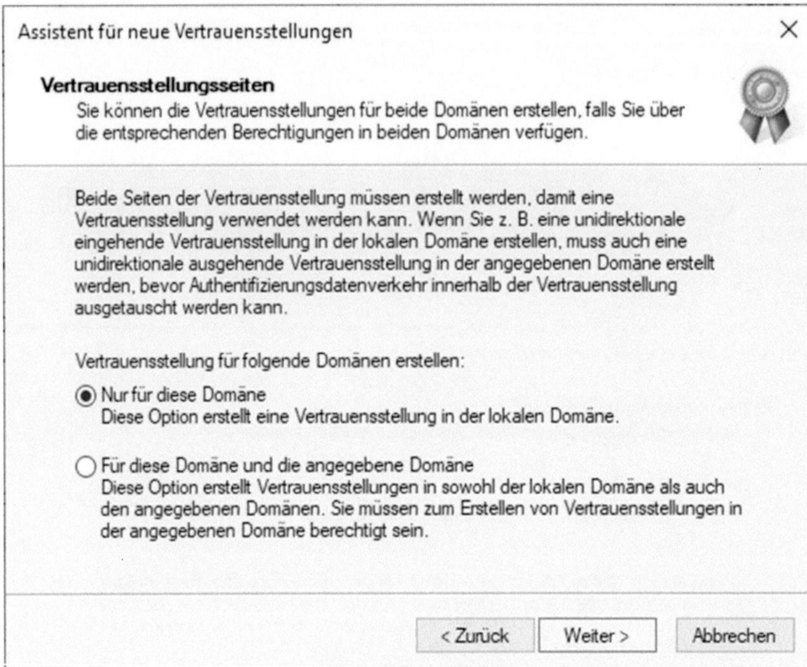


*Abbildung 22.11: Auswahl*

Um in einer anderen Domäne Einstellungen zu machen, benötigen Sie natürlich die entsprechenden administrativen Rechte.

Nun erfolgen einige andere Abfragen, die sich unter anderem auf Berechtigungen beziehen.

Eine wichtige Abfrage ist im nächsten Fenster dargestellt:

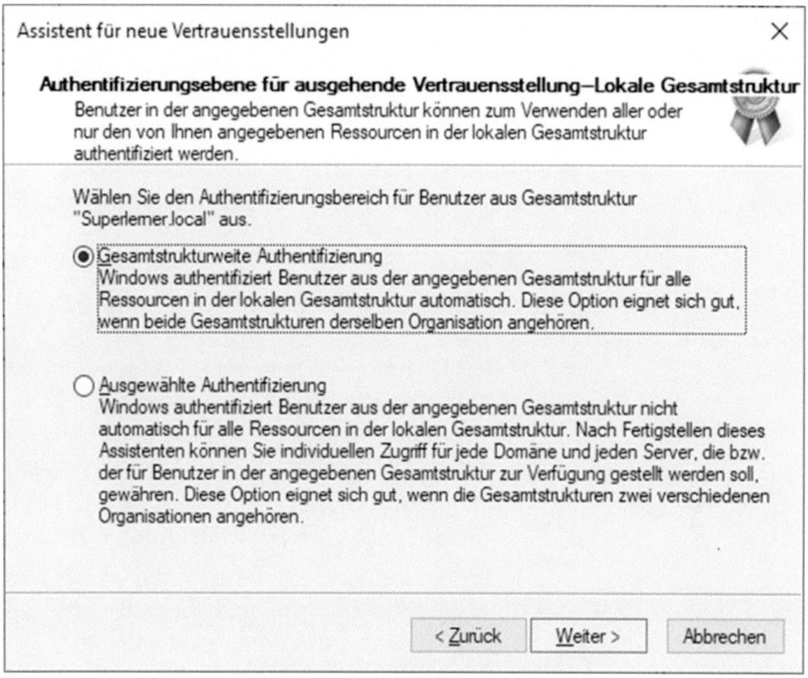


*Abbildung 22.12: Authentifizierung*

Hier können Sie wählen, ob die Vertrauensstellungen automatisch die Authentifizierung der Benutzer vornehmen sollen, oder ob hier nur ausgewählte Authentifizierung stattfinden soll.

## ACHTUNG!

Diese Funktion ist sehr komfortabel, um Zugriffe auf verbundene Gesamtstrukturen zu beschränken. Wählen Sie die Authentifizierungstiefe sehr sorgfältig!

Wenn Sie „Ausgewählte Authentifizierung“ wählen, können Sie Zugriffsrechte für jede einzelne Ressource definieren.

Nun müssen Sie noch die Frage beantworten, ob die Vertrauensstellungen bestätigt werden sollen. Sie sollten hier wählen „Ja, ausgehende Vertrauensstellung bestätigen“.

Diese Abfrage sehen Sie für ausgehende und eingehende Vertrauensstellungen.

## Übung 22.1.2a

- Treten Sie mit „Server3“ aus der Domäne „Meistertrainer.info“ aus und in die Arbeitsgruppe „Workgroup“ ein
- Richten Sie eine neue Gesamtstruktur mit Namen „Superlerner.local“ ein, mit „Server 3“ als Domänencontroller
- Konfigurieren Sie für die Domäne „Meistertrainer.info“ eine sekundäre DNS-Zone auf „Server3.Superlerner.local“
- Konfigurieren Sie für die Domäne „Superlerner.local“ eine sekundäre DNS-Zone auf „DC.Meistertrainer.info“
- Erstellen Sie zwischen den Domänen „Meistertrainer.info“ und „Superlerner.local“ eine Gesamtstrukturvertrauensstellung mit folgenden Eigenschaften:
    - Bidirektional
    - Vertrauensstellungen für beide Domänen erstellen
    - Gesamtstrukturweite Authentifizierung

### Anmelden mit dem UPN (User Principal Name)

An dieser Stelle machen wir einen kleinen Ausflug in die Thematik „User Principal Name“.

In einer Active Directory Gesamtstruktur ist es möglich, sich mit einem so genannten UPN anzumelden.

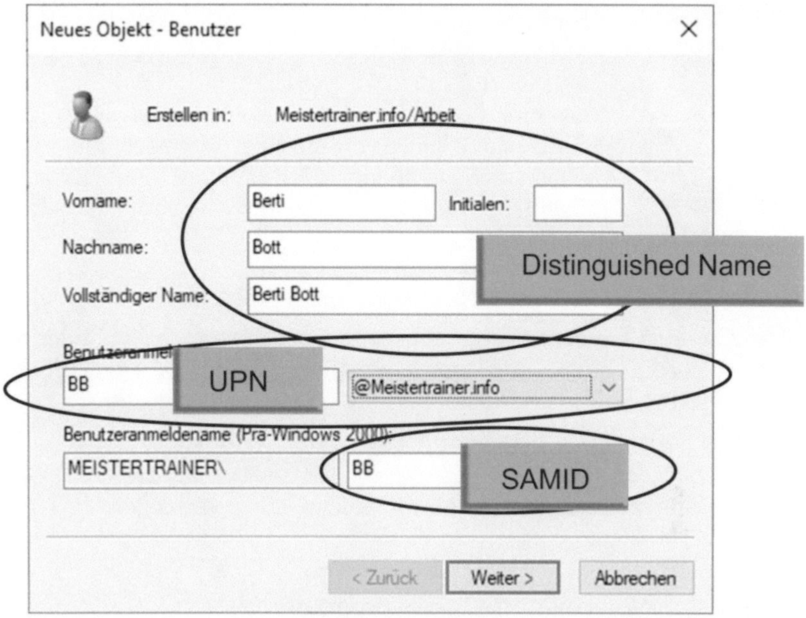


*Abbildung 22.13: UPN*

Der UPN wird beim Anlegen von Benutzerkonten generiert. Normalerweise ist er folgendermaßen aufgebaut:

Anmeldename@Domäne

Eine schöne Möglichkeit für eine sichere Anmeldung ist es, sich mit dem UPN anzumelden. Wenn Sie dies tun, wird in dem Moment, in dem Sie das „@" tippen, die dritte Zeile des Anmeldebildschirms ausgeblendet. Damit können Sie also die Domäne nicht mehr wählen, die Domänenzugehörigkeit ist also mit Eingabe des UPN festgelegt.

Es ergibt sich hier natürlich eine besondere Sorgfaltspflicht. Wenn Sie eine Anmeldung mit dem UPN vornehmen möchten, müssen Sie natürlich darauf achten, dass der Benutzeranmeldename eindeutig sein muss. Sie können natürlich die E-Mailnamen benutzen, die im Unternehmen benutzt werden, denn auch diese müssen eindeutig sein.

## ACHTUNG!

Ein großer Vorteil der Anmeldung mit dem UPN ist, dass eine Anmeldung mit dem E-Mailnamen möglich ist. Dadurch müssen sich die Benutzer nur einen Namen merken, und nicht E-Mailnamen und zusätzlich einen Benutzeranmeldenamen.

Aus diesen Vorteilen ergibt sich aber auch eine Problematik.

Wenn Sie eine Gesamtstruktur mit mehreren Domänen haben, oder Sie haben mehrere Firmen fusioniert, existieren in Ihrem Unternehmen mehrere „UPN-Suffixe“, nämlich mehrere Namen nach dem „@“.

Windows Server 2022 bietet dafür eine Lösung. Sie können zusätzliche UPN-Suffixe definieren, die dann in der Gesamtstruktur zur Verfügung stehen. Dann können Sie in jeder Domäne die entsprechenden UPN-Suffixe frei wählen.

Erstellen können Sie zusätzliche UPN-Suffixe in der Konsole „Active Directory-Domänen und -Vertrauensstellungen“.

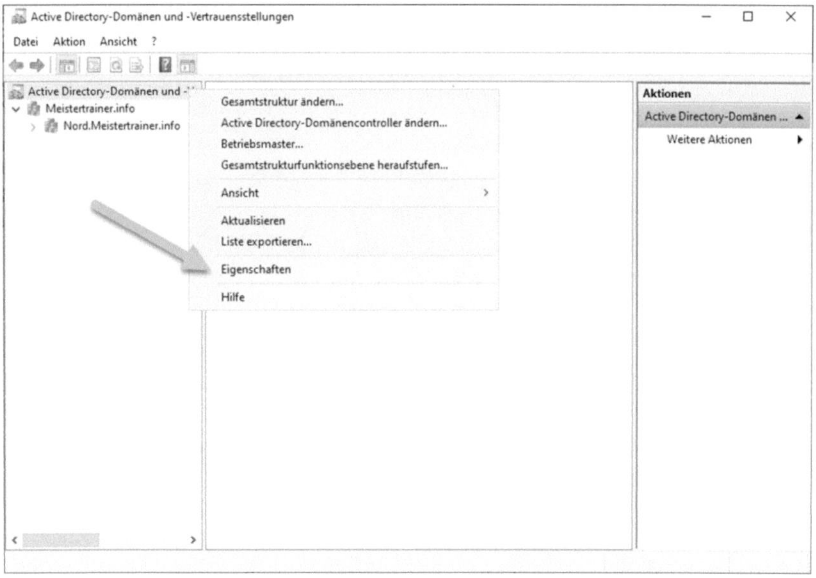


*Abbildung 22.14: Zusätzliches UPN-Suffix erstellen*

Wählen Sie die Eigenschaften von „Active Directory-Domänen und -Vertrauensstellungen“.

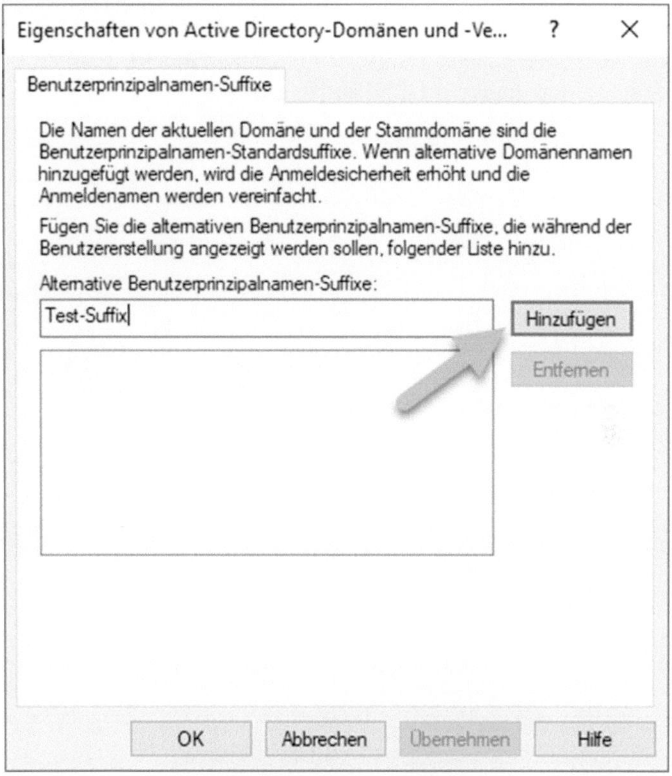


*Abbildung 22.15: UPN-Suffix*

## ACHTUNG!

Ein zusätzliches UPN-Suffix können Sie nicht auf der Ebene einer Domäne erstellen, sondern nur auf Ebene der Gesamtstruktur, da dieses UPN-Suffix auch für alle Domänen in der Gesamtstruktur gelten soll. Aus diesem Grund müssen Sie die Eigenschaften von „Active Directory-Domänen und -Vertrauensstellungen“ wählen.

Sie gelangen nun direkt in das Fenster, in dem Sie zusätzliche UPN-Suffixe generieren können.

Erstellen Sie hier alle UPN-Suffixe, die Sie benötigen.

Wenn Sie nun einen neuen Benutzer anlegen möchten, können Sie beim Benutzeranmeldenamen ein UPN-Suffix anlegen.

*Abbildung 22.16: UPN-Suffix aussuchen*

# Übung 22.1.2b

- Legen Sie in der Gesamtstruktur „Meistertrainer.info“ ein zusätzliches UPN-Suffix mit Namen „Test-Suffix“ an

## Die Konfiguration von Gesamtstrukturvertrauensstellungen

Nachdem die Vertrauensstellungen eingerichtet sind, können Sie diese konfigurieren.

*Abbildung 22.17: Konfigurieren von Vertrauensstellungen*

Wählen Sie die Vertrauensstellung aus, die Sie konfigurieren möchten, und klicken Sie auf „Eigenschaften“.

Wie Sie bereits wissen, können in jeder Gesamtstruktur UPN-Suffixe angelegt werden, damit die Benutzer sich mit einem Namen mit dem Format name@suffix.xy anmelden können.

Dieser UPN-Name muss in der Gesamtstruktur eindeutig sein.

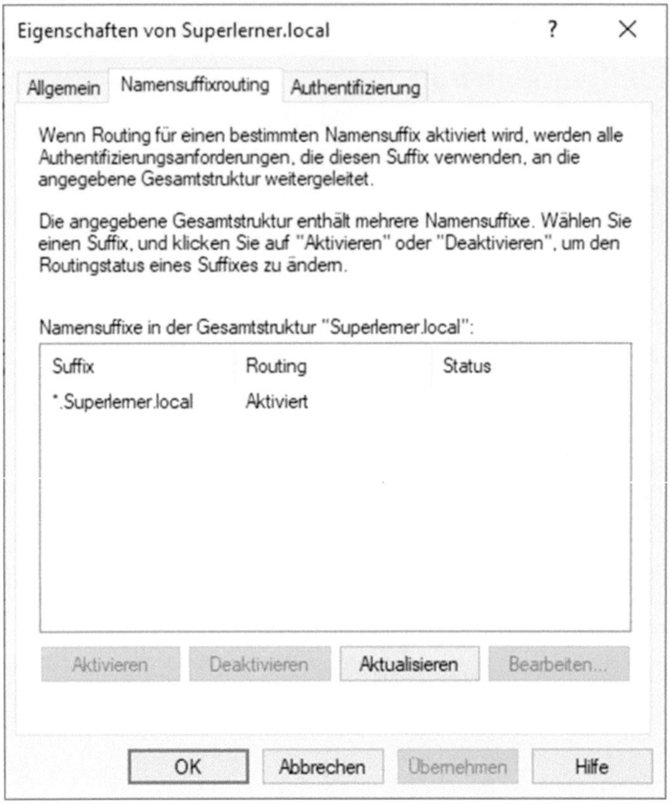


*Abbildung 22.18: Namensuffixrouting*

Wenn Sie aber zwei Gesamtstrukturen mit Gesamtstrukturvertrauensstellungen zusammenschließen, kann der Fall eintreten, dass dasselbe UPN-Suffix in beiden Gesamtstrukturen existiert.

Dies führt mit an Sicherheit grenzender Wahrscheinlichkeit zu Konflikten, wenn eine Weiterleitung in die andere Gesamtstruktur stattfindet.

Aus diesem Grund können Sie wählen, ob ein UPN-Suffix in die andere Gesamtstruktur weitergeleitet werden soll. Dies wird als „Namensuffixrouting“

bezeichnet.

**Ein Beispiel:**

Sie haben eine Gesamtstrukturvertrauensstellung zwischen den Domänen

- Meistertrainer.info
- Superlerner.local
- In der Domäne „Superlerner.local“ erstellen Sie ein neues UPN-Suffix mit Namen „Meistertrainer.info“

Dies führt zu Konflikten, wenn das Namensuffixrouting in die andere Gesamtstruktur aktiviert ist.

Der Konflikt würde aber beim Einrichten der Gesamtstrukturvertrauensstellung automatisch erkannt werden, und das entsprechende Suffix würde deaktiviert werden.

Aus diesem Grund werden alle Suffixe hier angezeigt, so dass Sie selber entscheiden können, ob Sie eventuell zusätzliche Suffixe deaktivieren möchten.

### 22.1.3 Verknüpfte Vertrauensstellungen

Verknüpfte Vertrauensstellungen sind Vertrauensstellungen innerhalb einer Gesamtstruktur, die den Weg zwischen zwei Domänen verkürzen.

Verknüpfte Vertrauensstellungen können den Zugriff auf Ressourcen beschleunigen, und sollten deswegen in einer Gesamtstruktur mit vielen WAN-Verbindungen eingesetzt werden.

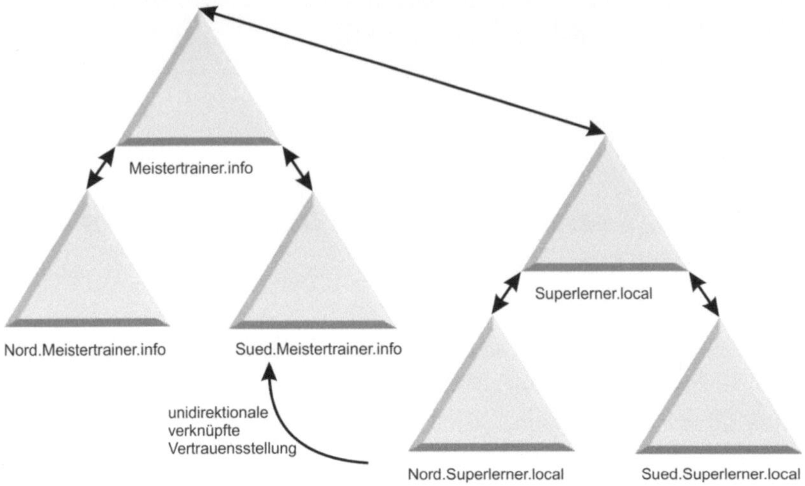


*Abbildung 22.19: Verknüpfte Vertrauensstellungen*

Eine verknüpfte Vertrauensstellung erstellen Sie in der bekannten Konsole.

Verknüpfte Vertrauensstellungen sind unidirektional, das heißt, Sie müssen die Richtung des Vertrauens beachten. Der Zugriff auf die Ressourcen erfolgt immer entgegen der Vertrauensstellung.

## ACHTUNG!

Die Transitivität ist eingeschränkt, dies bedeutet, dass verknüpfte Vertrauensstellungen nur nach unten, nicht aber nach oben transitiv sind.

In unserem Beispiel bedeutet das, dass die verknüpfte Vertrauensstellung eigentlich nicht transitiv ist, denn es gibt hier keine weiteren untergeordneten Domänen mehr, und eine Transitivität nach oben ist nicht gegeben.

### 22.1.4 Externe Vertrauensstellungen

Externe Vertrauensstellungen werden immer dann benötigt, wenn Sie eine Gesamtstruktur mit einer anderen Gesamtstruktur verbinden möchten. Nur wenn sich beide Gesamtstrukturen im Gesamtstrukturfunktionsmodus Windows Server 2003 befinden, können Sie eine Gesamtstrukturvertrauensstellung errichten.

In allen anderen Fällen benötigen Sie externe Vertrauensstellungen.

Externe Vertrauensstellungen sind immer

- Unidirektional
- Nicht transitiv

Damit sind externe Vertrauensstellungen die unkomfortabelsten Vertrauensstellungen.

Auch externe Vertrauensstellungen generieren Sie in der bekannten Konsole.

#### Beispiele für den Bedarf von externen Vertrauensstellungen

**Migration von Konten anderer Domänen:**

Wenn Sie eine ältere Domäne in eine andere Domäne migrieren möchten, müssen Sie dafür eine Vertrauensstellung einrichten. In den allermeisten Fällen wird hierfür eine externe Vertrauensstellung benötigt.

**Kommunikation mit anderen Verzeichnisdiensten**

Wenn Sie mit anderen Verzeichnisdiensten kommunizieren müssen, sind Sie ebenfalls auf externe Vertrauensstellungen angewiesen.

Achten Sie in solchen Fällen darauf, dass jede Verbindung eine eigene Vertrauensstellung benötigt, da externe Vertrauensstellungen nicht transitiv sind.

#### Besonderheiten von Vertrauensstellungen

Vertrauensstellungen sind alltägliche Werkzeuge. Allerdings sind alle Vertrauensstellungen an den Namen der Domäne gebunden.

**ACHTUNG!**

Wenn Sie eine Domäne umbenennen, und Sie haben externe Vertrauensstellungen eingerichtet, funktionieren diese Vertrauensstellungen nach dem Umbenennen nicht mehr. Sie müssen die Vertrauensstellungen löschen und anschließend neu erstellen.

**Übrigens:**

Sie können Vertrauensstellungen auch über die Befehlszeile einrichten. Der Befehl hierfür lautet:

**NETDOM TRUST**

## 22.2 Replikation und Standortverwaltung

Die Replikation ist ein Kernstück des Active Directory. Es gibt hierbei sowohl die Replikation innerhalb eines Standorts, was als Standardreplikation bezeichnet wird, und die Replikation zwischen mehreren Standorten, was eine Standortdefinition voraussetzt.

Dem „Globalen Katalog" kommt beim Einrichten von Standorten besondere Bedeutung zu, denn er hat große Auswirkung auf die Geschwindigkeit des Anmeldevorgangs.

Microsoft stellt für die Verwaltung der Replikation einige Tools zur Verfügung, mit denen Sie im Fehlerfall die Replikation untersuchen können.

### 22.2.1 Die Replikation innerhalb eines Standorts

In einer Windows Server 2022 Domäne sind alle Domänencontroller gleichberechtigt. Das bedeutet, dass Änderungen in der Datenbank auf allen Domänencontrollern durchgeführt werden können, und danach auf alle anderen Domänencontroller repliziert werden.

Diese Art der Replikation ist eine „Multi-Master-Replikation“. Sie hat die „Single-Master-Replikation“ von NT 4.0 abgelöst, da die Verwaltung einer Domäne damit bedeutend flexibler ist.

## *Verzeichnispartitionen*

Die Datenbank Active Directory setzt sich aus mehreren Teilen zusammen. Es gibt einige Informationen, die ausschließlich innerhalb der eigenen Domäne repliziert werden, und andere Informationen, die in der Gesamtstruktur repliziert werden.

Aus diesem Grund ist die Datenbank Active Directory in verschiedene Verzeichnispartitionen unterteilt, die unabhängig voneinander repliziert werden.

## *Domänenpartition*

Die Domänenpartition enthält die Daten, die nur in der eigenen Domäne verfügbar sind.

Dies sind Daten wie

- Benutzerkonten
- Computerkonten
- Veröffentlichte Ressourcen

**Ein Beispiel:**

Sie erstellen ein neues Benutzerkonto für den Benutzer „Hans Dampf“. Wenn nun die Replikation stattfindet, wird dieses Benutzerkonto an alle Domänencontroller in der eigenen Domäne repliziert, nicht aber an die Domänencontroller einer anderen Domäne in der gleichen Gesamtstruktur.

**ACHTUNG!**

Die Informationen, die in der Domänenpartition repliziert werden, finden Sie im Snap-In „Active Directory-Benutzer und -Computer“.

## *Konfigurationspartition*

In der Konfigurationspartition werden alle Informationen verwaltet, die mit dem Aufbau der Gesamtstruktur zusammenhängen. Hier finden Sie Informationen, wie

- Domänen
- Vertrauensstellungen

Diese Informationen werden in der Gesamtstruktur repliziert.

**Ein Beispiel:**

Sie erstellen eine neue Domäne in Ihrer Gesamtstruktur. Diese Information muss natürlich an alle Domänen in der Gesamtstruktur repliziert werden, damit die neue Domäne überall bekannt ist.

In diesem Fall geht die Replikation vom Domänennamensmaster aus, denn auf ihm werden solche Änderungen durchgeführt.

**ACHTUNG!**

Die Daten, die in der Konfigurationspartition repliziert werden, finden Sie im Snap-In „Active Directory-Domänen und –Vertrauensstellungen".

## *Schemapartition*

In der Schemapartition werden alle Informationen gespeichert, die das Schema der Datenbank beinhalten. Auch diese Informationen werden natürlich an alle Domänencontroller in der Gesamtstruktur repliziert.

**Ein Beispiel:**

Sie sind Mitglied der Gruppe „Schema-Admins" und haben eine Änderung am Schema durchgeführt. Diese Informationen werden an alle Domänencontroller in der Gesamtstruktur repliziert, da in allen Domänen das Schema identisch sein muss. Die Replikation geht natürlich vom Schema-Master aus, denn nur auf ihm können Änderungen durchgeführt werden.

## ACHTUNG!

Alle Informationen, die die Schemapartition betreffen, finden Sie im Snap-In „Active Directory Schema“, das Sie mit dem Befehl „Regsvr32.exe schmmgmt.dll“ registrieren müssen.

### *Anwendungspartition*

Diese Partitionen sind nach einer Standardinstallation nicht im Active Directory vorhanden, sondern müssen manuell vom Administrator mit NTDSUTIL angelegt werden.

Eine Anwendungspartition ist eine Partition, bei der Sie selber definieren können, auf welche Domänencontroller die Informationen repliziert werden. Dies ist für bestimmte Anwendungen gedacht, die nur auf bestimmten Domänencontrollern laufen, und deren Daten auch nur dorthin repliziert werden sollen. Sie müssen die Anwendungspartition auf allen Domänencontrollern einzeln anlegen, auf denen sie vorhanden sein soll.

## ACHTUNG!

Windows Server 2022 liefert bereits eine Anwendung mit, die Anwendungspartitionen unterstützt: DNS. Wenn Sie eine Active Directory integrierte Zone wählen, müssen Sie sich entscheiden, wohin die Daten repliziert werden sollen, und Sie können sich auch für eine Anwendungspartition entscheiden. Dadurch werden die Daten nur auf die Domänencontroller repliziert, auf denen die Anwendungspartition angelegt ist.

Die Zusammenhänge der einzelnen Partitionen lassen sich in folgender Grafik darstellen:

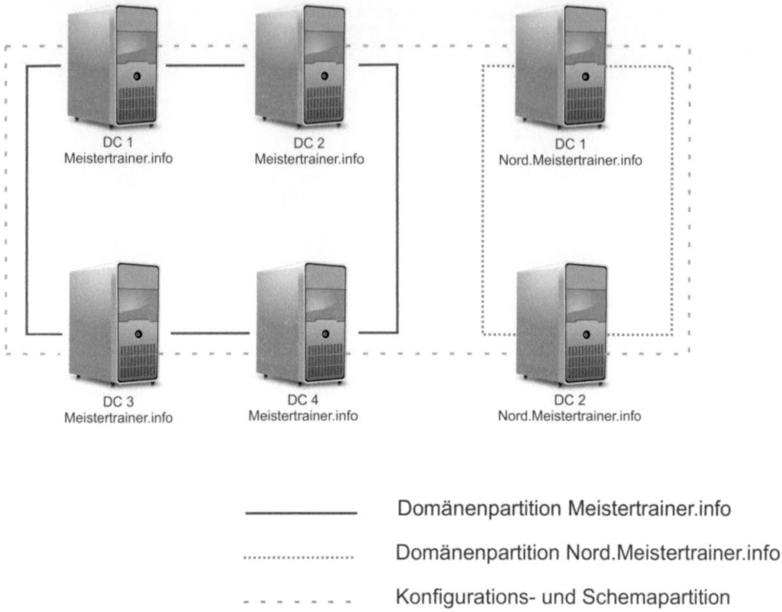


*Abbildung 22.20: Partitionen*

## Die Replikationstopologie

Innerhalb eines Standorts findet die Replikation in einem logischen bidirektionalen Ring statt.

Dieser Ring wird automatisch generiert, indem eine Instanz des Active Directory, der „Knowledge Consistency Checker" (KCC), sowohl die Anzahl der Domänencontroller als auch den Netzwerkverkehr untersucht.

Wenn der KCC einen neuen Domänencontroller entdeckt, oder der Netzwerkverkehr ist sehr hoch, dann erstellt er neue Verbindungen zwischen einzelnen Domänencontrollern.

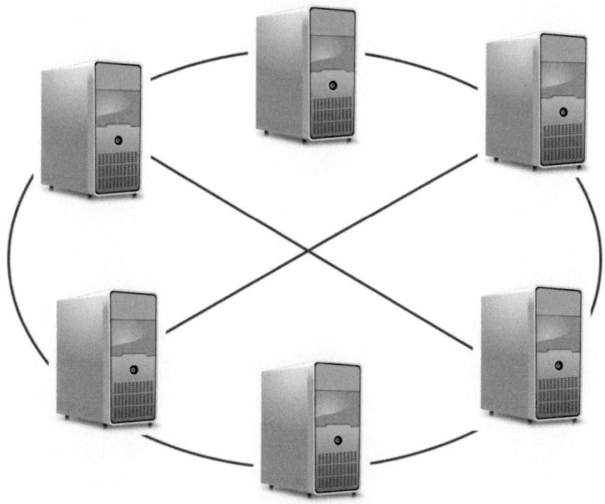

*Abbildung 22.21: Replikationstopologie*

## Der Vorgang der Replikation

Eine Replikation findet statt, wenn eine Änderung an einem Active Directory Objekt vorgenommen wurde. Änderungen sind:

- Hinzufügen von Objekten
- Ändern von Werten eines Objekts
- Umbenennen von Objekten
- Löschen von Objekten

Wenn auf einem Domänencontroller eine Änderung durchgeführt worden ist, sendet er eine Änderungsbenachrichtigung an alle seine direkten Replikationspartner. Daraufhin fordern alle direkten Replikationspartner die Änderungen an.

Die Benachrichtigung über eine Änderung erfolgt sehr schnell: bereits maximal 15 Sekunden nach der Änderung erhält der erste Replikationspartner eine Änderungsbenachrichtigung. Weitere direkte Replikationspartner erhalten mit einer Verzögerung von maximal 3 Sekunden ebenfalls dieselbe Änderungsbenachrichtigung. Durch diese Verzögerung wird der Netzwerkverkehr herabgesetzt und der Domänencontroller kann nicht durch Änderungsanfragen überlastet werden.

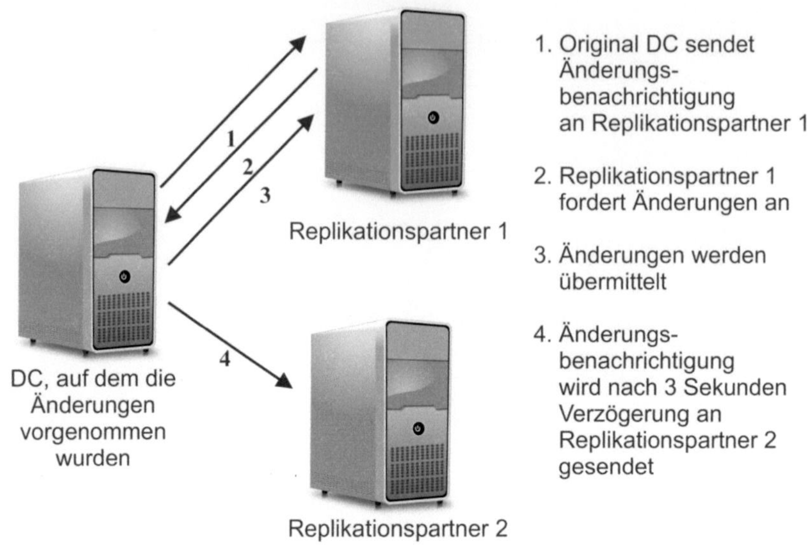


*Abbildung 22.22: Prinzip der Änderungsbenachrichtigungen*

Nachdem ein Replikationspartner eine Änderungsbenachrichtigung erhalten hat, sendet er eine Anforderung zum Übermitteln der Änderungen.

Nur sicherheitsrelevante Änderungen werden völlig ohne Verzögerung repliziert. Sicherheitsrelevante Änderungen sind beispielsweise das Deaktivieren eines Kontos. In diesem Fall schickt der Domänencontroller, auf dem die Änderungen durchgeführt worden sind, eine Änderungsbenachrichtigung an seine Replikationspartner. Diese fordern daraufhin die Änderungen an.

## ACHTUNG!

Bei einer dringenden Replikation werden nicht nur die sicherheitsrelevanten Änderungen repliziert, sondern alle Änderungen. Der Unterschied ist nur, dass die Änderungsbenachrichtigung hierbei sofort nach der Änderung ohne Verzögerung geschickt wird.

## Erkennen der Aktualität der Änderungen

Der Domänencontroller, der eine Änderungsbenachrichtigung erhält, muss erkennen können, ob er die neue Version der Daten bereits besitzt, oder ob er sie erhalten muss.

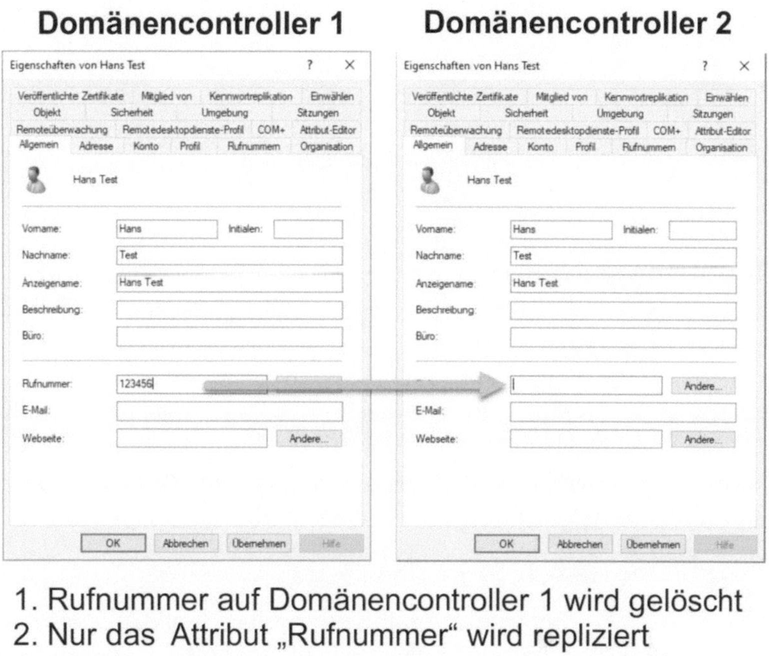


*Abbildung 22.23: Replikation auf Attributebene*

Die Replikation von Active Directory erfolgt auf Attributebene. Das bedeutet, dass ein Objekt nicht als eine Einheit repliziert wird, sondern alle seine Attribute werden einzeln repliziert. Diese Vorgehensweise hat zwei große Vorteile

- Dadurch entsteht viel weniger Replikationsverkehr
- Konflikte werden vermieden

Jedes Attribut führt eine Versionsnummer mit. Bei jeder Änderung wird diese Versionsnummer erhöht. Bei einer Replikation können die

Versionsnummern verglichen werden, und die höhere Versionsnummer ist die gültige.

**ACHTUNG!**

Diese Versionsnummern werden auch als „Update Sequenz Number“ (USN) bezeichnet.

## Replikationskonflikte

Leider treten bei Multi-Master-Replikation auch hin und wieder Replikationskonflikte auf. So kann es beispielsweise sein, dass Änderungen an zwei Domänencontrollern gleichzeitig vorgenommen werden, in diesem Fall muss es Regeln geben, um Replikationskonflikte so einfach wie möglich zu beseitigen.

Durch die geringe Replikationsverzögerung ist ein Replikationskonflikt zwar nicht sehr wahrscheinlich, aber theoretisch kann er eintreten.

**ACHTUNG!**

Replikationskonflikte sind bei Replikation innerhalb eines Standorts sehr unwahrscheinlich, sie treten aber manchmal bei Replikation zwischen den Standorten auf.

Bei jeder Änderung wird nicht nur die Versionsnummer (USN) erhöht, sondern es wird für jede Änderung ein eindeutiger „Änderungsstempel“ erstellt.

Dieser Stempel besteht aus drei Informationen

- Versionsnummer
- Systemzeit des Domänencontrollers, auf dem die Änderung durchgeführt worden ist
- GUID des Domänencontrollers

Mit diesem „Stempel“ lassen sich alle Replikationskonflikte beseitigen.

| Versionsnummer | Systemzeit | GUID des Servers |
| --- | --- | --- |
| 5847 | 12:11:54 | 145A457F |

*Abbildung 22.24: Stempel*

Es gibt drei Arten der Konflikte:

## *Geschwisternamenkonflikt*

Ein Geschwisternamenkonflikt entsteht, wenn innerhalb eines einzigen Replikationszyklus zwei Administratoren auf zwei Domänencontrollern das gleiche Objekt an der gleichen Stelle anlegen.

Dieser Konflikt ist äußerst selten.

Er wird vom System auf sehr einfache Art gelöst. Bei der Replikation wird der Stempel des neuen Objekts untersucht. Die Versionsnummern unterscheiden sich nicht, aus diesem Grund wird zur nächsten Information gegangen.

Es wird nun die Systemzeit untersucht. Das Objekt, das später angelegt worden ist, wird als das gültige anerkannt. Das andere Objekt wird vom System umbenannt.

**ACHTUNG!**

Sollte der äußerst unwahrscheinliche Fall eintreten, dass auch die Systemzeit auf die tausendstel Sekunde übereinstimmt, wird die Entscheidung anhand der Server GUID getroffen.

## *LostAndFound*

Es kann vorkommen, dass zwei Administratoren an zwei Domänencontrollern gleichzeitig Änderungen vornehmen, die zu weitreichenden Folgen führen können.

Dieses Szenario ist durch die Schutzmaßnahmen, die Microsoft in Windows Server 2008 eingeführt hat, sehr unwahrscheinlich geworden, aber in gemischten Domänen, die noch mit älteren Domänencontrollern arbeiten, kann es immer noch vorkommen.

**Ein Beispiel:**

Sie erstellen auf DC eine neue OU mit Namen „Einkauf".

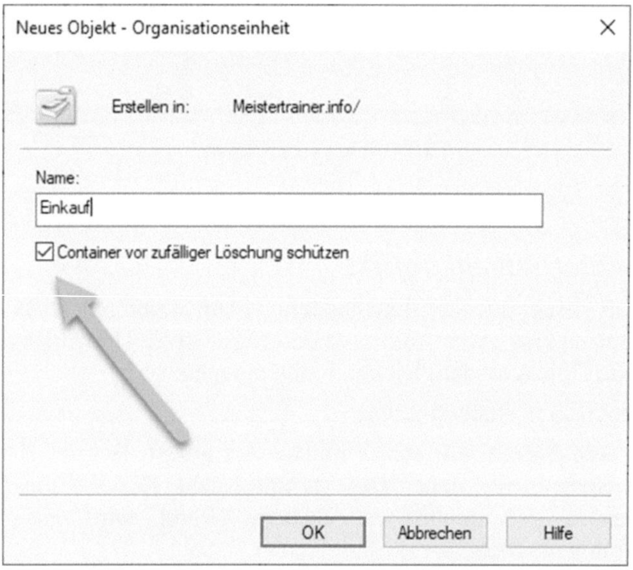


*Abbildung 22.25: Erstellen einer OU*

Hier werden schon die neuen Sicherheitsvorkehrungen deutlich, denn wenn Sie den Haken vor „Container vor zufälliger Löschung schützen" gesetzt haben, kann Ihnen dieser Konflikt nicht unterlaufen.

Diese OU wird im nächsten Replikationszyklus an alle anderen Domänencontroller repliziert.

Der Stand nach der Replikation ist nun folgender:

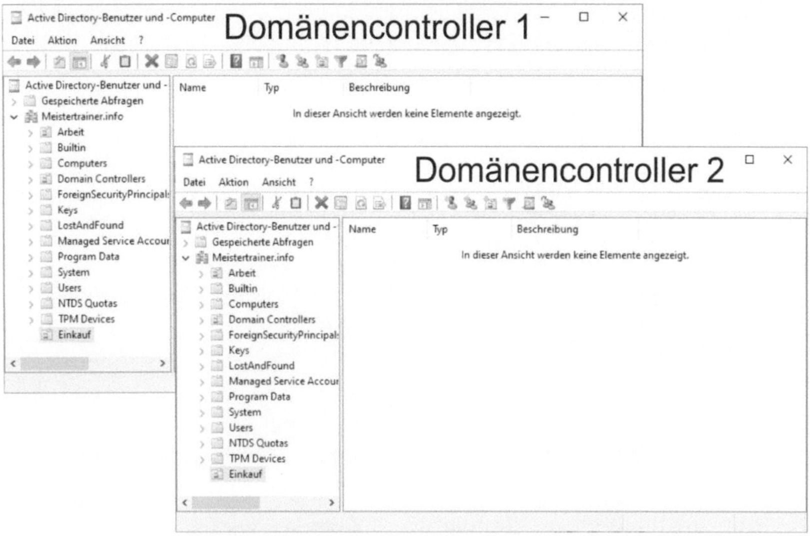


*Abbildung 22.26: Stand nach der Replikation*

Sollte der Haken vor „Container vor zufälliger Löschung schützen“ nicht gesetzt worden sein, kann es nun zu dem sehr unwahrscheinlichen Fall kommen, dass der Administrator auf DC2 diese OU löscht, während Sie im gleichen Moment auf DC1 einen Benutzer in dieser OU anlegen.

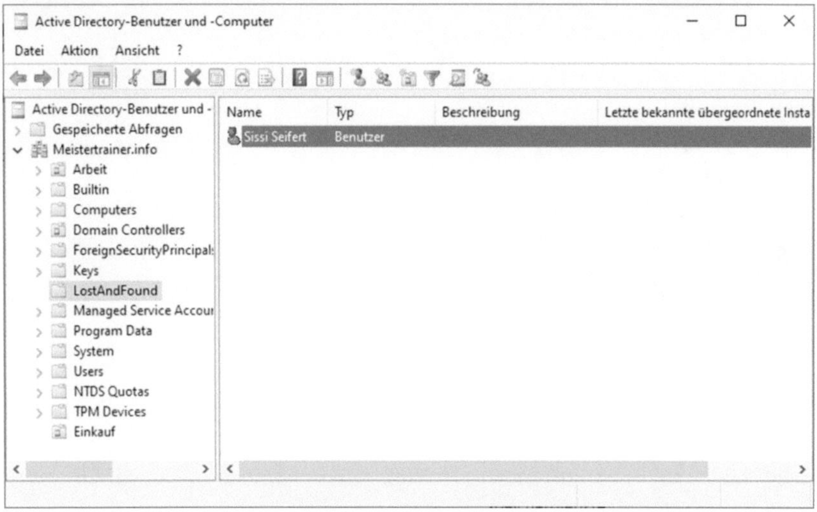


*Abbildung 22.27: LostAndFound*

Was passiert nun bei der nächsten Replikation? Der neue Benutzer kann nicht in seine OU repliziert werden, da diese gelöscht ist.

Das Objekt ist also „verwaist“. Solche verwaisten Objekte werden immer im Container „LostAndFound“ gespeichert.

## ACHTUNG!

Sie können den Container „LostAndFound“ nur sehen, wenn Sie im Menü „Ansicht“ die „Erweiterten Funktionen“ aktiviert haben.

Sie sollten den Container „LostAndFound“ regelmäßig kontrollieren, um verwaiste Objekte zu finden, und diese wieder in entsprechende OUs zu verschieben.

Sollten Sie allerdings den Haken vor „Container vor zufälliger Löschung schützen“ gesetzt haben, ist ein versehentliches Löschen von Objekten nicht möglich.

### *Attributkonflikt*

Die letzte Möglichkeit des Replikationskonflikts ist der Attributkonflikt. Dieser kann entstehen, wenn ein Attribut im gleichen Replikationsintervall an zwei verschiedenen Stellen geändert wird.

Auch hier wird eine Bewertung anhand des Stempels gemacht und die spätere Änderung ist die gültige.

## ACHTUNG!

Auch beim Attributkonflikt gilt: Wenn die Systemzeit beider Domänencontroller völlig identisch ist, wird die GUID der Server bewertet.

Falls Sie selber versuchen, einen Konflikt zu generieren, werden Sie sehen, dass dies wirklich schwierig ist, da die Replikationsverzögerung sehr kurz ist. Im laufenden Betrieb sind Konflikte innerhalb eines Standorts fast ausgeschlossen.

## 22.2.2 Replikation zwischen Standorten

Viele Firmen sind nicht auf einen Standort begrenzt, sondern haben Geschäftsstellen an vielen Orten. Dort sind eigene Subnetze eingerichtet und die Geschäftsstellen sind mit WAN-Leitungen verbunden.

Dies bringt aus Sicht des Active Directory einige Probleme mit sich:

- Die Replikation ist über die WAN-Leitungen nicht sehr effizient
- Ein großer Teil der Bandbreite wird nur für Replikation benötigt

Wenn Sie also Standorte an mehreren Orten haben, sollten Sie eine weitere Funktion des Active Directory nutzen: Die Standortverwaltung.

### Was sind Standorte?

Standorte sind im Active Directory eigenständige Teile einer Domäne oder einer Gesamtstruktur, die mit einem Hochgeschwindigkeitsnetzwerk arbeiten.

**Ein Beispiel:**

Sie haben eine Firma, die den Hauptsitz in München hat, und zwei Geschäftsstellen jeweils in Bern und in Wien.

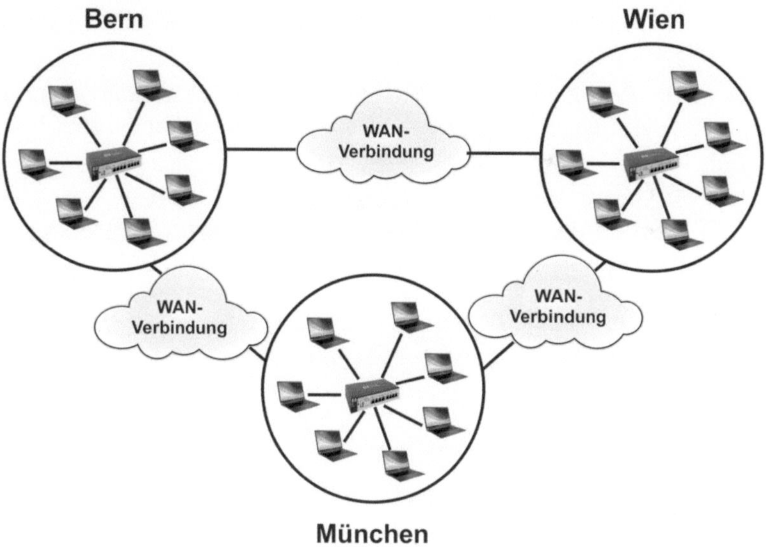


*Abbildung 22.28: Standorte*

Diese Firma hat zwei Merkmale:

- Die Geschäftsstellen haben ein schnelles LAN
- Die Verbindungen zwischen den Geschäftsstellen sind relativ langsam (WAN)

**ACHTUNG!**

Ein Standort besteht aus einem oder mehreren IP-Subnetzen, die mit einer Hochgeschwindigkeitsverbindung kommunizieren. WAN-Verbindungen verbinden Standorte, sie dürfen innerhalb eines Standortes nicht vorhanden sein.

Betrachten wir diese Firma mit der vorhandenen Netzwerkinfrastruktur aus Sicht eines Active Directory Designers. Es ergeben sich einige Wünsche:

- Die Replikation sollte nur innerhalb der Geschäftsstellen nach dem bekannten Prinzip stattfinden
- Die Replikation sollte zwischen den Geschäftsstellen seltener stattfinden
- Die Replikation sollte zwischen den Geschäftsstellen nur mit jeweils einem Domänencontroller stattfinden und nicht in den Replikationsring eingebunden sein
- Benutzer, die sich anmelden möchten, sollten von einem Domänencontroller aus dem eigenen Standort verifiziert werden

Alle diese Anforderungen werden von der Funktion „Standorte“ im Active Directory erfüllt.

## Arbeiten mit Standorten

Wenn Sie ein Netzwerk mit Standorten verwalten möchten, müssen Sie zunächst einmal dem Active Directory mitteilen, dass Sie nun die Funktionalität der Standorte benutzen möchten.

**Ein Beispiel:**

Wir bleiben bei der oben genannten Firma, die Geschäftsstellen in München, Bern und Wien hat.

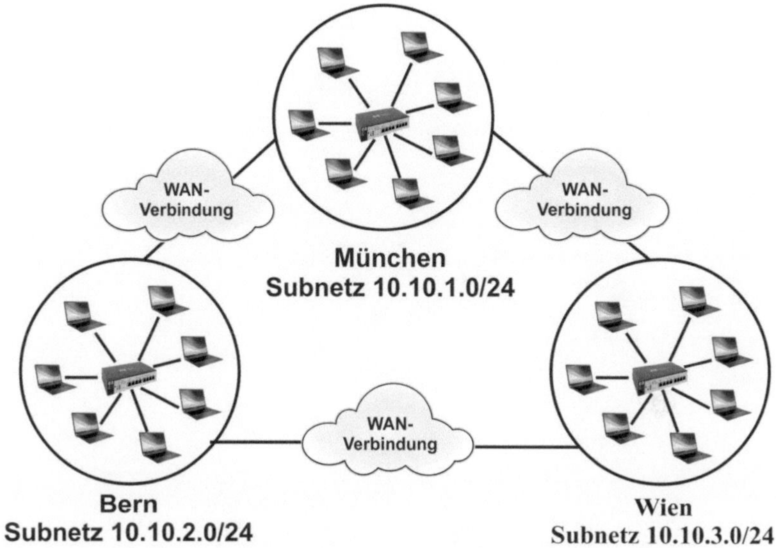


*Abbildung 22.29: Beispiel*

Die Firma hat drei Standorte, die entsprechenden Subnetze sind

- 10.10.1.0/24 (München)
- 10.10.2.0/24 (Bern)
- 10.10.3.0/24 (Wien)

Die einzelnen Standorte sind mit WAN-Leitungen verbunden.

## Anlegen von Standorten

Der erste Schritt ist, Standorte im Active Directory zu definieren. Damit teilen wir dem Active Directory mit, dass wir Geschäftsstellen an verschiedenen Orten haben, und sowohl die Replikation, als auch den Anmeldevorgang hierfür optimieren möchten.

All das nehmen wir in der Konsole „Active Directory-Standorte und -Dienste" vor.

Diese Konsole ist etwas gewöhnungsbedürftig, und leider nicht sehr übersichtlich.

Zunächst betrachten wir die Konsole. Sie teilt sich in einige Hauptunterpunkte:

- Inter-Site Transports
- Subnets
- Einzelne Standorte

Schon bevor wir beginnen, eigene Standorte zu definieren, können wir erkennen, dass es bereits einen Standort gibt: „Default-First-Site-Name“.

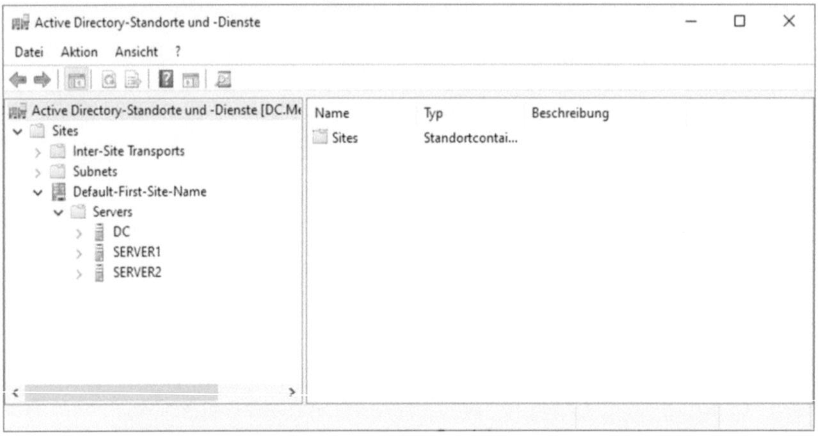


*Abbildung 22.30: Active Directory-Standorte und –Dienste*

## ACHTUNG!

Dieser Standort mit dem interessanten Namen „Default-First-Site-Name“, wird bei der Installation angelegt und in ihm werden alle Aktionen vorgenommen. Das bedeutet, dass immer mindestens ein Standort existiert, auch wenn die sonstigen Funktionen nicht genutzt werden!

Wir müssen aber nun die drei neuen Standorte definieren.

Dazu klicken wir mit der rechten Maustaste auf „Sites“ und wählen „Neuer Standort“.

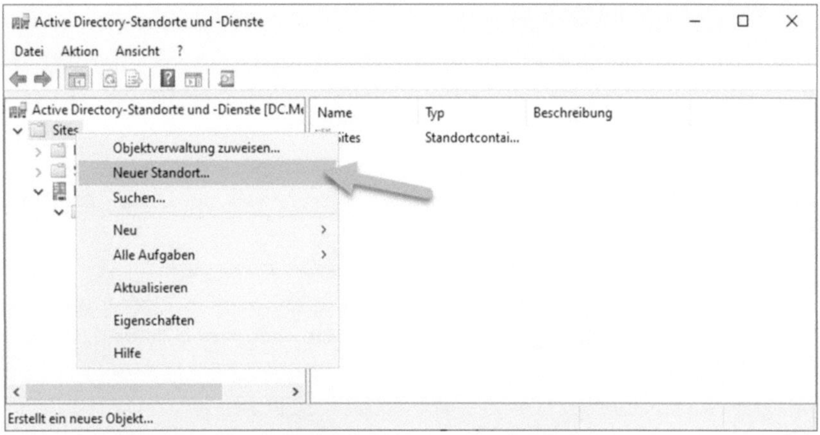


*Abbildung 22.31: Neuer Standort*

Ein Fenster erscheint, in dem wir den Namen für den neuen Standort angeben müssen.

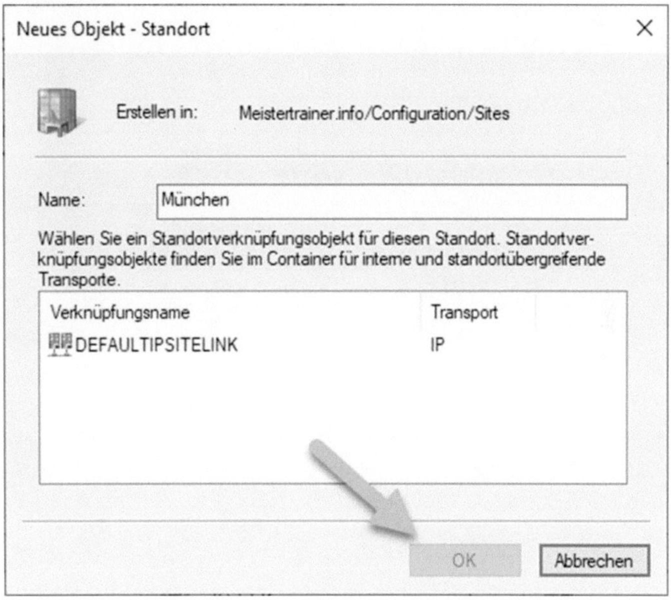


*Abbildung 22.32: Name des neuen Standorts*

Wenn Sie die Konsole genauer betrachten, fällt Ihnen sicher auf, dass Sie

„OK“ nicht anwählen können.

Das liegt daran, dass es nicht erlaubt ist, einen neuen Standort zu erstellen, ohne zugleich eine Verbindung zwischen diesem Standort und mindestens einem anderen Standort zu definieren.

Dies ist zwingend notwendig, denn im schlimmsten Fall könnte dieser Standort ohne Verbindung zum restlichen Netzwerk sein, was natürlich die Integrität des Systems gefährden würde.

Aus diesem Grund bietet Microsoft hier eine Art von „Notfallverbindung“ an, die wir zunächst wählen müssen. Später ersetzen wir diese Verbindung natürlich durch eigene, selbstdefinierte Verbindungen.

Wählen Sie aus diesem Grund „DEFAULTIPSITELINK“.

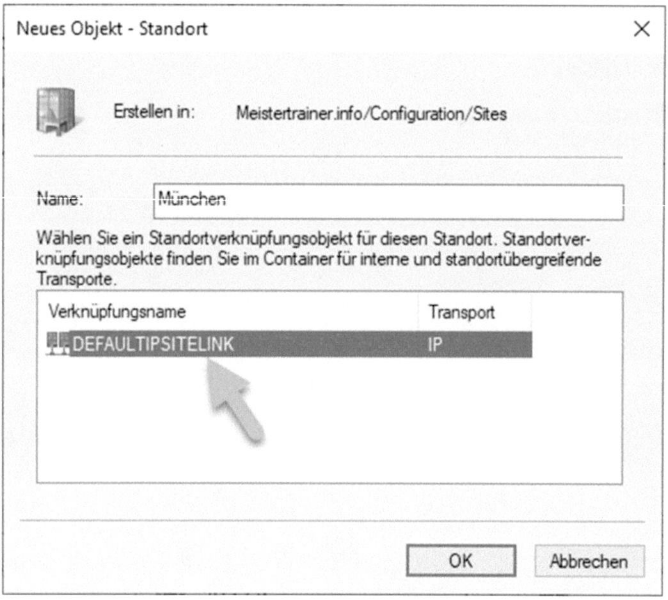


*Abbildung 22.33: Auswahl des DEFAULTIPSITELINK*

Nun können Sie diese Maske mit „OK“ schließen.

Sie erhalten einen Hinweis, was Sie noch tun müssen.

*Abbildung 22.34: Hinweis*

Diese Dinge werden wir natürlich noch alle tun.

Erstellen Sie alle Standorte auf diese Weise.

Damit ist der erste Schritt abgeschlossen und die Standorte sind namentlich erstellt.

## Erstellen der Subnetze

Leider existieren momentan noch keine Definitionen, welche Computer in welchen Subnetzen zu finden sind. Es ist wichtig, dass die Standorte nicht nur namentlich erstellt sind, sondern auch inhaltlich definiert sind.

Dies ist sehr einfach. Sie haben bereits die beste Definition der Inhalte der einzelnen Standorte: Die IP-Subnetze. Mit IP-Adressbereichen lassen sich Standorte auf sehr einfache Art und Weise definieren.

Klicken Sie dafür mit der rechten Maustaste auf „Subnetze“ und wählen Sie „Neues Subnetz“.

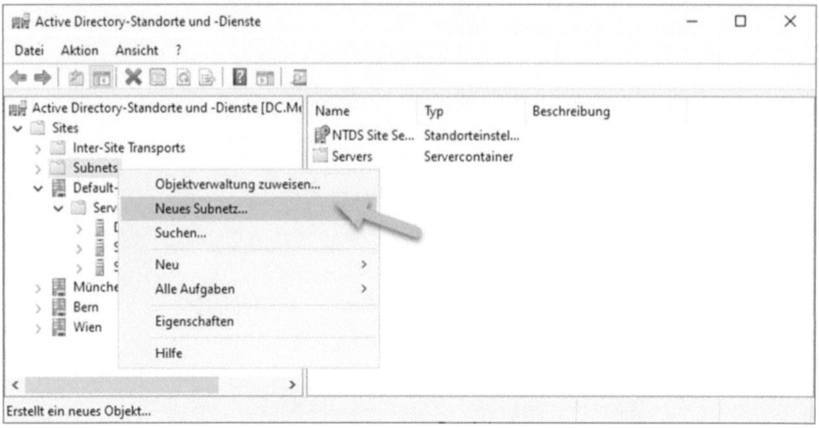


*Abbildung 22.35: Neues Subnetz*

Tragen Sie in der nächsten Maske einfach den IP-Adressbereich ein, und wählen Sie dann den Standort, dem dieses Subnetz zugeordnet werden soll.

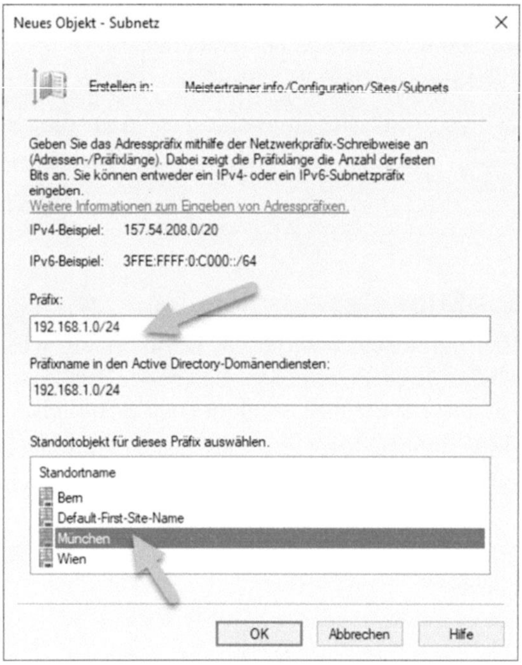


*Abbildung 22.36: Definition der Subnetze*

Schließen Sie das Fenster und erstellen Sie auf die gleiche Art alle Subnetze, die physisch existent sind. Bilden Sie genau die wirkliche physische Struktur Ihres Netzwerks ab.

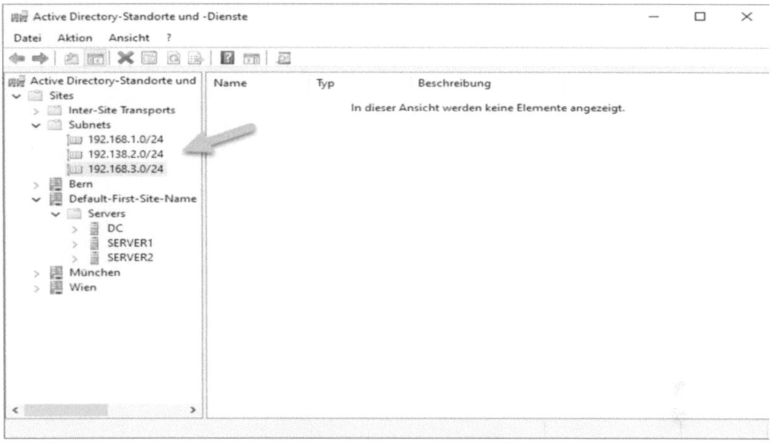


*Abbildung 22.37: Subnetze*

## *Warum müssen Subnetze den Standorten zugeordnet werden?*

Die Zuordnung von Subnetzen zu Standorten ist die Voraussetzung für das reibungslose Funktionieren der Standorte.

**Anmeldeverkehr**

Clients sollen beim Anmelden einen Domänencontroller benutzen, der sich am eigenen Standort befindet.

Dafür schicken Sie bekanntlich eine Anfrage an den DNS-Server, der Ihnen dann eine Liste mit den IP-Adressen der Domänencontroller sendet.

Der Client sendet bei dieser Kommunikation natürlich seine eigene IP-Adresse mit. Damit kann der DNS-Server identifizieren, von welchem Standort der Client kommuniziert und er kann ihm eine Liste der Domänencontroller schicken, die nach Standorten sortiert ist. Er kann die Domänencontroller, die sich am gleichen Standort wie der Client befinden, in der Liste nach oben setzen.

Diese Funktionalität können wir deutlich erkennen, wenn wir den DNS-Server mit seinen SRV-Einträgen betrachten, nachdem wir die Subnetze erstellt haben.

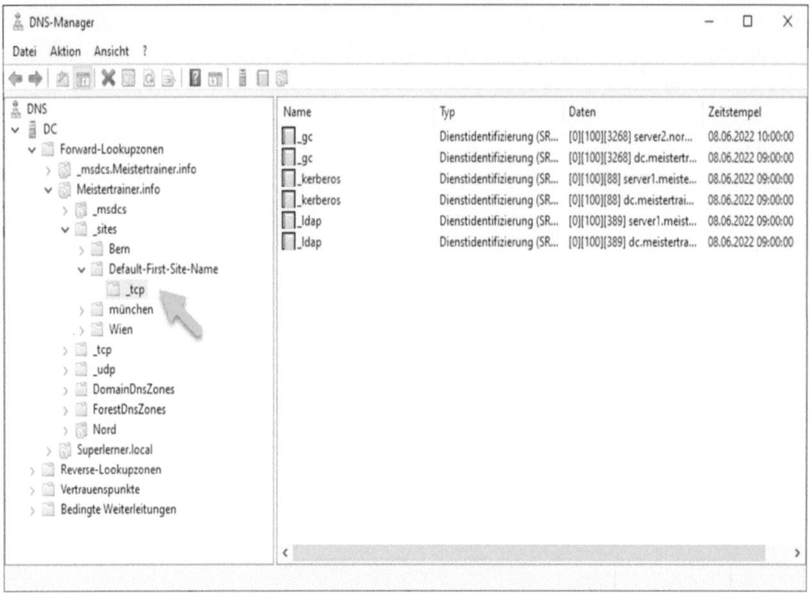

*Abbildung 22.38: DNS-Server mit Standorten*

Wir sehen, dass die Einträge nun nach Standorten sortiert sind und damit jeder Client eine für ihn maßgeschneiderte Liste bekommen kann.

## Verschieben der Server in die Standorte / Anlegen von neuen Servern

Zwei Schritte sind nun erledigt. Standorte sind angelegt und die Subnetze sind zugeordnet.

Nun muss ein wichtiger Schritt gemacht werden: Die Server müssen den entsprechenden Standorten zugeordnet werden.

Im Normalfall ist es so, dass eine Standardinstallation einen Standort anlegt, nämlich „Default-First-Site-Name“. Dort sind auch alle Server zu finden.

Wenn Sie danach Standorte anlegen, sind die Server noch an einem falschen Standort. Leider werden diese Server nicht automatisch an den richtigen Standort verschoben.

Aus diesem Grund müssen Sie die vorhandenen Server in die richtigen Standorte verschieben, indem Sie per „Drag & Drop“ die Serverobjekte aus dem Container „Server“ im Standort „Default-First-Site-Name“ in den Container „Server“ im entsprechenden Standort verschieben.

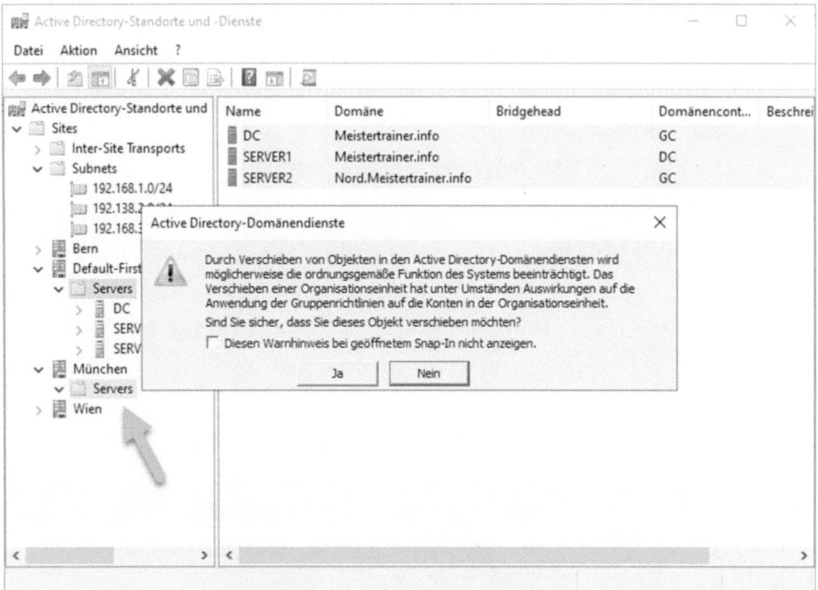


*Abbildung 22.39: Server verschieben*

**ACHTUNG!**

Der Schritt des Verschiebens ist nur nötig, wenn Sie Standorte neu anlegen und die Server noch am falschen Standort stehen. Alle Server, die nach der Erstellung von Standorten installiert werden, erscheinen anhand der IP-Adressen automatisch im richtigen Standort!

## Erstellen von Standortverknüpfungen

Nun haben Sie es fast geschafft. Standorte sind erstellt, IP-Subnetze sind zugeordnet, und die Server sind in den richtigen Standort verschoben.

Nun müssen Sie als letzten Schritt dafür sorgen, dass die Replikation zwischen den Standorten so stattfindet, wie Sie es möchten.

Einige Parameter für die Replikation zwischen Standorten stehen fest und können nicht verändert werden.

- Die Replikation findet zwischen jeweils einem Domänencontroller an jedem Standort statt (Bridgeheadserver)
- Die Replikationsdaten werden ab einer Größe von 50 KB komprimiert
- Es gibt zwei Möglichkeiten für die Replikation:
    - IP
    - SMTP

Viele andere Parameter können und sollten von uns verändert werden.

## *Auswahl der Replikation über IP oder SMTP*

Normalerweise findet der Datenverkehr immer über das Protokoll „IP“ statt. In den meisten Fällen ist dies die richtige Wahl. Die einzige Voraussetzung für IP ist eine zuverlässige Verbindung, die aber in beinahe allen Fällen zur Verfügung steht.

Eine Replikation mit SMTP kann auch stattfinden, wenn keine zuverlässige Verbindung zur Verfügung steht. SMTP (Simple Mail Transfer Protocol) ist eine Übertragung über E-Mail, und diese Art der Übertragung funktioniert auch, wenn die Verbindung nur zeitweise vorhanden ist.

Allerdings hat eine Replikation über SMTP einen entscheidenden Nachteil der einen Einsatz äußerst unwahrscheinlich macht: Es können keine Domänendaten über SMTP übertragen werden.

## ACHTUNG!

Über SMTP können zwar die Schema- und die Konfigurationspartition übertragen werden, nicht aber die Domänenpartition! Das bedeutet, wenn in einer Domäne zwei Standorte existieren, kann eine Replikation über SMTP nicht stattfinden. Es gibt eigentlich nur eine Möglichkeit, eine Replikation über SMTP vorzunehmen, nämlich dann, wenn in einer Gesamtstruktur jede Domäne auch ein eigener Standort ist. Dies ist relativ unwahrscheinlich, deswegen hat die Replikation mit SMTP kaum Bedeutung.

Wir entscheiden uns also für eine Replikation über IP.

Für jede Verbindung zwischen Standorten sollten Sie eine eigene Standortverknüpfung erstellen, damit Sie alle Parameter der Replikation konfigurieren können.

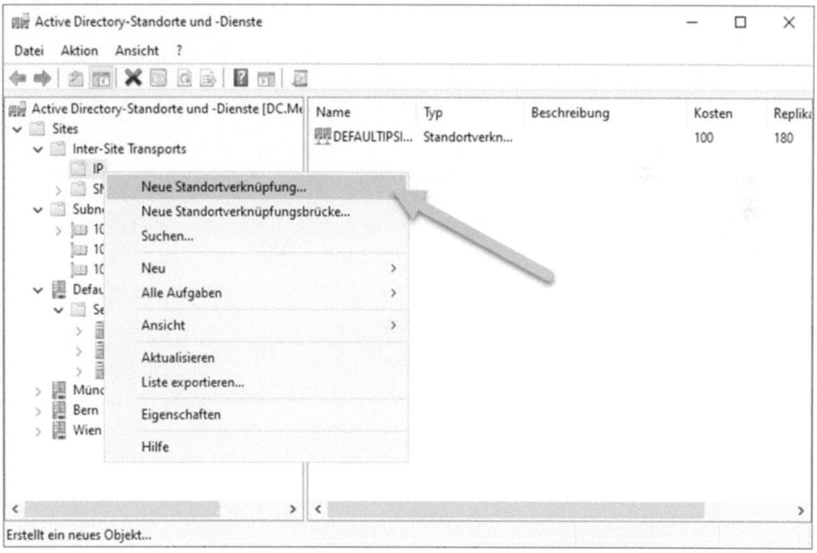


*Abbildung 22.40: Erstellen einer Standortverknüpfung*

Als Beispiel werden wir eine Standortverknüpfung zwischen den

Standorten München und Bern erstellen.

Sie wählen in der Konsole „Active Directory-Standorte und -Dienste“ den Container „Inter-Site Transports“ und dort „IP“. Klicken Sie dort mit der rechten Maustaste, und wählen Sie „Neue Standortverknüpfung“.

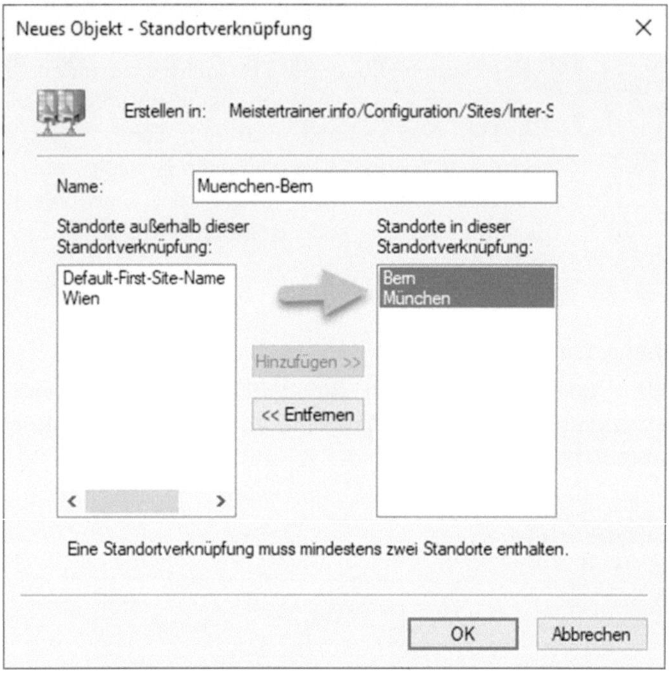


*Abbildung 22.41: Konfiguration der Standortverknüpfung*

Geben Sie der Standortverknüpfung einen aussagekräftigen Namen. Nun entscheiden Sie sich, welche Standorte mit dieser Verknüpfung verbunden werden sollen. Es müssen mindestens zwei Standorte sein, es können aber auch mehrere Standorte sein.

Klicken Sie auf „OK“. Die Verknüpfung ist erstellt.

Diese Verknüpfung können Sie nun noch konfigurieren. Setzen Sie einen Doppelklick auf die entsprechende Standortverknüpfung.

*Abbildung 22.42: Konfigurieren der Standortverknüpfung*

Hier können Sie drei wichtige Replikationsparameter einstellen:

**Kosten:**

Kosten sind Erkennungsmerkmale, wie wahrscheinlich es ist, dass diese Verbindung für die Replikation benutzt wird.

Die Kosten bestimmt die relative Bevorzugung der Konsistenzprüfung (Knowledge Consistency Checker, KCC) von Active Directory für die Verwendung einer bestimmten Standortverknüpfung.

**ACHTUNG!**

Je teurer eine Standortverknüpfung ist, desto unwahrscheinlicher ist es, dass sie von der Konsistenzprüfung als bevorzugte Standortverknüpfung verwendet wird.

**Replizieren alle:**

Hier legen Sie fest, in welchen Intervallen eine Replikation stattfindet. Die Standardeinstellung ist 180 Minuten, das bedeutet, dass eine Replikation zwischen den Standorten alle drei Stunden stattfindet.

**Zeitplan ändern…**

Hier können Sie noch zusätzlich festlegen, zu welchen Zeiten eine Replikation überhaupt stattfinden kann.

Wenn beispielsweise Ihre WAN-Bandbreite sehr schmal ist, sollten Sie überlegen, die Replikation zwar regelmäßig alle drei Stunden stattfinden zu lassen, aber den Zeitraum von 8 bis 18 Uhr völlig auszunehmen. In diesem Fall findet die Replikation nur in der Nacht statt, alle drei Stunden.

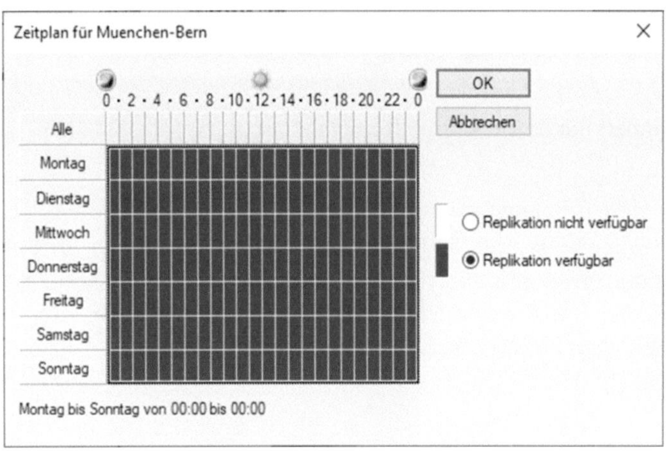


*Abbildung 22.43: Zeitplan anpassen*

## Zusammenfassung der Standorteinrichtung

Das Einrichten einer Standorttopologie geht in mehreren aufeinander folgenden Schritten vonstatten:

- Erstellen von Standortnamen
- Definieren von Subnetzen und Zuordnen zu Standorten
- Verschieben von Servern in die Standorte
- Erstellen von Standortverknüpfungen und Konfiguration dieser Elemente

Wenn Sie alle diese Schritte korrekt ausgeführt haben, sind die Standorte im Active Directory erstellt und können benutzt werden.

## Verwalten der Replikation zwischen den Standorten

Natürlich ist es eine Voraussetzung für den effektiven Einsatz von Standorten, dass an jedem Standort Domänencontroller vorhanden sind.

Der Anmeldevorgang sollte ja im Idealfall von einem Domänencontroller am eigenen Standort verifiziert werden, und es macht keinen Sinn, Standorte einzurichten, und nicht an jedem Standort eigene Domänencontroller zu haben.

Aber es gibt noch einige Dinge, die Sie für die effektive Standortverwaltung berücksichtigen sollten.

### *Bridgeheadserver*

Wie bereits erwähnt, findet die Replikation zwischen den Standorten nur mit zwei Domänencontrollern statt, den so genannten „Bridgeheadservern". Welcher der Domänencontroller diese Funktion übernimmt, wird normalerweise vom „KCC" (Knowledge Consistency Checker) festgelegt und muss nicht beeinflusst werden.

Manchmal wird aber gewünscht, dass ein ganz bestimmter Domänencontroller als Bridgeheadserver arbeitet, beispielsweise, weil dieser Domänencontroller der stärkste im Standort ist, und die anderen Domänencontroller nicht belastet werden sollen.

Für diesen Fall gibt es die Möglichkeit, bevorzugte Bridgeheadserver zu definieren.

Suchen Sie dafür den entsprechenden Server im Container „Server" am Standort und klicken Sie mit der rechten Maustaste auf diesen Server.

Wählen Sie „Eigenschaften“.

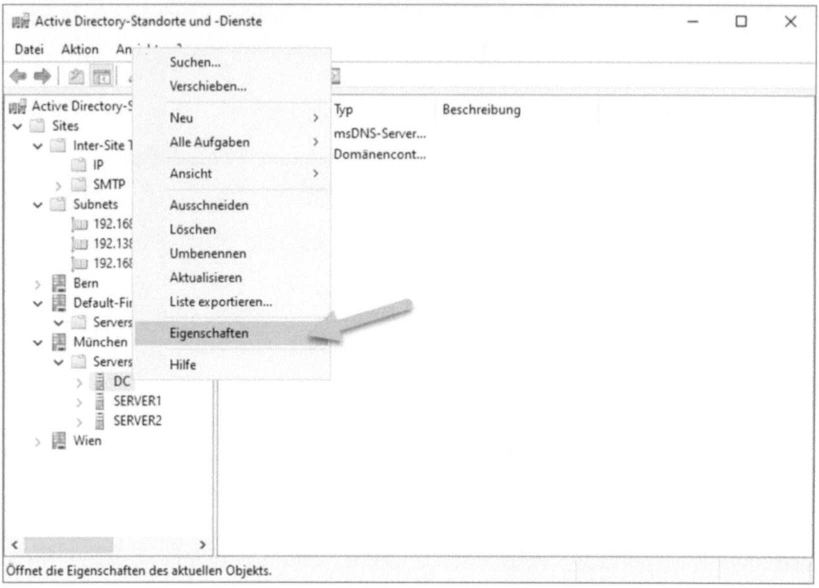


*Abbildung 22.44: Bridgeheadserver*

Die nun erscheinende Konsole ist nicht ganz einfach zu verstehen.

Im mittleren Teil sind zwei Fenster, eines hat die Überschrift „Transporte für die standortübergreifende Datenübermittlung:“, hier finden Sie die beiden Transportprotokolle „IP“ und „SMTP“.

Das zweite Fenster hat die Überschrift „Server ist ein bevorzugter Bridgeheadserver für folgende Transporte:“.

Wenn Sie nun möchten, dass dieser Server ein bevorzugter Bridgeheadserver für die Replikation über IP sein soll, dann fügen Sie „IP“ in das rechte Fenster hinzu.

*Abbildung 22.45: Konsole*

## ACHTUNG!

Wenn Sie einen bevorzugten Bridgeheadserver definieren, müssen Sie wissen, dass keine Replikation stattfindet, wenn dieser Domänencontroller nicht verfügbar ist. Sie müssen entweder dafür sorgen, dass dieser Domänencontroller niemals ausfällt, oder Sie definieren zwei bevorzugte Bridgeheadserver, damit die Verfügbarkeit garantiert ist.

### *Erzwingen der Replikation*

Manchmal ist es nötig, die Replikation zwischen zwei Domänencontrollern zu erzwingen. Dies ist relativ einfach. Sie müssen nur den Server wählen, zu dem die Informationen repliziert werden sollen. Öffnen Sie die Konsole und wählen Sie den Container „NTDS

Settings“.

Nun erscheinen auf der rechten Seite alle Verbindungen, die zu diesem Server existieren.

Um eine Replikation zu erzwingen, klicken Sie mit der rechten Maustaste auf die entsprechende Verbindung, und wählen Sie „Jetzt replizieren“.

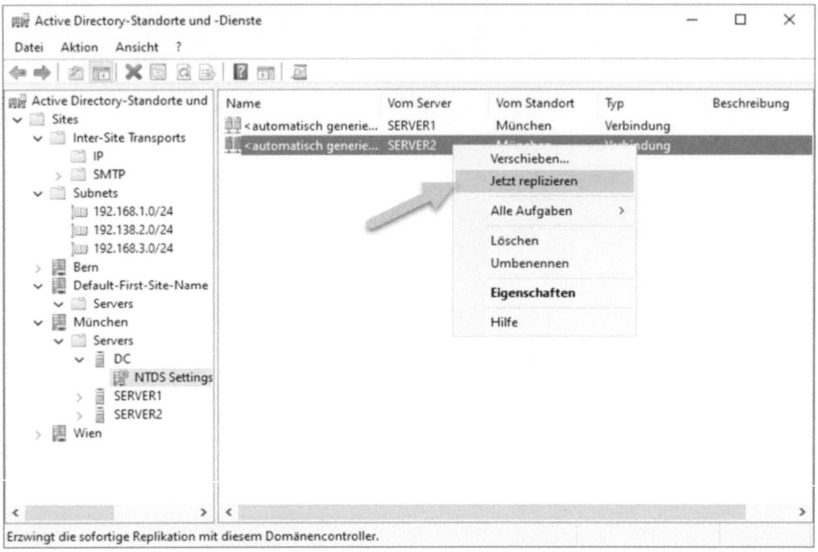


*Abbildung 22.46: Replikation erzwingen*

Die Replikation wird sofort durchgeführt, und Sie erhalten eine Erfolgsmeldung.

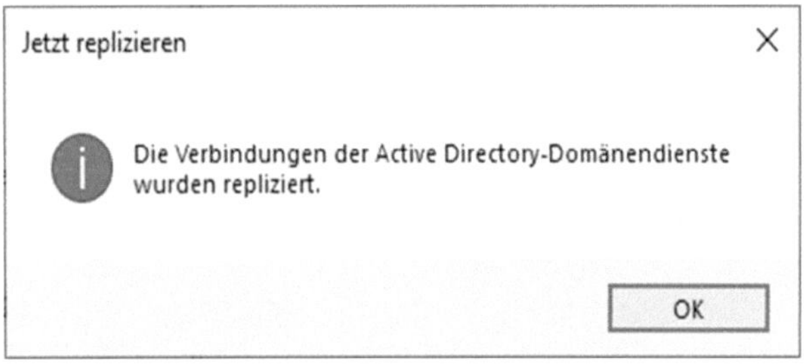


*Abbildung 22.47: Replikation war erfolgreich*

Auch hierfür gibt es ein Befehlszeilentool, mit dem Namen „Repadmin“.

## *Standortverknüpfungsbrücken*

Ein etwas komplexeres Gebilde sind die „Standortverknüpfungsbrücken“.

In einer Active Directory Installation wird immer davon ausgegangen, dass ein vollständig geroutetes Netzwerk vorliegt.

Das bedeutet, dass in der Theorie alle Standorte eine Verbindung zu allen anderen Standorten haben.

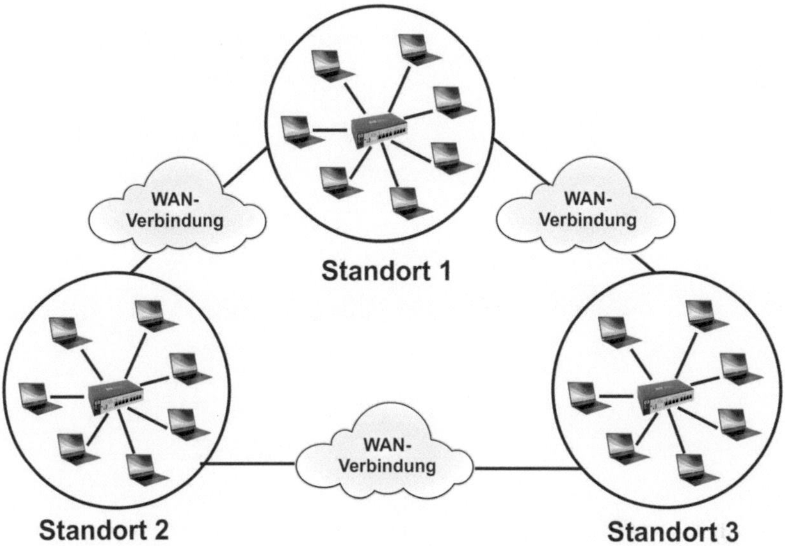


*Abbildung 22.48: Vollständig geroutetes Netzwerk*

Das mag in der Theorie oft der Fall sein, in der Praxis kommt es auch vor, dass ein Standort nicht mit allen anderen Standorten eine physische Verbindung hat.

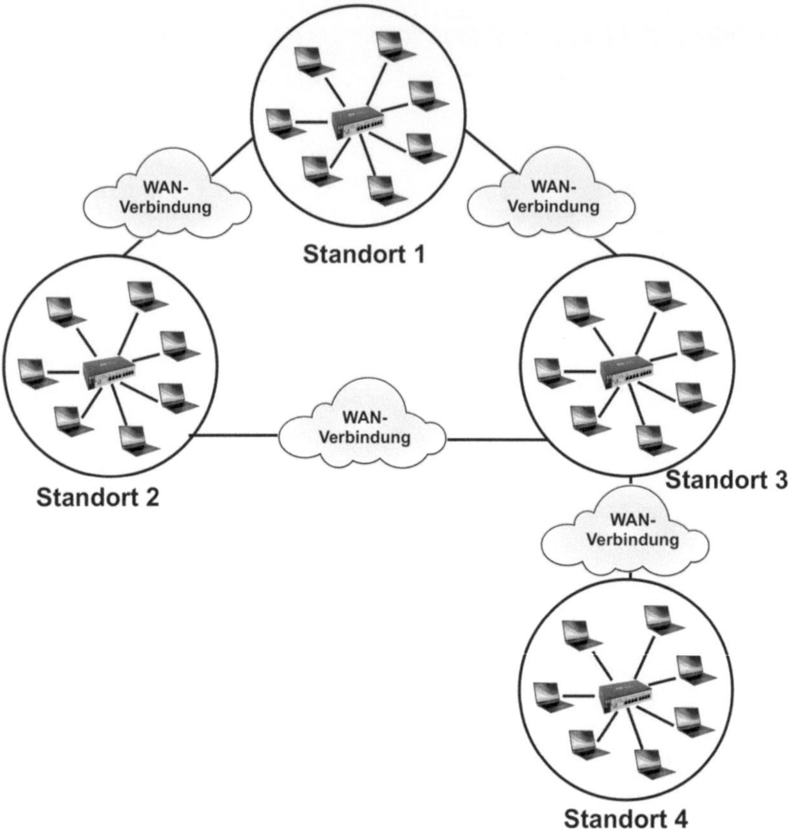


*Abbildung 22.49: Nicht vollständig geroutetes Netzwerk*

In diesem Fall ist es wichtig zu wissen, dass normalerweise eine virtuelle Verbindung zwischen allen Standorten angenommen wird. Diese virtuellen Verbindungen nennt man „Standortverknüpfungsbrücken".

Betrachten wir einmal die Eigenschaften vom Transportprotokoll IP.

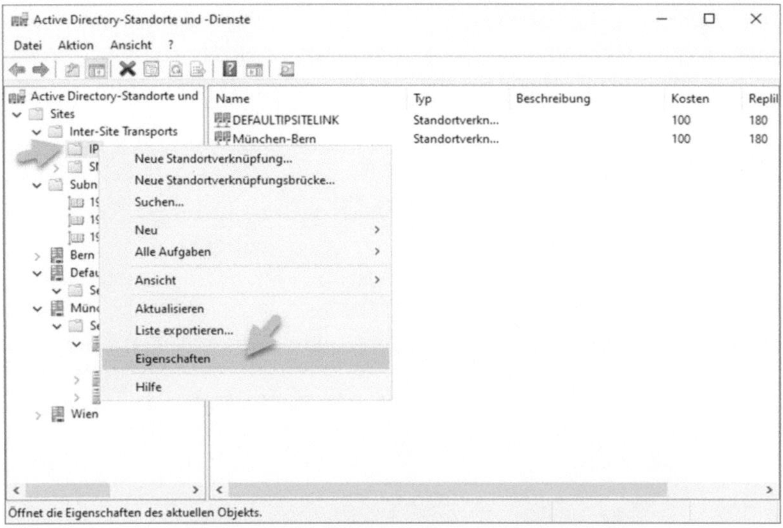


*Abbildung 22.50: Eigenschaften des Protokolls IP*

Wie Sie sehen, ist der Haken bei „Brücke zwischen allen Standortverknüpfungen herstellen" gesetzt.

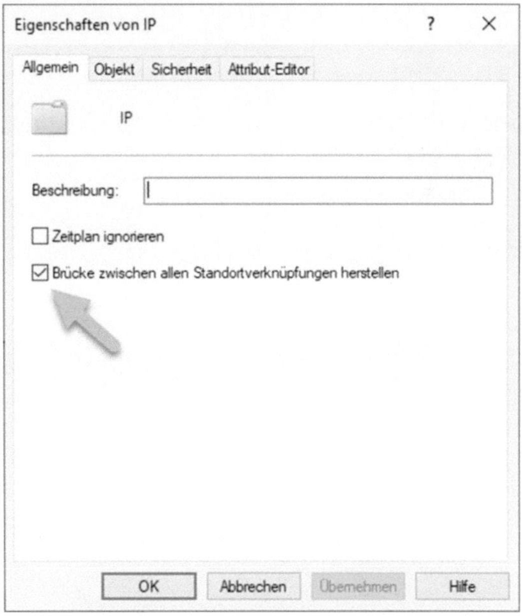


*Abbildung 22.51: Brücken sind gesetzt*

Wenn Sie nun kein vollständig geroutetes Netzwerk haben, müssen Sie natürlich diesen Haken entfernen, und die wirklich vorhandenen Brücken manuell einfügen, indem Sie neue Standortverknüpfungsbrücken erstellen.

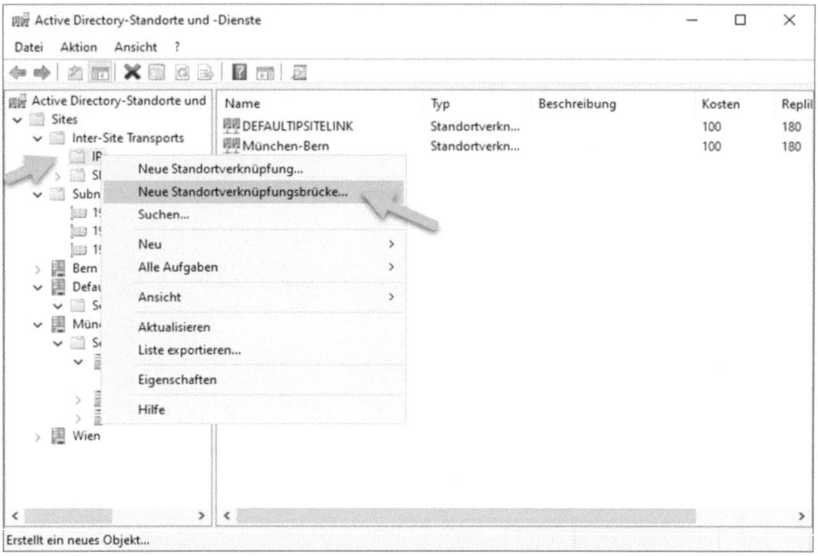


*Abbildung 22.52: Erstellen von Standortverknüpfungsbrücken*

Für eine Standortverknüpfungsbrücke müssen Sie mindestens zwei Standortverknüpfungen auswählen.

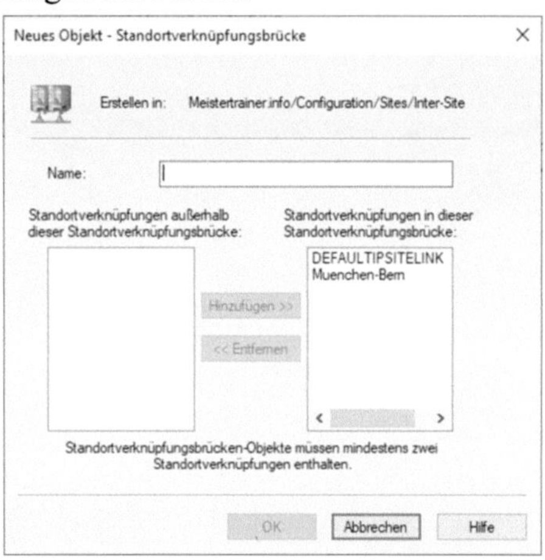


*Abbildung 22.53: Standortverknüpfungsbrücken*

# Übung 22.2.2

Sie haben momentan nur den Standort München in der Gesamtstruktur „Meistertrainer.info.

Ihre Firma wird expandieren, in Zukunft werden Sie auch noch die Standorte „Wien“ und „Bern“ haben.

- Legen Sie diese Standorte an
- München bleibt im IP-Netz 192.168.1.0/24
- Bern wird das IP-Netz 192.168.2.0/24 erhalten
- Wien wird das IP-Netz 192.168.3.0/24 haben
- Verschieben Sie die vorhandenen Domänencontroller an den Standort „München“
- Der Replikationsverkehr findet über IP statt
- Die Replikation zwischen München und Wien soll nur zwischen 21 und 6 Uhr stattfinden, erstellen Sie hierfür eine Standortverknüpfung
- Am Standort „München“ soll der Domänencontroller „DC“ der Bridgeheadserver sein
- Überprüfen Sie im DNS-Server, ob der Anmeldeverkehr nun gezielt nach Standorten verteilt wird
- Setzen Sie alle virtuellen Maschinen auf den Prüfpunkt „Basis“ zurück

# 23 Tag 23: Sicherheit für Daten - Zertifizierungsstellen

Die Zertifikatdienste sind ein wichtiger Teil des Sicherheitskonzepts einer Firma. Windows Server 2022 bietet integrierte Zertifikatdienste, mit denen Sie Zugriffe auf Ressourcen steuern können.

## 23.1 Active Directory Zertifikatdienste

Zertifizierungsstellen sind Server, auf denen die Zertifikatdienste installiert worden sind. Sie können nun als Zertifikatstellen agieren. Windows Server 2022 unterstützt die Zertifikatdienste mit der Rolle „Active Directory Certificate Server" (AD CS).

Aber was sind eigentlich die Einsatzbereiche für Zertifikate?

Dazu sollten wir zunächst einmal das Thema „PKI" (Public Key Infrastructure) betrachten.

Die Grundlage jeder Verschlüsselung und jeder Authentifikation ist immer eine Kombination aus einem öffentlichen und einem privaten Schlüssel.

Diese Schlüssel werden von einer Zertifizierungsstelle erzeugt, die entweder im Unternehmen, oder von einer öffentlich zugänglichen Stelle verwaltet wird.

Bei PKI wird immer mit zwei Schlüsseln gearbeitet, die einen mathematischen Bezug zueinander haben: einem privaten Schlüssel, der in jedem Fall geheim gehalten wird, und einem öffentlichen Schlüssel, der mehreren Personen zur Verfügung stehen kann.

Öffentliche Schlüssel können mehreren Personen zur Verfügung gestellt werden. Nur wenn auf beiden Seiten des Kommunikationskanals ein zusammengehörendes Paar von Schlüsseln benutzt wird, kann die Kommunikation stattfinden und ist auch gesichert.

Die Möglichkeit, öffentliche Schlüssel über das Intranet oder das Internet einer beliebigen Anzahl von Personen zur Verfügung zu stellen, macht zwei Modelle der Verschlüsselung möglich:

- Verschlüsselung mit öffentlichen Schlüsseln
- Verschlüsselung mit privaten Schlüsseln

Obwohl die gleiche Art der Verschlüsselung benutzt wird, haben diese zwei Methoden vollkommen verschiedene Auswirkungen.

### 23.1.1 Sichere Authentifizierung des Absenders

Wenn Sie eine E-Mail von einem Geschäftspartner erhalten, möchten Sie sicher sein, dass diese E-Mail die Reise durch das Internet ohne Manipulation überstanden hat. Ist diese E-Mail auch wirklich von Ihrem Geschäftspartner, oder hat jemand anderes die Nachricht unter falschem Namen geschickt?

Der Absender der E-Mail sollte also dafür sorgen, dass er zweifelsfrei als Absender feststeht.

Dieses Problem lässt sich durch ein Paar von öffentlichem / privatem Schlüssel lösen.

Der Absender hat dem Empfänger seinen öffentlichen Schlüssel zukommen lassen. Nun signiert er seine Nachricht mit seinem privaten Schlüssel, den nur er kennt und verschickt die Nachricht.

Der Empfänger bekommt die Herkunft der Nachricht nur dann bestätigt, wenn er das Gegenstück zu dem privaten Schlüssel hat, mit dem die Nachricht verschlüsselt worden ist. Er hat den öffentlichen Schlüssel, und damit sind die Herkunft und die Integrität der Nachricht bewiesen.

Die Verschlüsselung mit dem privaten Schlüssel wird „*Digitale Signatur*“ genannt. Eine digitale Signatur stellt zwei Dinge sicher:

- Nur der Besitzer des privaten Schlüssels kann die Signatur erstellt haben
- Nur diejenigen, die den öffentlichen Schlüssel besitzen, können die Signatur überprüfen

Digitale Signaturen verwenden den sogenannten Hashalgorithmus. Wenn die Nachricht während der Übertragung manipuliert wurde, wird automatisch ein völlig neuer Hashalgorithmus erstellt, und somit die digitale Signatur zerstört. Der Empfänger weiß, dass die Nachricht nicht korrekt übermittelt wurde.

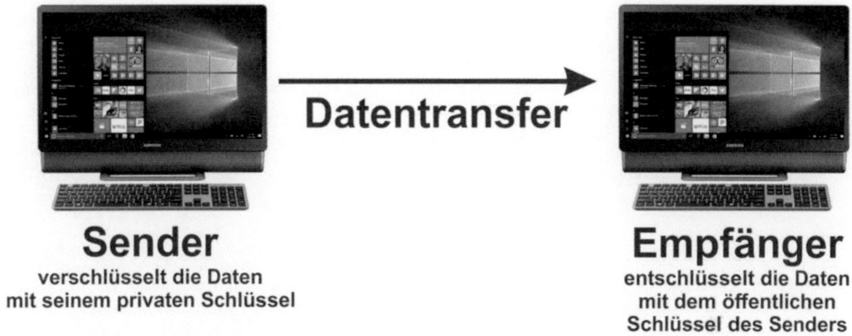


*Abbildung 23.1: Authentifizieren des Absenders*

### 23.1.2 Sichere Authentifizierung des Empfängers

Ein anderes Problem stellt sich, wenn Sie im Internet beispielsweise Kreditkartendaten übertragen müssen. Hier möchten Sie sichergehen, dass

- Nur der rechtmäßige Empfänger die Daten empfängt
- Wenn die Daten im Internet abgefangen werden, sollten sie nicht lesbar sein

Auch dieses Szenario lässt sich mit einem Paar von öffentlichem / privatem Schlüssel lösen, nur die Verteilung ist diesmal umgekehrt.

Sie, der Sender, fordern einen öffentlichen Schlüssel vom potenziellen Empfänger an.

Ihre Nachrichten werden mit diesem öffentlichen Schlüssel verschlüsselt, und codiert über das Internet geschickt.

Der Empfänger kann die Daten nur entschlüsseln, wenn er im Besitz des privaten Schlüssels ist.

Wenn Daten mit einem öffentlichen Schlüssel verschlüsselt werden, sind sie nicht nur signiert, sondern wirklich verschlüsselt. Da der öffentliche und der private Schlüssel in einem mathematischen Verhältnis zueinander stehen, kann nur der Besitzer des privaten Schlüssels die Daten wieder leserlich machen. Somit sind Ihre Daten auf dem Weg durch das Netz sicher.

Für den Sender ist die Verschlüsselung meist nicht erkennbar.

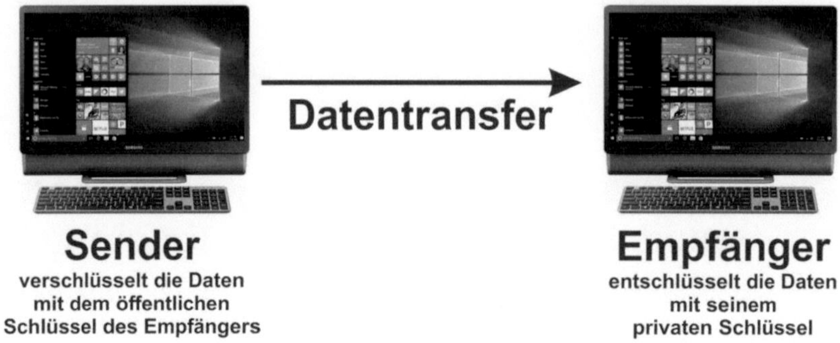


*Abbildung 23.2: Authentifizieren des Empfängers*

Dies sind die Prinzipien der PKI. Alle Authentifizierungsmöglichkeiten basieren auf diesen einfachen Zusammenhängen.

Weitere Anwendungsbeispiele sind das Verschlüsseln mit EFS, oder auch die Authentifizierung im Wireless LAN. Auch die Anmeldung mit einer Smartcard setzt Zertifikate voraus.

### 23.1.3 Allgemeines

In den meisten Fällen wird eine sogenannte Zertifikathierarchie aufgebaut. Dies bedeutet, dass nicht nur eine Zertifizierungsstelle vorhanden ist, sondern mehrere Zertifizierungsstellen in Abhängigkeit voneinander arbeiten.

Es gibt mehrere Möglichkeiten, eine Zertifikathierarchie aufzubauen. Dabei kommt es darauf an, ob Sie die Zertifikate nur für den internen Gebrauch benutzen möchten, oder ob Sie Zertifikate auch an Kunden herausgeben möchten.

Wenn Sie die Zertifikate nur für den internen Gebrauch benötigen, ist es ausreichend, eine eigene Zertifizierungsstelle zu installieren, die keinerlei Verbindung zu öffentlich anerkannten Zertifizierungsstellen hat.

Diese kann auch untergeordnete Zertifizierungsstellen haben.

Dies ist natürlich der einfachste und auch der günstigste Weg.

Sollten Sie aber die Zertifikate auch an externe Stellen herausgeben wollen, zum Beispiel an Kunden, so ist eine interne Zertifizierungsstelle nicht die optimale Lösung. Niemand kennt diese Zertifizierungsstelle, und aus diesem Grund wird sie eventuell nicht als vertrauenswürdig akzeptiert.

In diesem Fall ist es nötig, sich an eine öffentliche Zertifizierungsstelle anzuschließen, und im eigenen Unternehmen eine untergeordnete Zertifizierungsstelle zu installieren, die einer anerkannten öffentlichen Zertifizierungsstelle unterstellt ist.

Beide Lösungen haben Vor- bzw. Nachteile.

So ist bei einer Anbindung an eine öffentliche Zertifizierungsstelle natürlich der Kostenfaktor relativ hoch, da die öffentliche Zertifizierungsstelle häufig nach Anzahl der benötigten Zertifikate abrechnet. Außerdem ist eine ständige Verbindung zum Internet nötig.

Interne Zertifizierungsstellen sind zwar deutlich günstiger, haben aber natürlich keinen so hohen Vertrauenswert.

## 23.2 Zertifizierungsstellen in Windows Server 2022

Windows Server 2022 unterstützt zwei Arten von Zertifizierungsstellen:

- Eigenständige Zertifizierungsstellen

  Active Directory wird nicht zwingend vorausgesetzt.

Diese Art der Zertifizierungsstelle ist einfacher einzurichten, und hat den großen Vorteil, dass Sie die CA nach der Installation (und der entsprechenden Konfiguration) auch offline nehmen können, was die Sicherheit erhöht.

- Unternehmenszertifizierungsstellen

  Active Directory wird zwingend vorausgesetzt, da die Verwaltung im Active Directory stattfindet.

Diese CA ist komplexer einzurichten, und kann auch nicht offline genommen werden, da sie immer mit dem Active Directory interagiert.

Dafür hat sie Konfigurationsmöglichkeiten, die Ihnen die alltägliche Arbeit erleichtern können, da sie mit der Abfrage des Active Directory arbeitet.

Generell wird bei Zertifizierungsstellen immer mit einer Hierarchie gearbeitet. Es gibt immer eine Stammzertifizierungsstelle und mindestens eine untergeordnete Zertifizierungsstelle.

Die Stammzertifizierungsstelle legitimiert nur die untergeordneten Zertifizierungsstellen, und hat somit lediglich sichernde Funktion.

**ACHTUNG!**

Wenn Sie selber im Unternehmen Zertifizierungsstellen verwalten, sollten Sie überlegen, die Stammzertifizierungsstelle abzuschalten, nachdem die untergeordneten Zertifizierungsstellen legitimiert sind. Dadurch ist es nicht möglich, dass sich Eindringlinge eine eigene, ungenehmigte untergeordnete Zertifizierungsstelle erstellen können.

### 23.2.1 Installation einer Stammzertifizierungsstelle

Die Zertifikatdienste müssen unter Windows Server 2022 nachinstalliert werden. In der Standardinstallation sind sie nicht enthalten.

Auch die Zertifikatdienste sind eine zu installierende Rolle, die Sie im „Server-Manager" einrichten können.

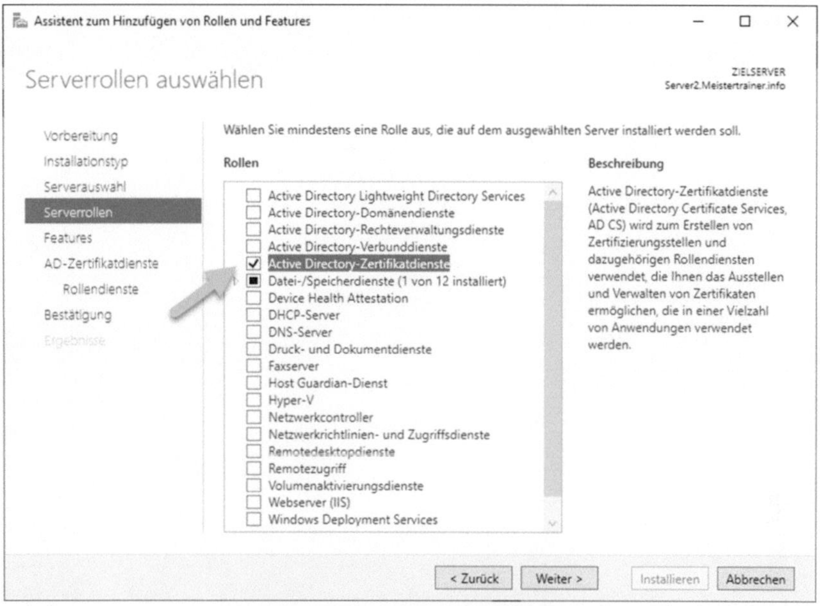


*Abbildung 23.3: Server-Manager*

Hier wählen Sie „Active Directory Zertifikatdienste“.

Nun erhalten Sie eine Auswahl an Rollendiensten, die zu den Zertifikatdiensten gehören.

## Zertifizierungsstelle

Dies ist das Kernstück der Installation, der Dienst, der die Zertifikate ausstellt. Diese Komponente wählen wir natürlich aus.

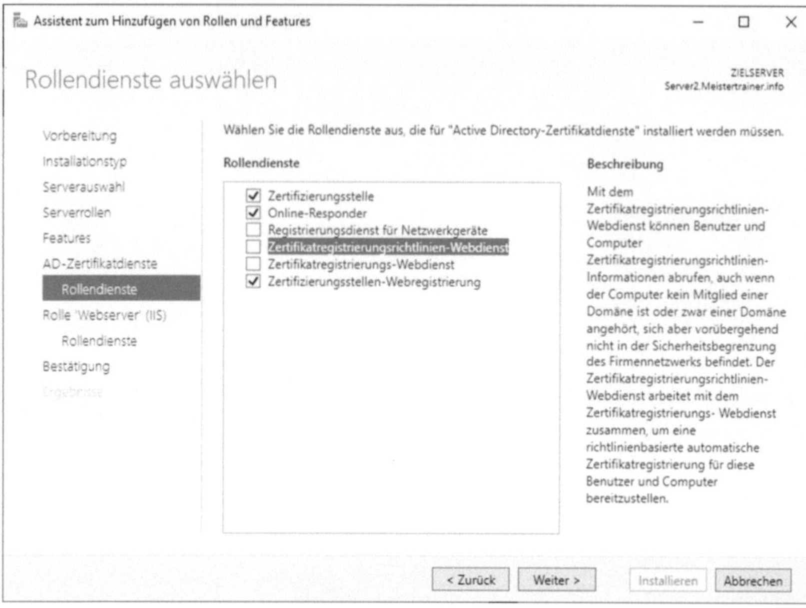


*Abbildung 23.4: Auswahl*

### Online Responder

Im Englischen heißt dieses Protokoll „Online Certificate Status Protocol" (OCSP). Es ist eine Möglichkeit, die Zertifikatsperrungen in Echtzeit bereitzustellen, und sollte mit installiert werden.

### Registrierungsdienst für Netzwerkgeräte (MSCEP)

Mit diesem Dienst können Netzwerkkomponenten Zertifikate anfordern. Dies ist besonders für Router praktisch.

### Zertifikatregistrierungsrichtlinien-Webdienst

Mit diesem Dienst können Benutzer und Computer Informationen zu Zertifikatregistrierungsrichtlinien abrufen, auch wenn der Computer keiner Domäne angehört.

### Zertifikatregistrierungs-Webdienst

Mit diesem Dienst können Benutzer und Computer Zertifikate anfordern und erneuern, auch wenn der Computer keiner Domäne angehört.

**Zertifizierungsstellen-Webregistrierung**

Wenn Sie diesen Dienst auswählen, können später Zertifikate auch über ein Webinterface abgerufen werden. Dies ist besonders wichtig, wenn Sie nicht-Microsoft Clients im Netzwerk haben.

Wenn Sie diese Komponente wählen, wird der IIS installiert und konfiguriert. Auch diese Auswahl bestätigen Sie.

In unserem Beispiel installieren wir diese Komponente mit.

Es ist nicht nötig, dass die Zertifizierungsstellen-Webregistrierung auf dem Zertifikatserver installiert wird, sie können diese Funktion auch auf jedem anderen beliebigen Server in der Domäne installieren. Das ist aus Sicherheitsgründen sogar zu empfehlen!

Nach dieser Auswahl wird die Rolle installiert.

Zum Konfigurieren der Rolle klicken Sie im Server-Manager auf „Active Directory-Zertifikatdienste auf dem Zielserver konfigurieren“.

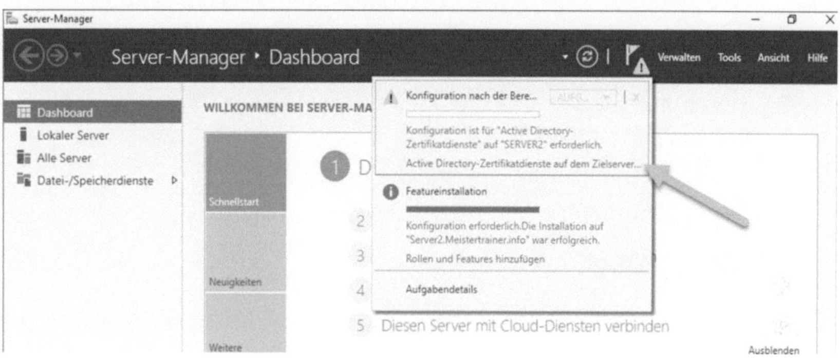


*Abbildung 23.5: Konfiguration starten*

Zunächst startet ein Assistent, der die Anmeldeinformationen abfragt.

*Abbildung 23.6: Assistent*

Zur Konfiguration benötigen Sie natürlich domänenadministrative Rechte.

Im nächsten Schritt können Sie wählen, welchen Rollendienst Sie konfigurieren möchten.

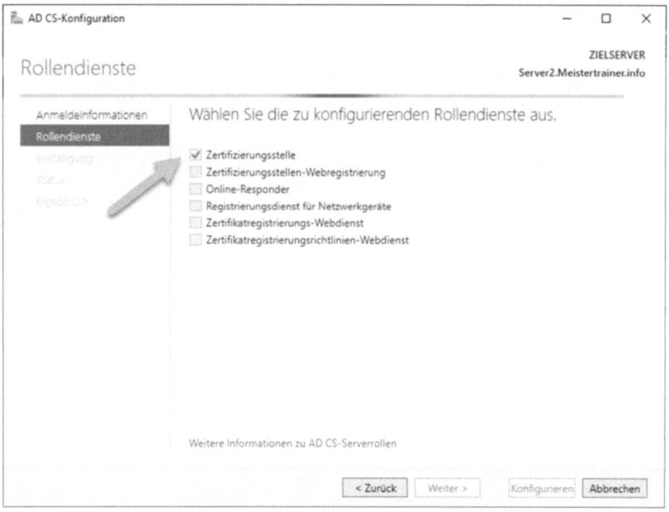


*Abbildung 23.7: Rollendienst*

Auf jeden Fall muss der Rollendienst „Zertifizierungsstelle“ konfiguriert werden.

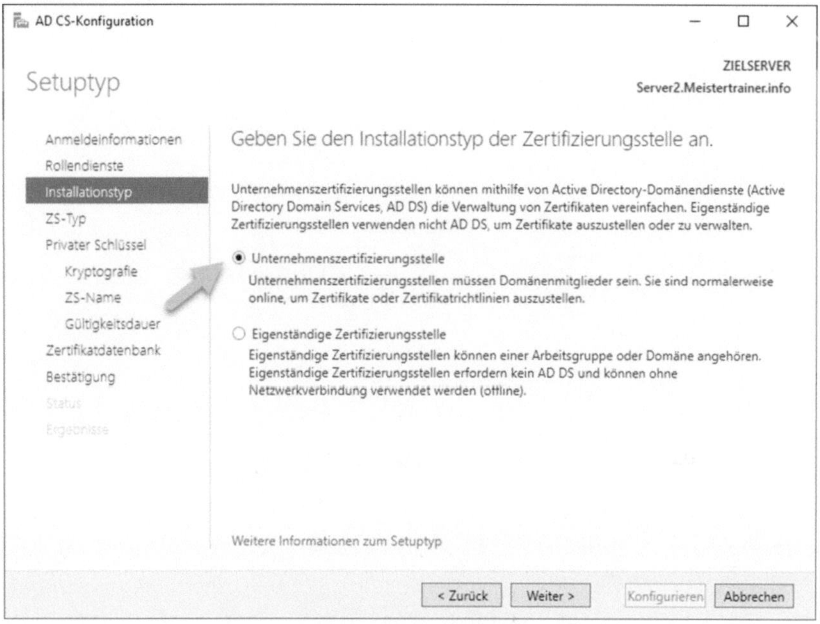


*Abbildung 23.8: Setuptyp*

Nun müssen Sie auswählen, welche Art von Zertifizierungsstelle Sie installieren möchten.

Sie können wählen zwischen

**Unternehmen**

Dies ist eine Installation mit Active Directory Integration.

**Eigenständig**

Bei dieser Installation wird die Datenbank Active Directory nicht benutzt. Der Server, auf dem die CA installiert wird, kann aber sehr wohl ein Mitglied der Domäne sein.

Wir wählen an dieser Stelle „Unternehmen“.

Nun entscheiden Sie sich, ob wir eine Stammzertifizierungsstelle oder eine untergeordnete Zertifizierungsstelle möchten.

*Abbildung 23.9: Stamm- oder untergeordnete Zertifizierungsstelle*

Die Auswahl ist einfach. Wir haben noch keine CA, also müssen wir eine Stammzertifizierungsstelle installieren.

Im nächsten Schritt wählen wir den privaten Schlüssel der Zertifizierungsstelle aus.

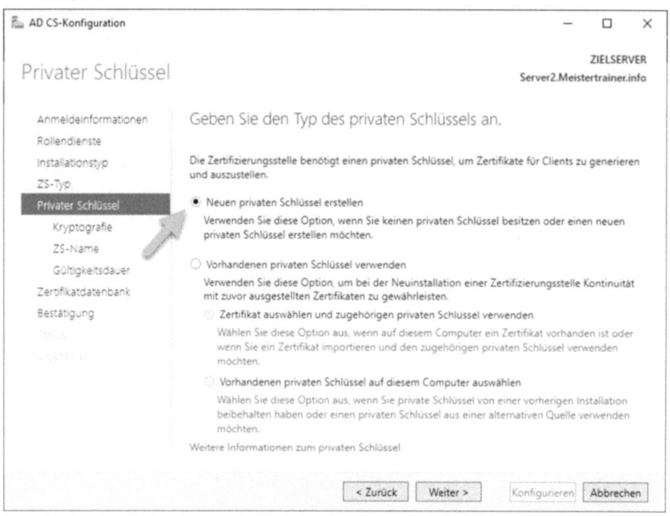


*Abbildung 23.10: Schlüssel*

Wenn eine CA zum ersten Mal installiert wird, ist natürlich kein Schlüssel vorhanden, deswegen ist in unserem Fall die Auswahl „Neuen privaten Schlüssel erstellen“ richtig.

Anders kann es aber aussehen, wenn eine CA bereits vorhanden (und gesichert!) war, und neu installiert werden muss, beispielsweise durch einen Virenbefall.

In diesem Fall benutzt man natürlich den bereits vorhandenen Schlüssel.

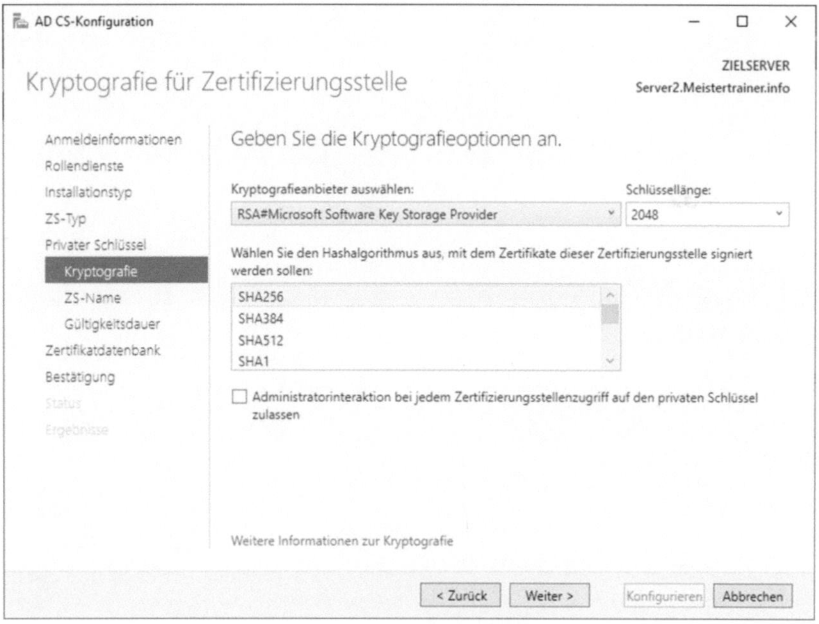


*Abbildung 23.11: Kryptografie*

Der nächste Schritt ist die Festlegung der Kryptografie.

Hier können Sie einen Kryptografieanbieter (CSP) auswählen und die Schlüssellänge festlegen. Auch den Hashalgorithmus können Sie auswählen.

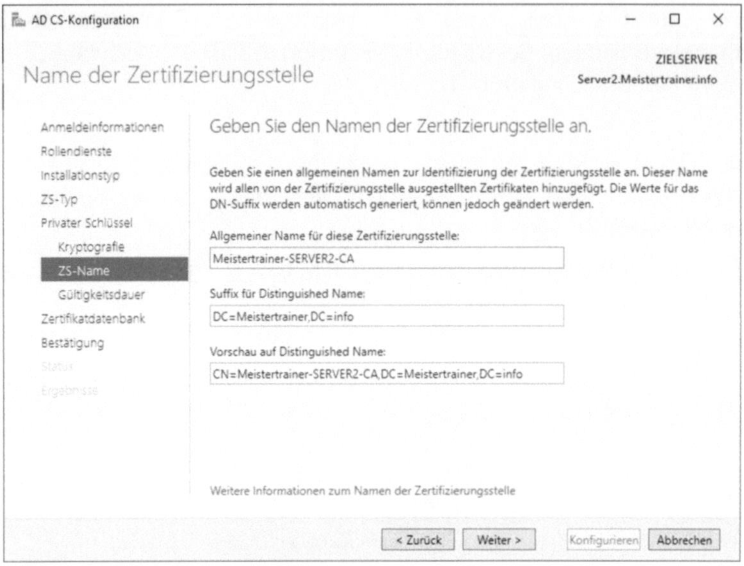


*Abbildung 23.12: Name der CA*

Nun legen Sie den Namen der CA fest. Hier können Sie einfach auf „Weiter“ klicken.

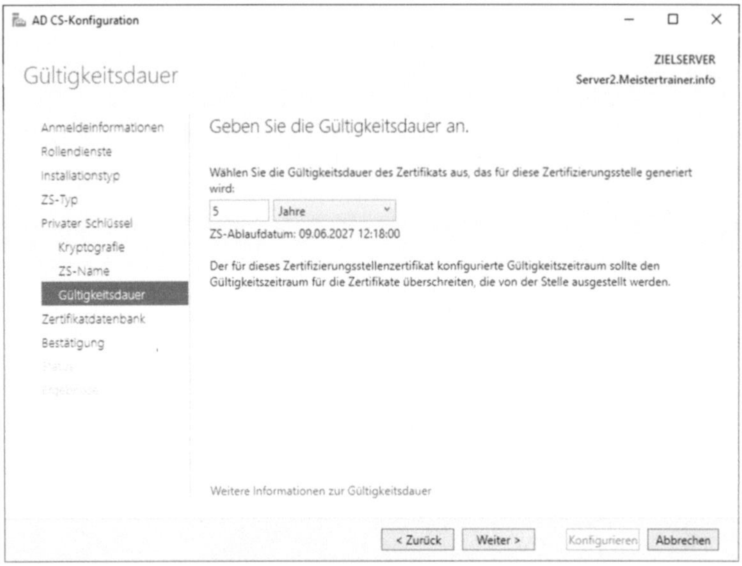


*Abbildung 23.13: Gültigkeitsdauer*

Auch die Gültigkeitsdauer des Schlüssels können Sie festlegen, wobei 5 Jahre ein guter Wert ist.

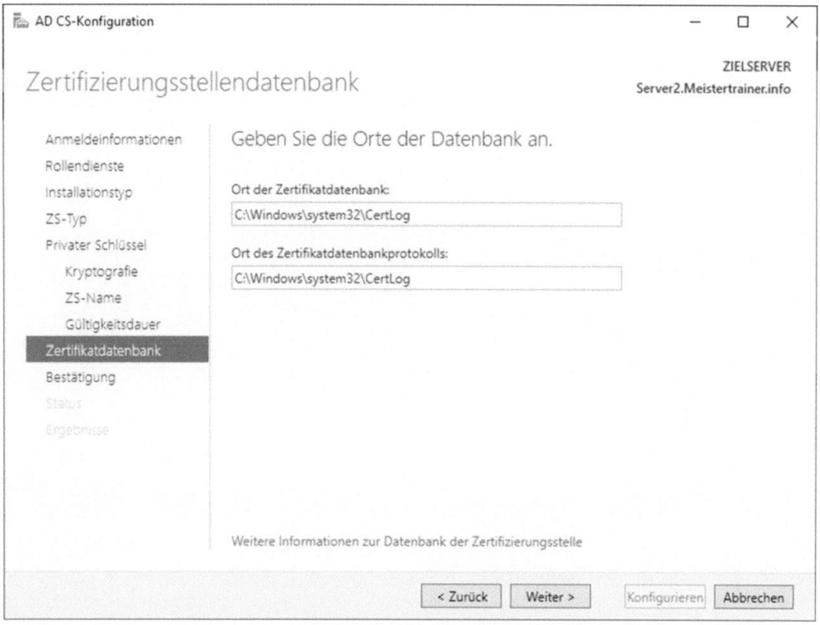


*Abbildung 23.14: Speicherort*

Nun legen Sie den Speicherort der Zertifikatdatenbank fest. Vorgeschlagen wird ein Pfad auf dem Systemlaufwerk.

Dies ist für den realen Einsatz keine gute Wahl. Sie sollten eine andere Partition für die Zertifikatdatenbank benutzen, um die Systempartition nicht zusätzlich zu belasten. Außerdem ist eine Sicherungsstrategie einfacher, wenn Sie eine eigene Partition benutzen.

Wenn Sie die Zertifizierungsstellen-Webregistrierung mit gewählt haben, wird nun der IIS konfiguriert.

Es wird noch eine Zusammenfassung angezeigt.

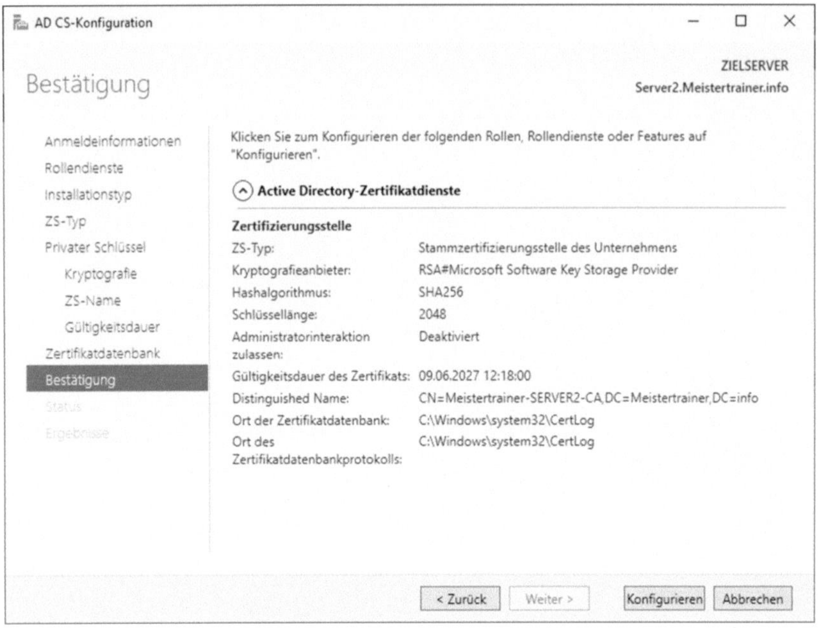


*Abbildung 23.15: Installation beginnt*

Nach der letzten Zusammenfassung beginnt die Installation.

## ACHTUNG!

Hier wird Ihnen mitgeteilt, dass der Server nun nicht mehr umbenannt werden kann. Dies ist wichtig, denn der Name ist für eine Zertifizierungsstelle von größter Bedeutung. Sollten Sie eine Namensänderung planen, brechen Sie die Installation ab, und nehmen Sie sie erst vor, wenn Sie alle Änderungen, auch an der Domänenzugehörigkeit, abgeschlossen haben!

Nach der Installation finden Sie in der Verwaltungskonsole ein neues Snap-In, mit dem Sie die neue Zertifizierungsstelle verwalten können.

*Abbildung 23.16: Verwaltungskonsole*

## 23.2.2 Installieren anderer Arten von Zertifizierungsstellen

Die Installation der anderen Arten der Zertifizierungsstellen verläuft analog. Lediglich bei den untergeordneten Zertifizierungsstellen müssen Sie die Stammzertifizierungsstelle angeben.

# ACHTUNG!

Sie sollten eine Weile warten, bis Sie eine untergeordnete Zertifizierungsstelle installieren. Wenn Sie sofort nach der Installation der Stammzertifizierungsstelle beginnen, eine untergeordnete Zertifizierungsstelle zu installieren, kann es zu Fehlermeldungen kommen, da die Stammzertifizierungsstelle noch nicht überall eingetragen ist. Warten Sie auf jeden Fall eine Weile, damit die Replikation stattfinden kann.

# Übung 23.2

- Erstellen Sie auf der virtuellen Maschine „Server2“ eine Unternehmens-Stammzertifizierungsstelle mit den Standardeinstellungen

# 23.3 Anfordern von Zertifikaten

Wenn nun eine Zertifizierungsstelle installiert ist, können Sie beginnen, Zertifikate für die verschiedenen Anwendungsmöglichkeiten anzufordern.

Dafür gibt es zwei Möglichkeiten

- Anforderung mit dem Zertifikat-Assistenten
- Webbasierte Anforderung

## 23.3.1 Zertifikat-Assistent

Wenn Sie ein Zertifikat mit dem Assistenten anfordern, benötigen Sie natürlich auf der anfordernden Maschine eine MMC, in der das Snap-In „Zertifikate“ installiert ist.

### *Überprüfung des Stammzertifikats*

Zunächst einmal ist es aber wichtig, zu überprüfen, ob die installierte Zertifizierungsstelle auch unter den „vertrauenswürdigen Stammzertifizierungsstellen“ aufgelistet ist.

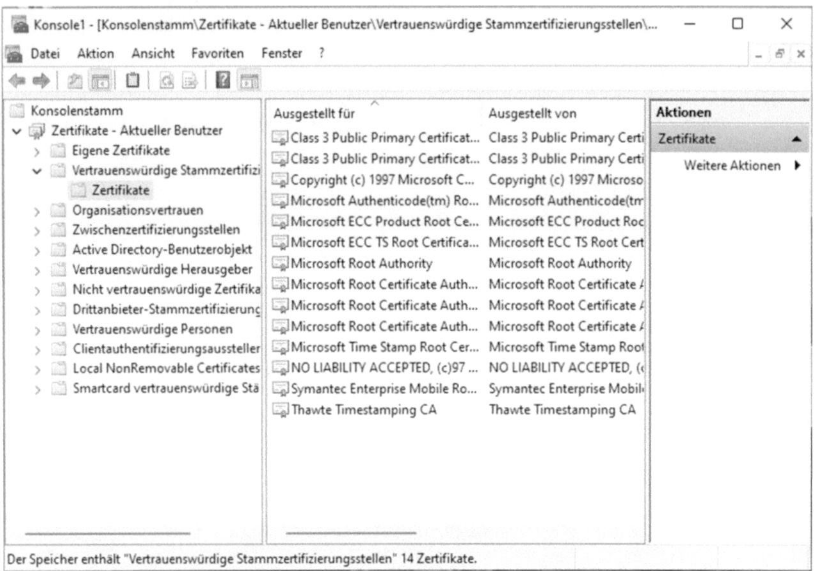


*Abbildung 23.17: Vertrauenswürdige Stammzertifizierungsstellen*

Sollte dies nicht der Fall sein, ist es nicht möglich, Zertifikate auszustellen.

Es gibt mehrere Möglichkeiten, die entsprechende Stammzertifizierungsstelle hier hinzuzufügen. Ein Weg ist, das Zertifikat von der CA zu exportieren, um es am gewünschten Ort wieder zu importieren.

Dazu bearbeiten Sie auf der Zertifizierungsstelle in der Konsole die Eigenschaften der CA.

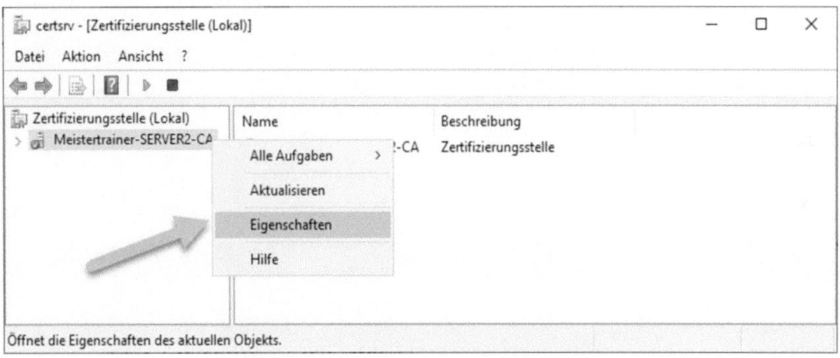


*Abbildung 23.18: Eigenschaften der CA*

Auf der Karteikarte „Allgemein“ sehen Sie das Stammzertifikat.

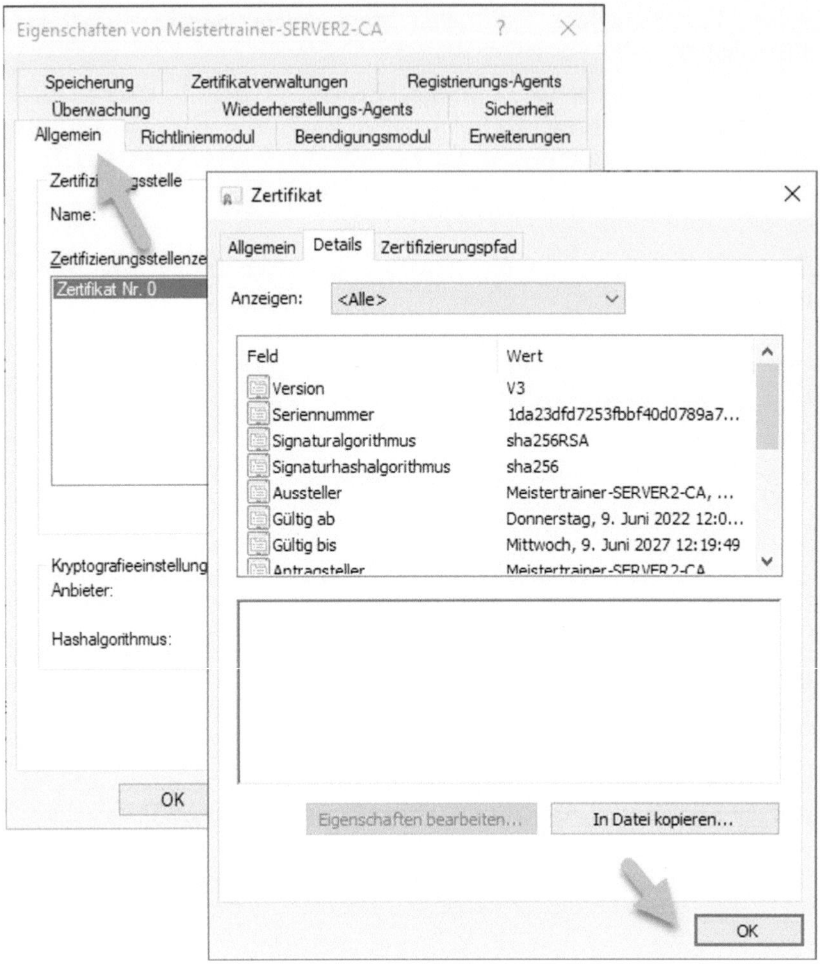


*Abbildung 23.19: Stammzertifikat*

Lassen Sie dieses anzeigen und wechseln Sie auf die Karteikarte „Details“. Hier können Sie wählen „In Datei kopieren“.

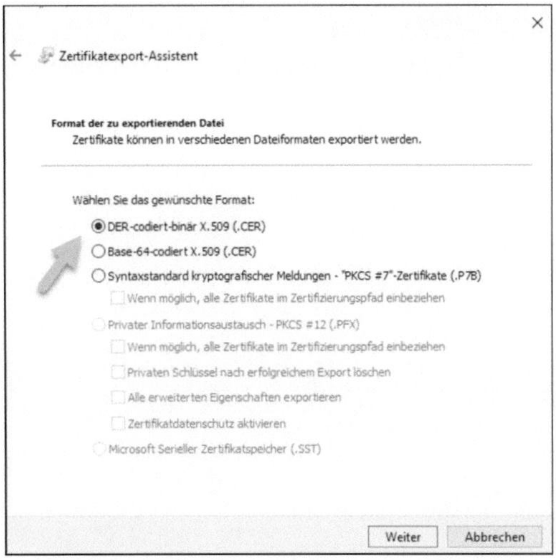


*Abbildung 23.20: Export des Stammzertifikats*

Exportieren Sie das Stammzertifikat als .CER-Datei.

Kopieren Sie diese Datei auf den gewünschten Rechner. Hier können Sie es in der Konsole „Zertifikate“ importieren.

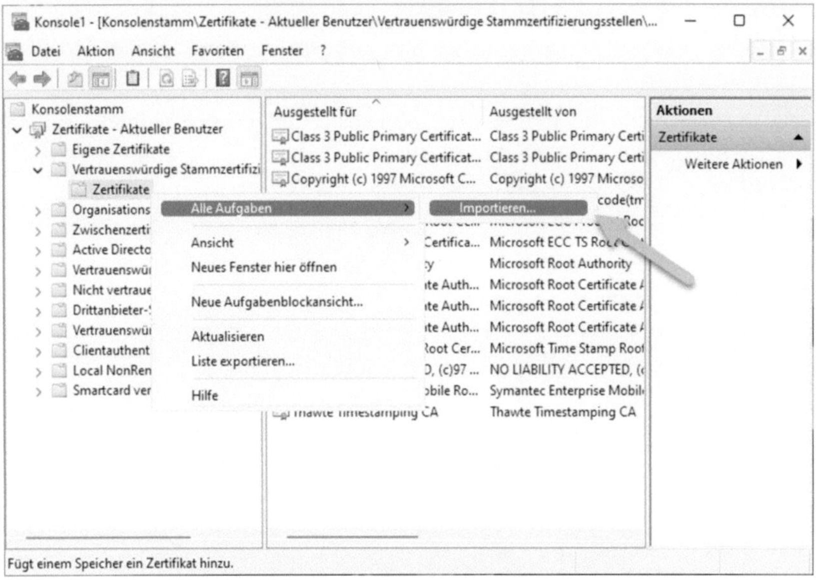


*Abbildung 23.21: Import des Stammzertifikats*

Folgen Sie dem Assistenten.

Nun sollte das Stammzertifikat vorhanden sein und Sie können Zertifikate anfordern.

# Übung 23.3.1a

- Sie haben vor, vom Client „W11“ aus ein Zertifikat anzufordern
- Überprüfen Sie, ob die Stammzertifizierungsstelle „Server2“ bekannt ist
- Falls nicht, importieren Sie das benötigte Zertifikat

## Anfordern von Zertifikaten

Nach der Überprüfung können Sie nun mithilfe der Konsole ein Zertifikat anfordern.

Klicken Sie dazu mit der rechten Maustaste auf den Container „Eigene Zertifikate“ und wählen Sie „Alle Aufgaben“ – „Neues Zertifikat anfordern“.

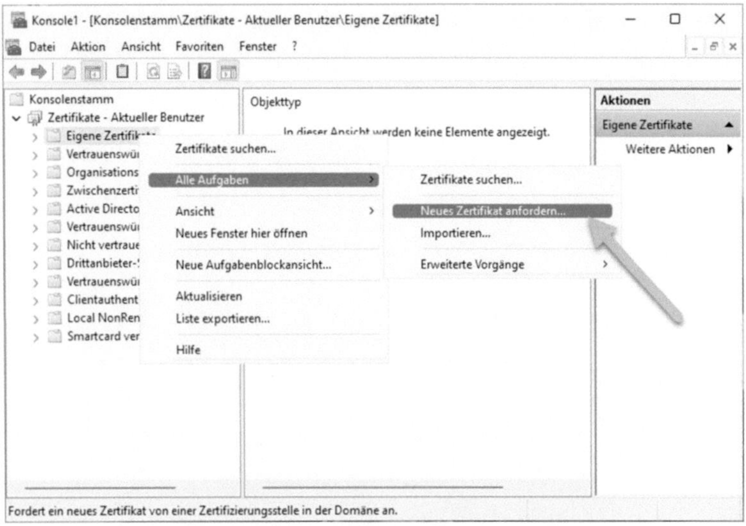


*Abbildung 23.22: Anfordern eines Zertifikats*

Ein Assistent startet.

Im ersten Schritt werden Sie gefragt, welche Zertifikatregistrierungsrichtlinie Sie auswählen wollen.

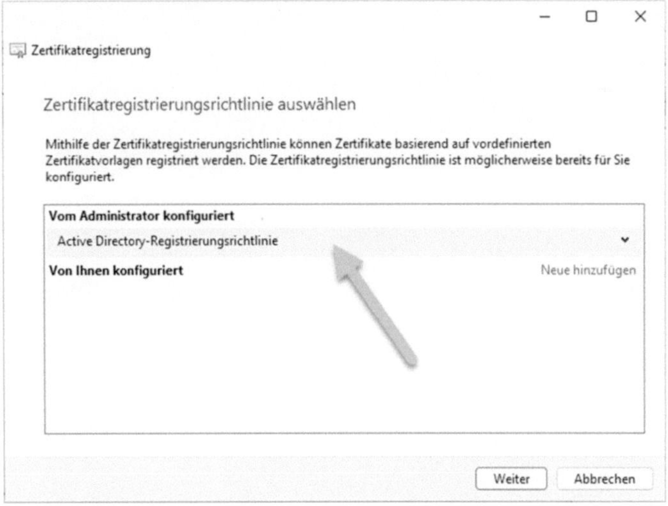


*Abbildung 23.23: Auswahl Zertifikatregistrierungsrichtlinie*

Es existiert nur eine, und das ist die aus dem Active Directory.

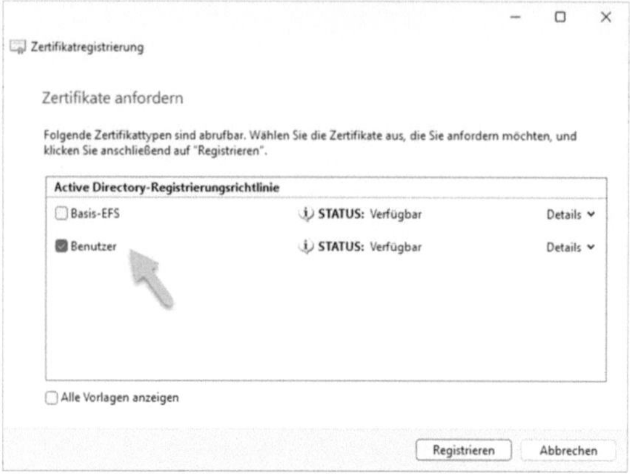


*Abbildung 23.24: Assistent*

Danach sehen Sie alle Zertifikate, die Ihnen anhand dieser Registrierungsrichtline zur Verfügung gestellt werden.

Sie wählen einfach nur aus, welche Art von Zertifikat Sie anfordern möchten.

Das Zertifikat wird angefordert und gleich installiert.

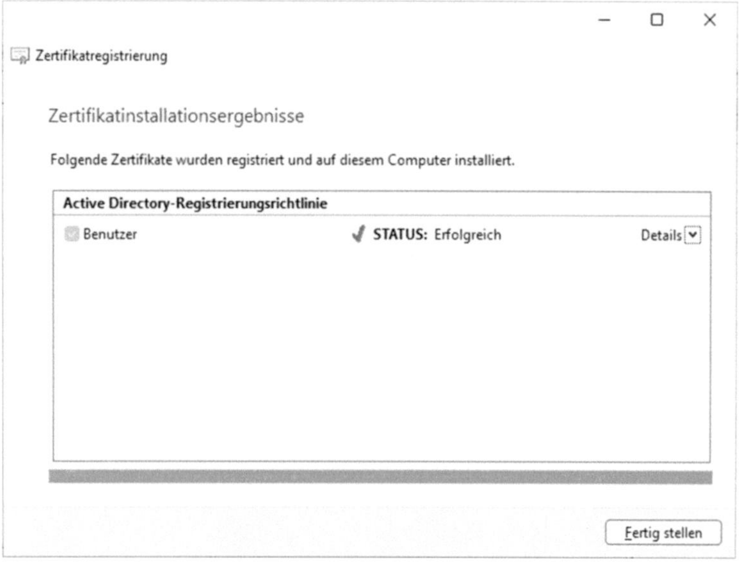


*Abbildung 23.25: Zertifikat ist installiert*

## ACHTUNG!

Dies ist nur möglich, da es sich um eine Unternehmens-CA handelt. Sie kann die Anfrage gleich anhand der Konten im Active Directory bearbeiten.

Wenn Sie eine eigenständige CA haben, müssen die Administratoren der CA Anfragen manuell abarbeiten!

Sie können auch in der MMC sehen, dass Sie nun ein Zertifikat haben.

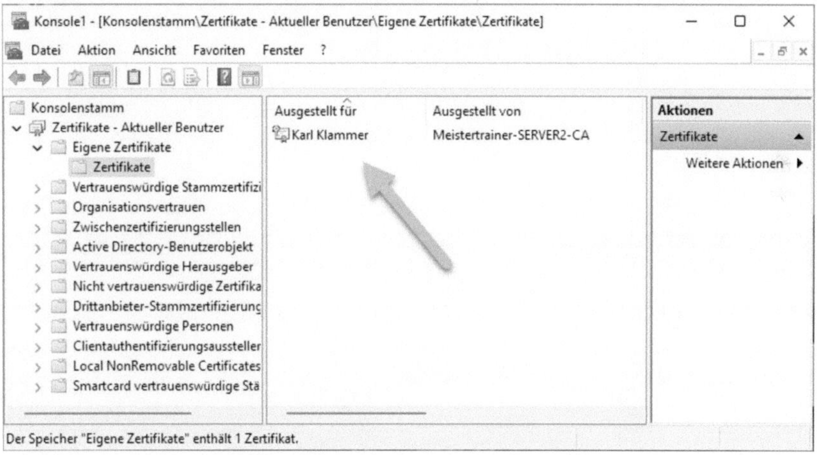


*Abbildung 23.26: Zertifikat ist installiert*

Auch in der Verwaltungskonsole der CA ist das neue Zertifikat erkennbar.

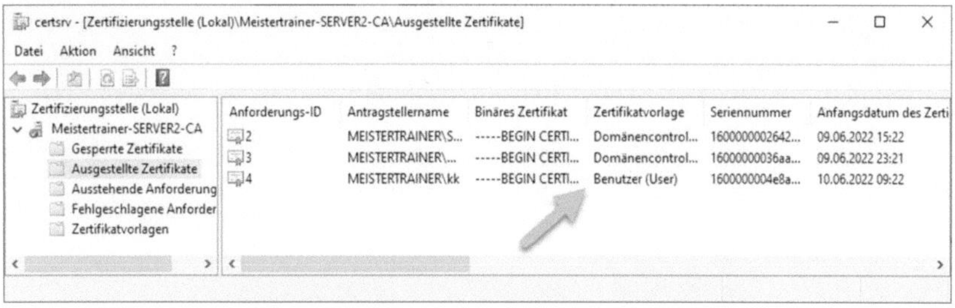


*Abbildung 23.27: Verwaltungskonsole der CA*

# Übung 23.3.1b

- Fordern Sie vom Client „W11“ aus für den Benutzer „Karl Klammer“ ein Benutzerzertifikat an und installieren Sie es sofort

## 23.3.2 Zertifikat-Website

Die Anforderung eines Zertifikats mit dem Assistenten ist zwar schon recht komfortabel, aber eine Webanwendung ist in jedem Fall angenehmer.

Außerdem ist es möglich, dass auch ein Nicht-Microsoft Client ein Zertifikat anfordern muss, und das geht natürlich nicht über eine MMC, die ja nur auf Microsoft-Clients zur Verfügung steht.

Die Möglichkeit der Zertifikatanforderung über den Browser existiert, wenn bei der Installation der CA die Komponente „Zertifizierungsstellen-Webregistrierung“ ausgewählt wurde.

### Konfigurieren der Zertifizierungsstellen-Webregistrierung

Diese Komponente haben wir bei der Installation zwar ausgewählt, aber noch nicht konfiguriert.

Das holen wir nun nach, indem wir erneut auf das Ausrufezeichen im Server-Manager klicken.

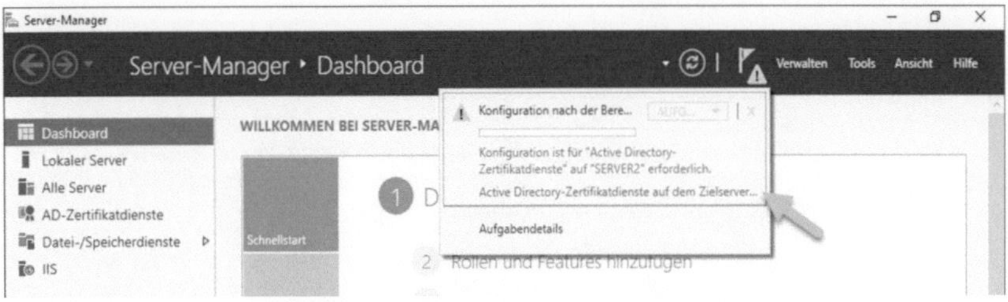


*Abbildung 23.28: Erneute Konfiguration*

Nun kann die Zertifizierungsstellen-Webregistrierung ausgewählt werden.

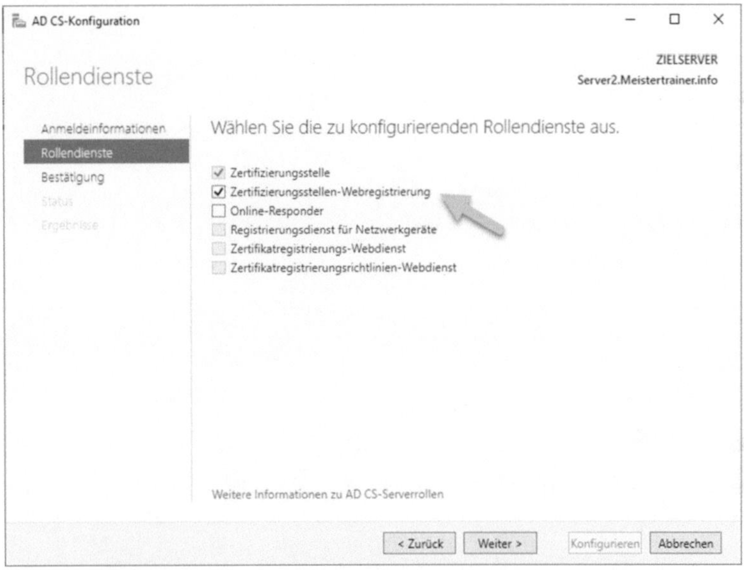


*Abbildung 23.29: Zertifizierungsstellen-Webregistrierung*

Sie müssen keine Auswahl für die Konfiguration treffen, der Webserver wird automatisch konfiguriert.

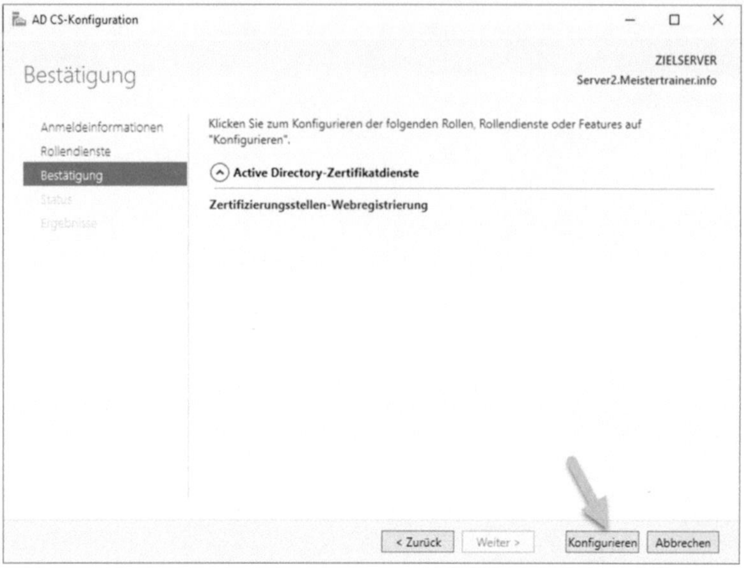


*Abbildung 23.30: Konfiguration startet*

Im Anschluss kann man den IIS kontrollieren, dort ist nun die Website „CertSrv" vorhanden.

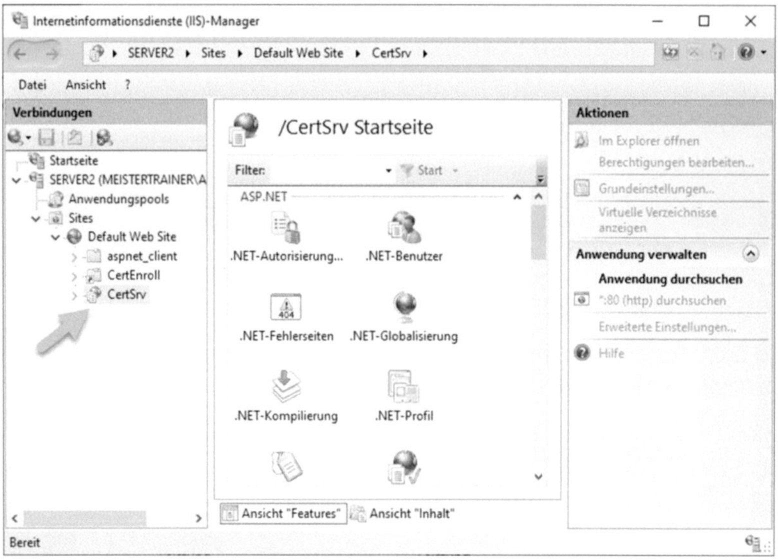


*Abbildung 23.31: IIS ist konfiguriert*

## Anfordern eines Zertifikats

Nun können Sie auf der anfordernden Maschine den Browser öffnen, und folgenden Befehl eingeben:

**http://NameDesZertifikatservers/certsrv**

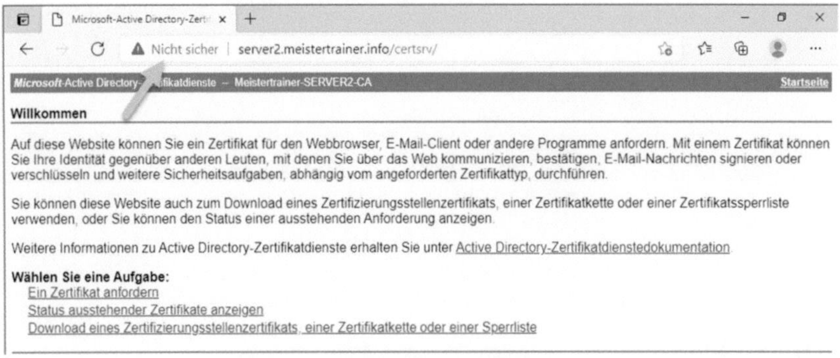


*Abbildung 23.32: Anforderung*

Sie können nun ein Zertifikat mithilfe der Website anfordern.

**Aber...HALT!**

Sehen Sie genau hin, diese Seite ist nicht sicher!

Das ist ein Problem bei der Webregistrierung, sie ist schon sehr alt und eigentlich nicht mehr zeitgemäß.

Sie ist technisch auf dem Stand von Server 2003 und unterstützt neuere Zertifikatvorlagen nicht mehr.

Deswegen sollten Sie sie nur in Notfällen benutzen.

Dann sollten Sie aber zumindest dafür sorgen, dass die Seite über https erreicht werden kann, und nicht unverschlüsselt über http.

# Übung 23.3.2

- Konfigurieren Sie die Komponente „Zertifizierungsstellen-Webregistrierung“
- Verbinden Sie sich vom Client aus mit der Zertifizierungsstellen-Webregistrierungseite
- Können Sie die gleichen Zertifikate anfordern wie mit der Konsole?

## 23.4 Sperren von Zertifikaten

Zertifikate werden für eine bestimmte Zeitspanne ausgestellt. Während dieser Zeit sind sie gültig.

Manchmal gibt es aber Situationen, in denen gültige Zertifikate gesperrt werden müssen. Dies kann zum Beispiel geschehen durch

- Ausscheiden eines Mitarbeiters aus der Firma
- Verdacht auf Missbrauch eines Zertifikats

In diesen Fällen müssen Sie ein gültiges Zertifikat sperren.

Auch diese Aufgabe können Sie in der Konsole „Zertifizierungsstelle“ erledigen.

Wählen Sie im Container „Ausgestellte Zertifikate“ das zu sperrende Zertifikat aus, klicken Sie mit der rechten Maustaste darauf, und wählen Sie „Alle Aufgaben“ „Zertifikat sperren“.

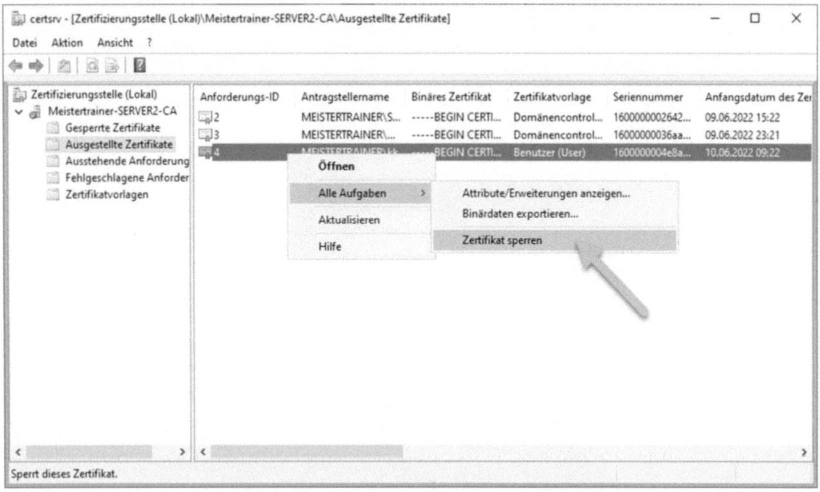


*Abbildung 23.33: Sperren eines Zertifikats*

Sie erhalten eine Abfrage, in der Sie nach dem Grund der Sperrung gefragt werden.

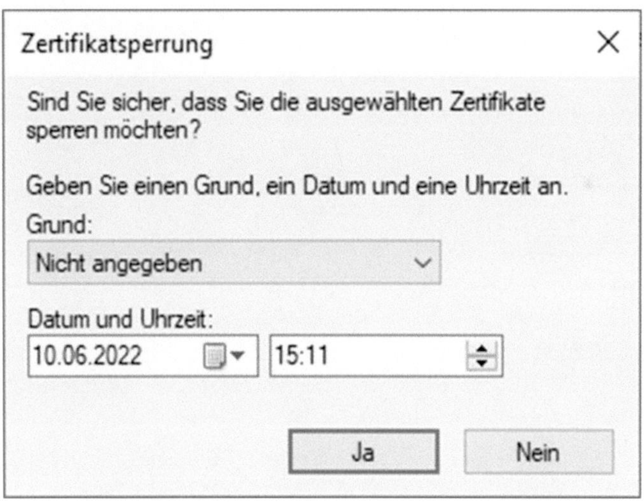


*Abbildung 23.34: Abfrage des Grundes der Sperrung*

Folgende Gründe für die Sperrung sind verfügbar:

- Unbestimmt
- Schlüsselkompromiss
- Stellenkompromiss
- Zuordnung geändert
- Abgelöst
- Vorgangsende
- Zertifikat blockiert

## ACHTUNG!

Sollten Sie die Sperrung eines Zertifikats später wieder aufheben wollen, wählen Sie auf jeden Fall „Zertifikat blockiert".

Nur wenn Sie diesen Grund für eine Sperre wählen, ist es möglich, die Sperre später wieder aufzuheben!

Nach der Bestätigung taucht dieses Zertifikat im Container „Gesperrte Zertifikate" auf und ist nicht mehr gültig.

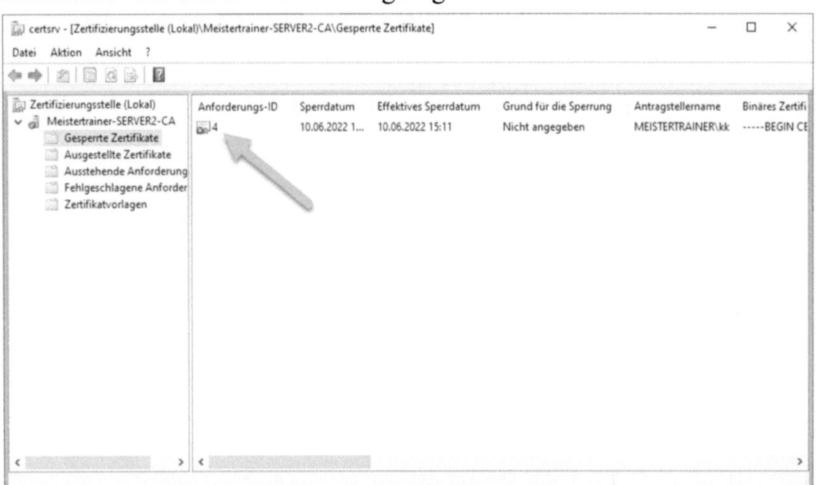


*Abbildung 23.35: Gesperrte Zertifikate*

## 23.4.1 Zertifikatsperrlisten

Sperrungen von Zertifikaten sind höchst sicherheitsrelevant. Deshalb werden in regelmäßigen Abständen Sperrlisten veröffentlicht.

Die Standardabstände können Sie erkennen, wenn Sie mit der rechten Maustaste auf „Gesperrte Zertifikate“ klicken und „Eigenschaften“ wählen.

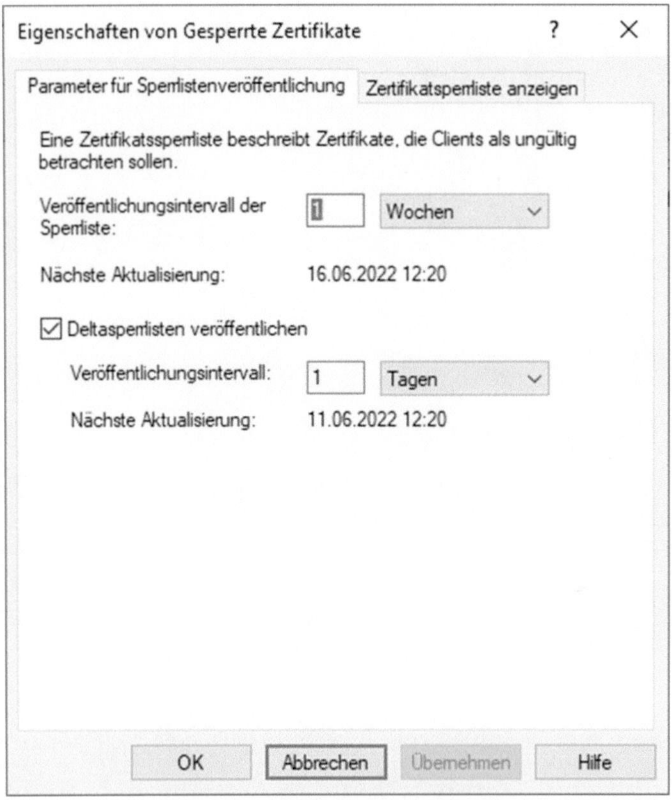


*Abbildung 23.36: Zertifikatsperrliste*

Eine neue Sperrliste wird also einmal pro Woche veröffentlicht, und jeden Tag wird eine Deltasperrliste veröffentlicht. Eine Deltasperrliste enthält nur die täglichen Änderungen.

Deltasperrlisten sind sehr praktisch, da man mit ihnen die Netzwerklast verringern kann.

## ACHTUNG!

Machen Sie das Veröffentlichungsintervall von Deltasperrlisten mindestens so groß, dass jede Sperrliste komplett geladen werden kann, sonst kann es zu Fehlermeldungen der Anwendungen kommen!

Eigentlich ist dieses Intervall völlig ausreichend. Sollten Sie aber eine Sperrliste sofort veröffentlichen wollen, da Sie die Firma in Gefahr sehen, können Sie dies auch manuell machen.

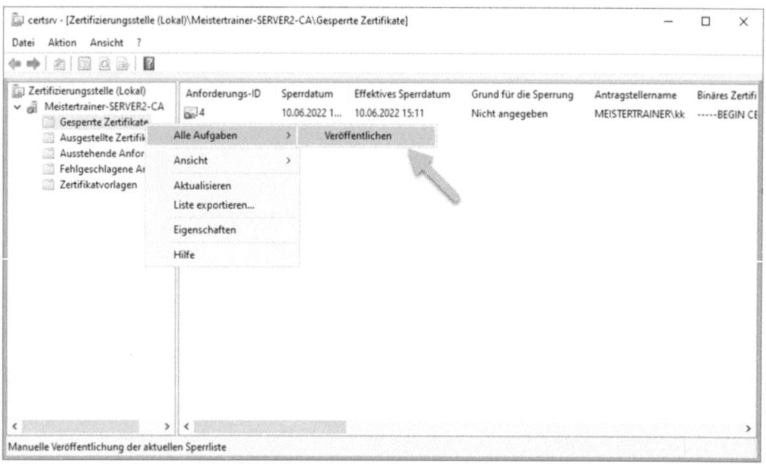


*Abbildung 23.37: Manuelles Veröffentlichen einer Sperrliste*

Sie wählen nun aus, ob es eine Sperrliste oder eine Deltasperrliste sein soll.

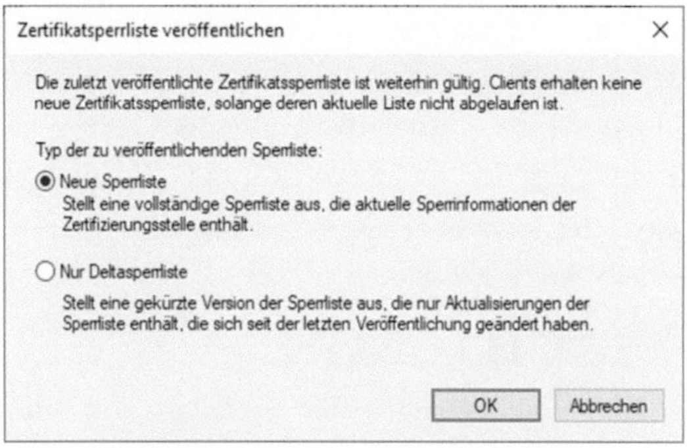


*Abbildung 23.38: Auswahl der Sperrliste*

Das größte Problem ist, dass die Clients die Liste erhalten müssen. Aus diesem Grund betrachten wir die Speicherstellen der CRL.

*Abbildung 23.39: Erweiterungen*

Dazu klicken wir mit der rechten Maustaste auf den Namen der CA und wählen die Eigenschaften.

Dann wechseln wir auf die Karteikarte „Erweiterungen".

Hier wird unter anderem der Speicherort für die CRL festgelegt.

Wir sehen, die CRL ist über verschiedene Wege erreichbar, unter anderem auch über eine Website.

**ACHTUNG!**

Es ist möglich, die CRL an eine andere Stelle zu lagern, zum Beispiel auf einen Webserver.

Dies ist eine der Voraussetzungen, dass eine eigenständige CA offline genommen werden kann!

Außerdem können Sie in dieser Konsole auch die „Authority Information Access" Informationen (AIA) an eine andere Stelle legen. Diese Informationen geben den kompletten Zertifikatweg an, und müssen ebenfalls immer verfügbar sein, auch wenn eine CA offline ist.

Jedes Mal, wenn ein Zertifikat benutzt werden soll, wird die Gültigkeit des Zertifikats überprüft. Der Weg zu den CRL wird im Zertifikat selber angegeben, also ist es kein Problem, die Gültigkeit zu überprüfen.

### 23.4.2 Online-Responder (Online Certificate Status Protocol, OCSP).

Allerdings ist diese Vorgehensweise problembehaftet. Es bleiben immer Lücken zwischen den Veröffentlichungszeiträumen, und diese Lücken sind auch Sicherheitslücken.

Wenn die Veröffentlichungszeiträume sehr klein gehalten werden, kann dies zu erhöhter Netzwerklast führen.

Also ist bei den herkömmlichen CRL immer ein Abwägen zwischen Aktualität und Netzwerkperformance nötig.

Aus diesem Grund setzt Microsoft nun auf Online-Responder (Online Certificate Status Protocol OCSP). OCSP bietet eine Echtzeitmethode zum Überprüfen des Status von Zertifikaten.

OCSP besteht aus zwei Komponenten: Der Serverkomponente und der Clientkomponente.

Die Serverkomponente haben wir beim Installieren der CA mit installiert. Dieser Responder kann jederzeit auf Anfragen von Clients antworten, und die Gültigkeitsprüfung der Zertifikate in Echtzeit vornehmen.

Die Software nimmt Kontakt mit der Serverkomponente (dem Responder) auf, und fragt die Gültigkeit des Zertifikats ab. Der Responder überprüft den momentanen Stand und antwortet.

Alle modernen Microsoft-Computer haben die Standardeinstellung, dass zunächst versucht wird, OCSP zu verwenden, wenn dies nicht erreichbar ist, auf die herkömmlichen CRLs zurückgreift.

Diese Einstellung kann mit einer Gruppenrichtlinie geändert werden.

Um die volle Funktionalität von OCSP nutzen zu können, benötigen Sie mindestens eine Server 2012 Zertifizierungsstelle, und als Client mindestens Windows Vista.

## ACHTUNG!

Falls Sie den Online-Responder auf einer CA installieren, und auch eine zweite CA diese Funktion nutzen lassen möchten, müssen Sie dort natürlich die „Authority Information Access“ (AIA) umleiten.

Sollten Sie den anderen Server dann offline nehmen, was bei einer Root-CA oft der Fall ist, müssen Sie außerdem dessen Zertifikat auf dem Online-Responder Server importieren.

Sie müssen den Online-Responder nur noch konfigurieren, dann ist er sofort einsatzbereit und die Liste der gesperrten Zertifikate wird den Clients zur Verfügung gestellt.

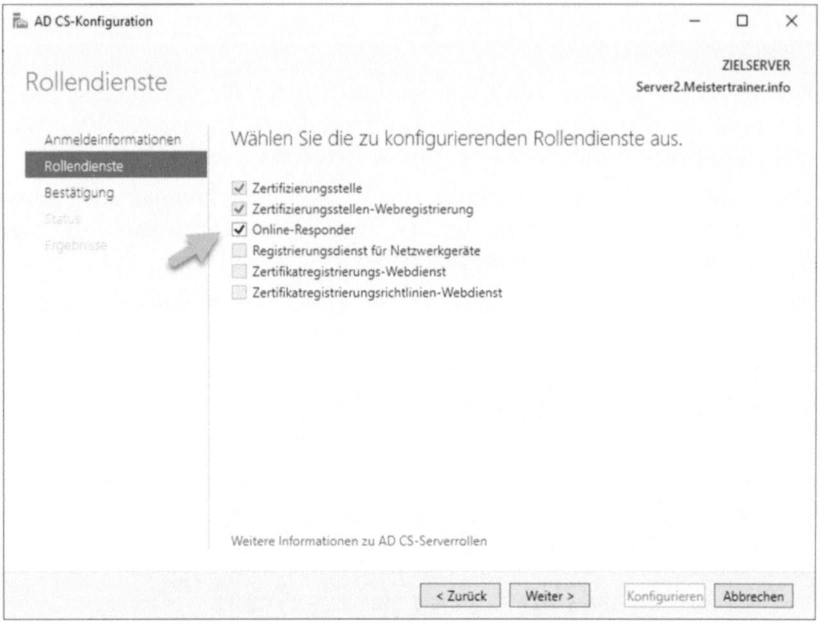


*Abbildung 23.40: Konfiguration des Online-Responders*

Weitere Einstellungen sind nicht nötig.

# Übung 23.4

- Sperren Sie das Zertifikat, das für den Benutzer „KK“ ausgestellt worden ist
- Veröffentlichen Sie eine neue Sperrliste
- Aktivieren Sie den Online-Responder
- Erstellen Sie auf allen virtuellen Maschinen einen Prüfpunkt mit Namen „Tag 23“

# 24 Tag 24: Zertifizierungsstellen verwalten

## 24.1 Zertifikatvorlagen

Zertifikatvorlagen sind „Vorlagen“ für ein auszustellendes Zertifikat. Unter einer Zertifizierungsstelle unter Windows Server 2022 können Sie Zertifikatvorlagen selber definieren.

**ACHTUNG!**

Sie können Zertifikatvorlagen nur mit einer Unternehmenszertifizierungsstelle erstellen, nicht mit einer eigenständigen Zertifizierungsstelle. Die Vorlagen werden im Active Directory veröffentlicht und stehen deswegen in der Gesamtstruktur zur Verfügung.

In einer Unternehmenszertifizierungsstelle existieren bereits einige Zertifikatvorlagen. Diese können Sie betrachten, indem Sie eine MMC erstellen, und das Snap-In „Zertifikatvorlagen“ hinzufügen.

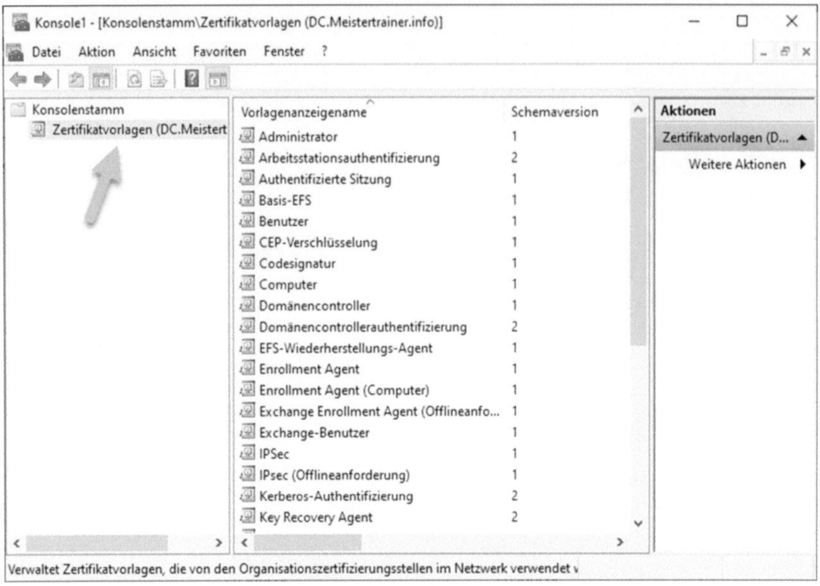


*Abbildung 24.1: Zertifikatvorlagen*

Hier sehen Sie, dass es mehrere verschiedene Typen von Vorlagen gibt:

- Windows 2000 (Version 1)
- Windows Server 2003 Enterprise Edition (Version 2)
- Windows Server 2008 (Version 3)
- Windows Server 2012 (Version 4)

### Vorlagen der Version 1

Diese Vorlagen werden aus Gründen der Abwärtskompatibilität bereitgestellt und unterstützen viele allgemeine Anforderungen im Rahmen der Antragstellerzertifizierung. Sie werden automatisch erstellt, wenn eine Zertifizierungsstelle installiert wird.

Vorlagen der Version 1 können weder verändert noch entfernt werden.

*Abbildung 24.2: Vorlage der Version 1*

Aber sie können dupliziert werden, wodurch Vorlagen von Version 2 entstehen, die bearbeitet werden können.

### Vorlagen der Version 2

Diese Vorlagen ermöglichen es, die meisten Einstellungen anzupassen.

In der Standardkonfiguration werden zahlreiche vorkonfigurierte Vorlagen von Version 2 bereitgestellt, und weitere können bei Bedarf hinzugefügt werden.

Für Vorlagen der Version 2 wird Active Directory benötigt, wo diese

Vorlagen veröffentlicht werden können.

**Vorlagen der Version 3**

Es gibt auch noch Vorlagen der Version 3, die nur von Windows ab Server 2008 Zertifizierungsstellen erstellt werden können, und nur von Clients ab Windows Vista gelesen werden können.

**Vorlagen der Version 4**

Es gibt auch noch Vorlagen der Version 4, die nur von Windows ab Server 2012 Zertifizierungsstellen erstellt werden können, und nur von Clients ab Windows 8 gelesen werden können.

Sie haben folgende Unterschiede zu den Vorlagen der Version 3:

- unterstützen Kryptografiedienstanbieter (Cryptographic Service Provider, CSPs) und Schlüsseldienstanbieter (Key Service Providers, KSPs)
- können so festgelegt werden, dass eine Verlängerung mit demselben Schlüssel erforderlich ist
- geben die mindestens erforderlichen Betriebssysteme für Zertifizierungsstellen und Zertifizierungsclients an, von denen die Vorlage verwendet werden kann

Um neue Zertifikatvorlagen erstellen zu können, müssen Sie Mitglied in einer der folgenden Gruppen sein:

- Organisations-Administratoren
- Domänen-Admins in der Stammdomäne

### 24.1.1 Neue Vorlagen erstellen

Sie können jederzeit neue Vorlagen der Version 2 und 3 erstellen, indem Sie andere Vorlagen duplizieren und anpassen.

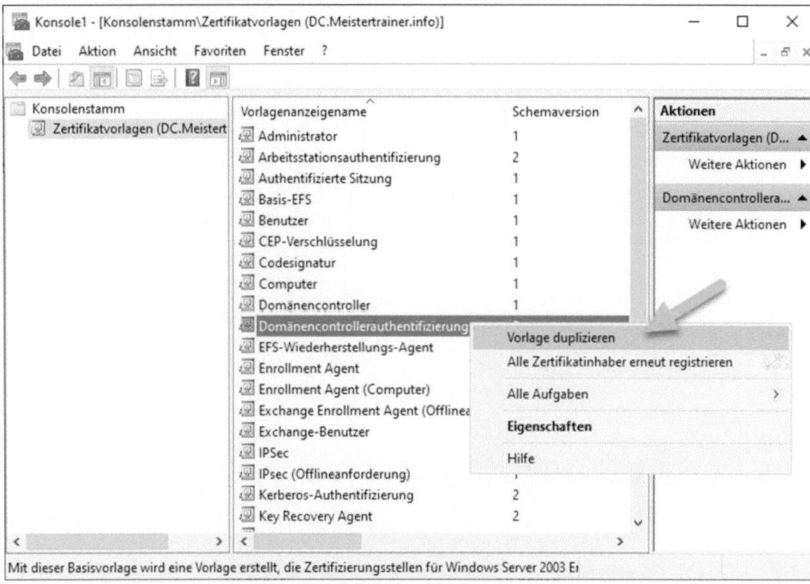


*Abbildung 24.3: Kopieren von Vorlagen*

Nun können Sie wählen, welche Betriebssysteme mit den Vorlagen arbeiten sollen.

**ACHTUNG!**

Vorlagen der Version 4 werden nur von Windows ab Windows 8 und Windows Server 2012, Vorlagen der Version 3 werden nur von Windows ab Vista und Windows Server 2008 unterstützt, Vorlagen der Version 2 werden von Windows XP oder Windows Server 2003 Rechnern, Vorlagen der Version 1 dagegen auch von Windows 2000!

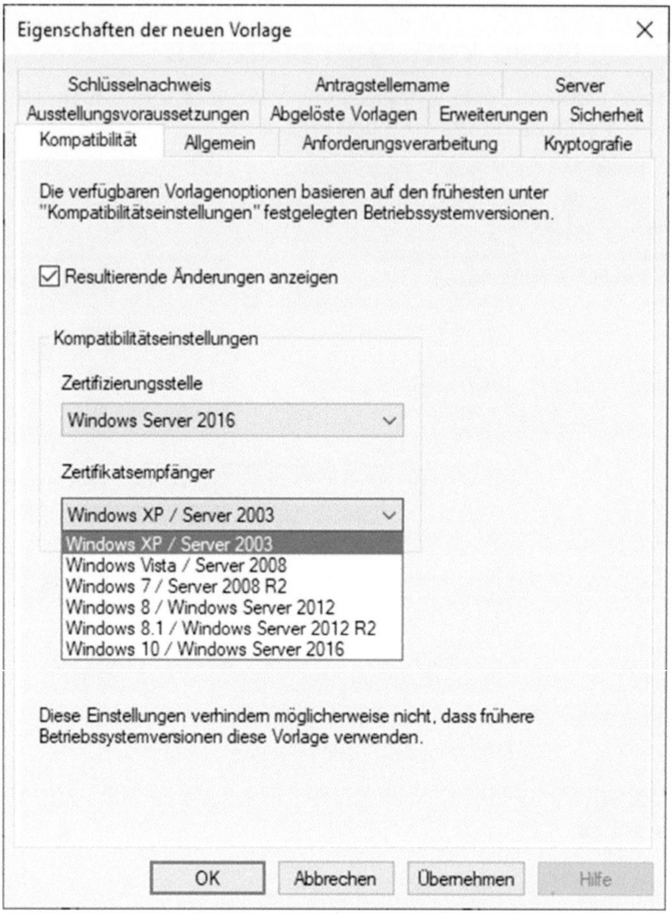


*Abbildung 24.4: Abfrage*

Sie wählen aus, welche Zertifizierungsstelle und welche Clients benutzt werden, damit ergibt sich die Version.

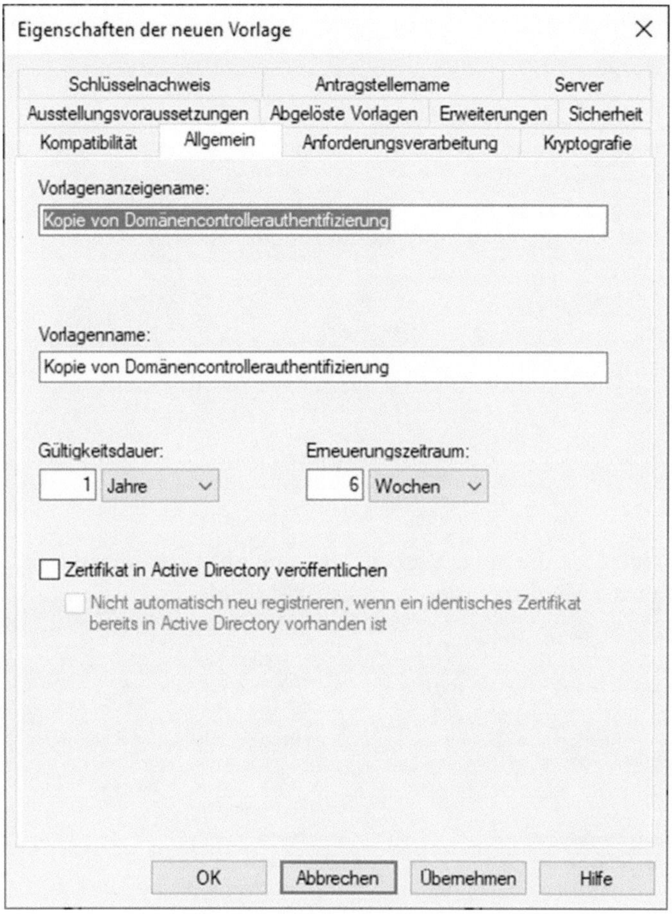


*Abbildung 24.5: Angepasste Vorlage*

Was aber nutzt es uns, eine neue Vorlage zu erstellen?

Nun, wir können Vorlagen anpassen und verändern, und dann Zertifikate, die auf diesen Vorlagen basieren, ausgeben.

Dazu müssen wir nur noch in der Verwaltung der Zertifizierungsstelle die neue Vorlage zur Verfügung stellen.

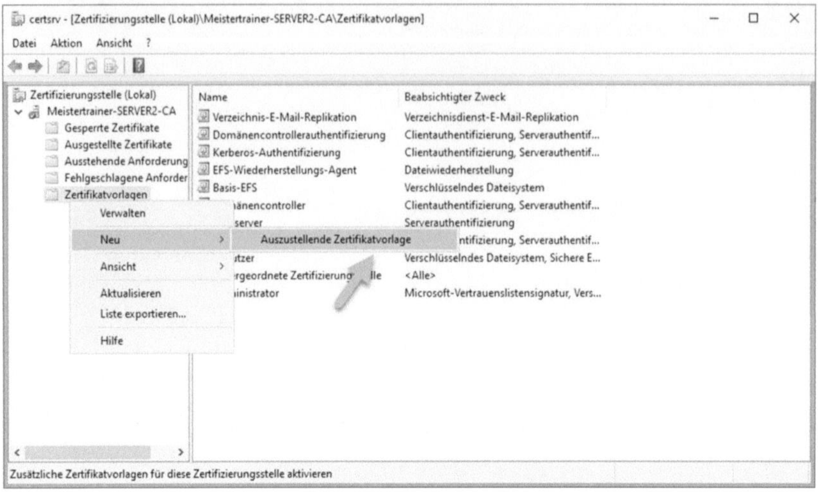


*Abbildung 24.6: Zertifizierungsstelle*

Hier wählen Sie die neue Vorlage aus, und ab sofort können Zertifikate, die auf dieser Vorlage basieren, ausgestellt werden.

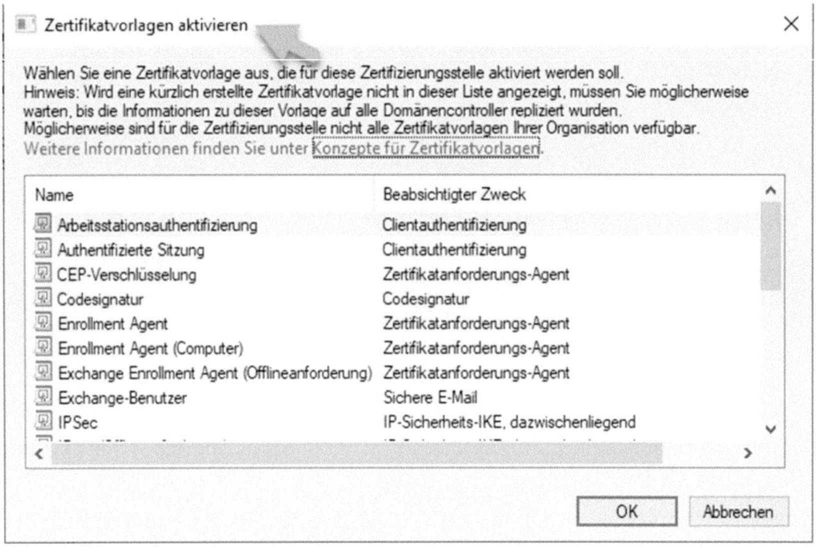


*Abbildung 24.7:Neue Vorlage*

## Übung 24.1.1

- Untersuchen Sie die vorhandenen Zertifikatvorlagen
- Betrachten Sie die Unterschiede zwischen den Versionen
- Duplizieren Sie die Vorlage „EFS-Wiederherstellungs-Agent“
- Überprüfen Sie, ob Sie von „W11“ als „Karl Klammer“ ein Zertifikat auf Basis dieser neuen Vorlage anfordern können
- Überprüfen Sie, ob Sie von „W11“ als „Meistertraineradministrator“ ein Zertifikat auf Basis dieser neuen Vorlage anfordern können
- Begründen Sie, warum dies so ist

### 24.1.2 Berechtigungen der Vorlagen

Nicht jeder Benutzer hat das Recht, jedes Zertifikat anzufordern.

Ein Standardbenutzer kann nur ein „Benutzer-Zertifikat“ und ein „EFS-Zertifikat“ anfordern, alle anderen Zertifikate stehen ihm nicht zur Verfügung.

Das ist auch sinnvoll, denn einige Zertifikate sind sensibel, und sollten nicht vom Standardbenutzer angefordert werden können, zumal ja eine Unternehmenszertifizierungsstelle diese Zertifikate auch gleich automatisch ausstellt.

Deswegen können Sie als Administratoren Berechtigungen für die Zertifikatvorlagen erstellen und anpassen, die genau regeln, wer Zertifikate auf Basis welcher Vorlagen anfordern darf.

Dazu bearbeiten Sie die jeweilige Vorlage in der MMC, indem Sie auf die

Registerkarte „Sicherheit“ wechseln.

Normalerweise kann der Standardbenutzer nur die Zertifikatvorlagen

- Basis-EFS
- Benutzer

anfordern.

An dieser Stelle sollten wir noch zwei Begriffe klären, die gerne verwechselt werden:

**Domänenbenutzer**

Alle Benutzer mit einem Konto in dieser Domäne.

**Authentifizierte Benutzer**

Alle Benutzer, die rechtmäßig auf diese Domäne zugreifen können, also auch Benutzer einer untergeordneten Domäne.

Nun betrachten wir die Berechtigungen für die Vorlage „Benutzer“.

Folgende Berechtigungsstufen gibt es:

**Authentifizierte Benutzer**

Lesen

**Domänen-Admins**

Lesen, Schreiben, Registrieren

**Domänen-Benutzer**

Registrieren

**Organisations-Admins**

Lesen, Schreiben, Registrieren

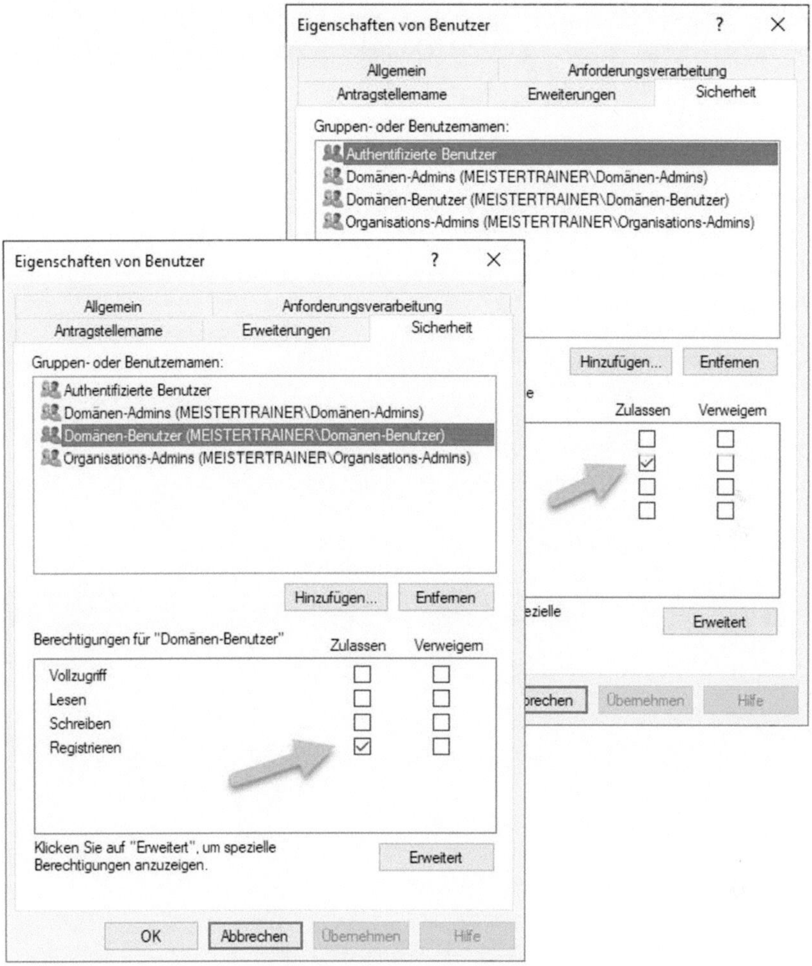


*Abbildung 24.8: Berechtigungen*

Um eine Zertifikatanforderung stellen zu dürfen, werden die Rechte

- Lesen
- Registrieren

benötigt.

Authentifizierte Benutzer (also die größere Gruppe) haben das Recht, die Vorlage zu sehen, aber nur die Domänenbenutzer (die ja ein Teil der Gruppe Authentifizierte Benutzer sind) haben auch das zusätzliche Recht, diese Vorlage zu registrieren.

Die Vorlage „Basis-EFS“ hat die gleichen Berechtigungsstufen.

Werfen wir einen Blick auf die Vorlage „EFS-Wiederherstellungs-Agent“.

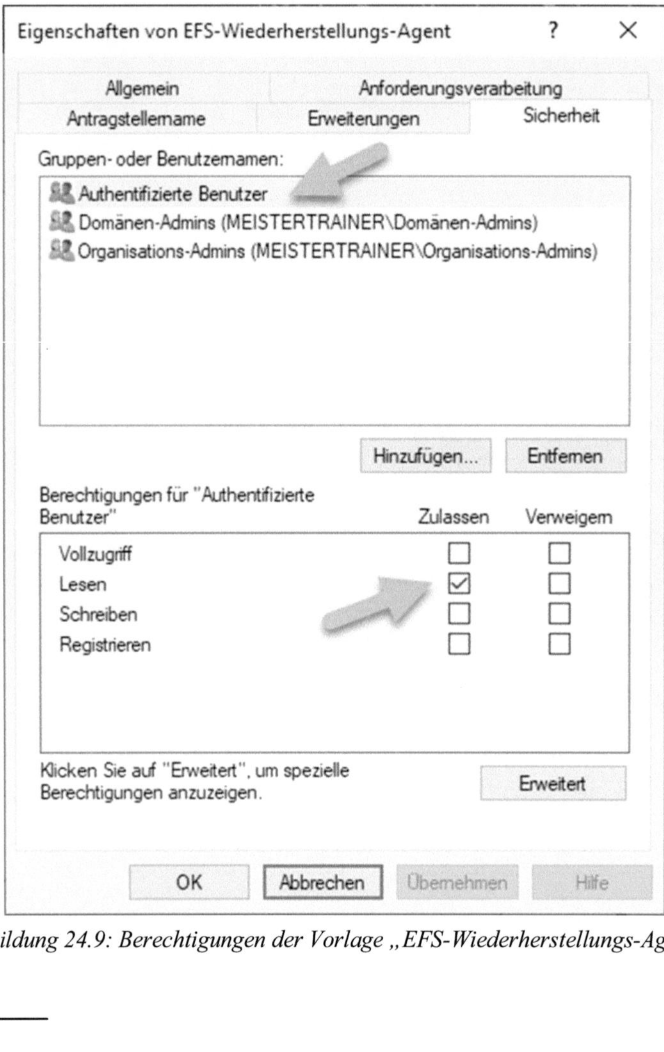


*Abbildung 24.9: Berechtigungen der Vorlage „EFS-Wiederherstellungs-Agent“*

Wir sehen, es gibt hier die Gruppe der Domänen-Benutzer nicht, nur die Authentifizierten Benutzer.

Diese haben aber nicht die Berechtigung zum „Registrieren“.

Deswegen kann ein Standardbenutzer kein Zertifikat für den EFS-Wiederherstellungs-Agent anfordern.

## Übung 24.1.2

- Bearbeiten Sie die Berechtigungen der Vorlage „Neuer EFS-Wiederherstellungs-Agent“, um einem Standardbenutzer zu erlauben, diese Vorlage zu registrieren
- Überprüfen Sie danach, ob Sie nun von „W11“ als „Karl Klammer“ ein Zertifikat auf Basis dieser neuen Vorlage anfordern können

# 24.2 Autoenrollment (Automatische Zertifikatanforderung)

Wir haben nun gesehen, dass Zertifikate, die in einer Unternehmens-CA unter Windows Server 2022 angefordert werden, auch gleich automatisch erstellt werden, ohne dass ein Administrator dies manuell vornehmen muss.

Allerdings sind diese Zertifikate dann lediglich ausgestellt, aber noch nicht im jeweiligen Zertifikatspeicher installiert, also dem Benutzer noch nicht zugewiesen.

Genau dies ist aber oft nicht verwaltbar, da es zu viel manuelle Arbeit ist.

Aus diesem Grund ist es in Windows Server 2022 möglich, Zertifikate automatisch zuweisen zu lassen. Dieses Vorgehen wird „Autoenrollment“ genannt.

Per Autoenrollment können Sie mit einer Gruppenrichtlinie dafür sorgen, dass Zertifikate automatisch zugewiesen werden.

**Ein Beispiel:**

Sie möchten, dass eine Authentifizierung mit Smartcard stattfindet. Dafür erstellen Sie eine neue Zertifikatvorlage und weisen diese Vorlage mithilfe einer Gruppenrichtlinie zu.

In Windows Server 2022 stehen Ihnen zwei Möglichkeiten für das „Autoenrollment" zur Verfügung.

**Möglichkeit 1:**

In einer Gruppenrichtlinie können Sie „Einstellung für die automatische Zertifikatanforderung" konfigurieren. Mit dieser Möglichkeit können Sie Zertifikate zuweisen, die auf Zertifikatvorlagen der Version 1, 2, 3 und 4 basieren.

Sie können Zertifikate nur für Computerkonten zuweisen, da die Einstellung nur in der „Computerkonfiguration" vorhanden ist.

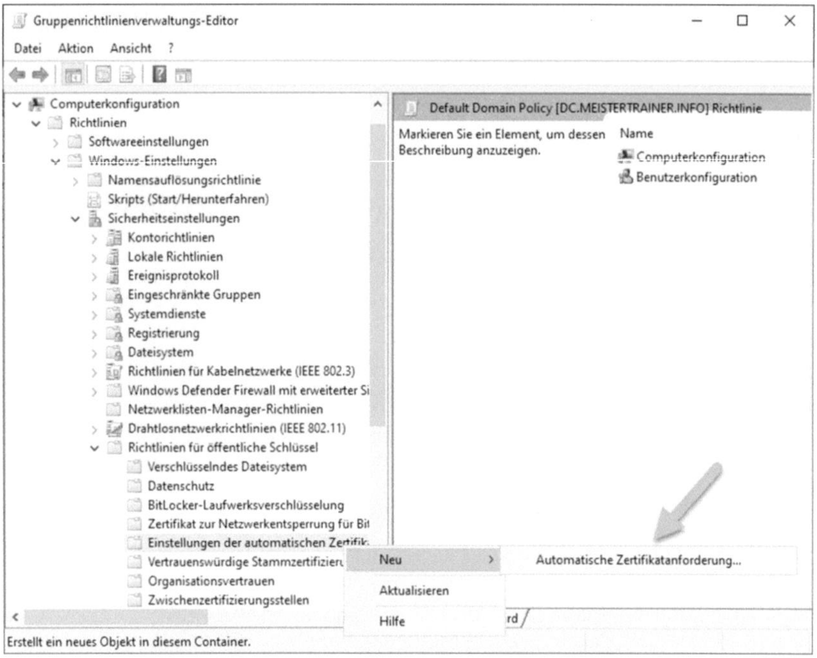


*Abbildung 24.10: Gruppenrichtlinie Autoenrollment 1*

Ein Assistent hilft Ihnen, das Zertifikat zu konfigurieren.

Sie wählen das entsprechende Zertifikat aus.

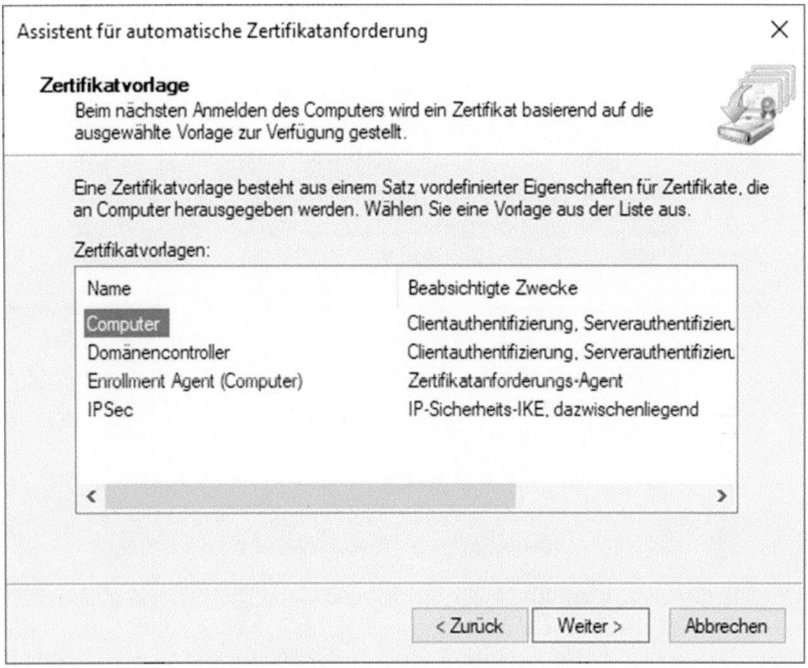


*Abbildung 24.11: Auswahl Zertifikat*

**Möglichkeit 2:**

„Einstellung für die automatische Registrierung“ ist die zweite Möglichkeit. Hier können Sie Zertifikate in der Form „Version 2, 3 und 4“ zuweisen.

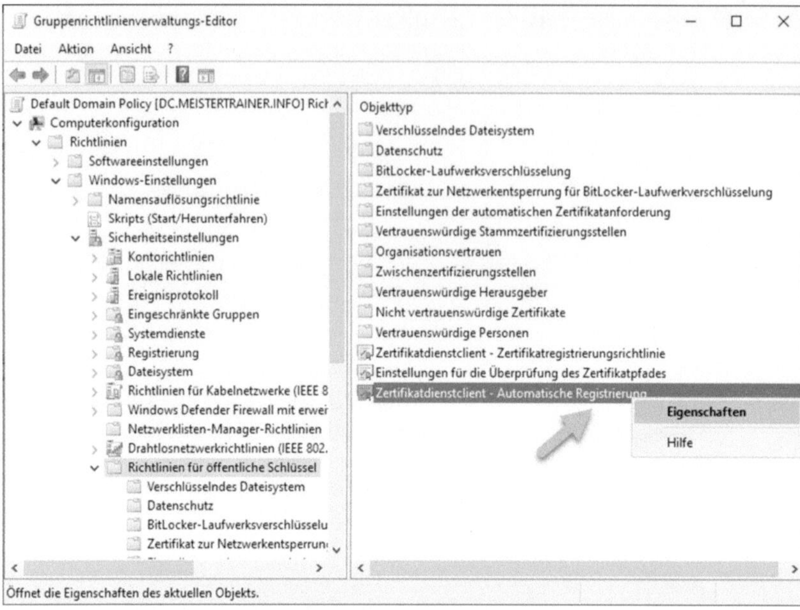


*Abbildung 24.12: Autoenrollment 2*

Der Menüpunkt „Einstellung für die automatische Registrierung“ existiert sowohl in der Computerkonfiguration als auch in der Benutzerkonfiguration, deswegen können Zertifikate an Computer und an Benutzer vergeben werden.

Die Einstellungen des Zertifikats umfassen auch die automatische Erneuerung des Zertifikats.

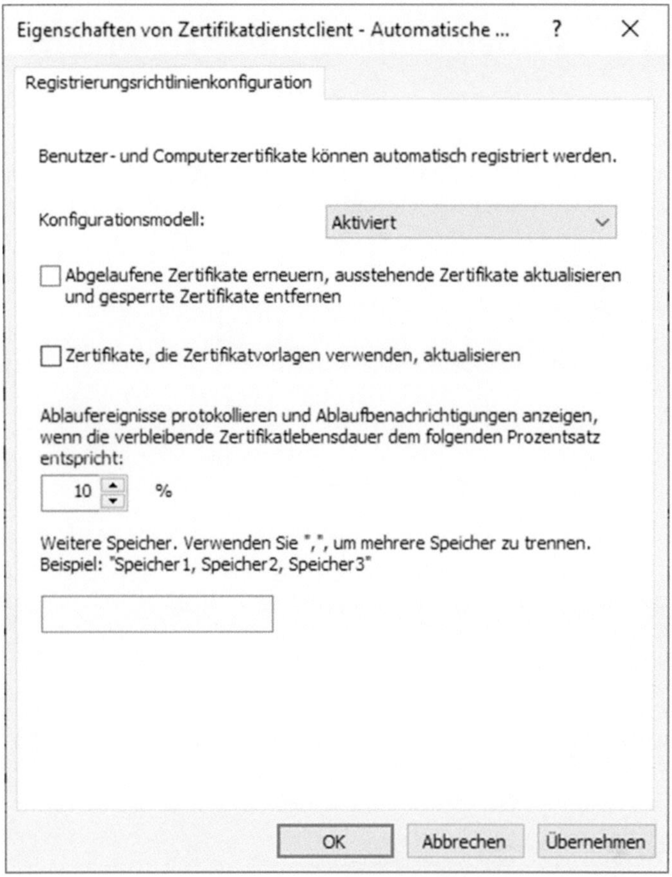


*Abbildung 24.13: Einstellungen*

### 24.2.1 Autoenrollment eines Zertifikats für Smartcard-Anmeldung

Ein Beispiel zur Verdeutlichung:

Sie möchten, dass sich Ihre Benutzer per Smartcard anmelden, und dafür sollen Zertifikate automatisch erteilt werden.

***Erster Schritt: Erstellen einer Sicherheitsgruppe***

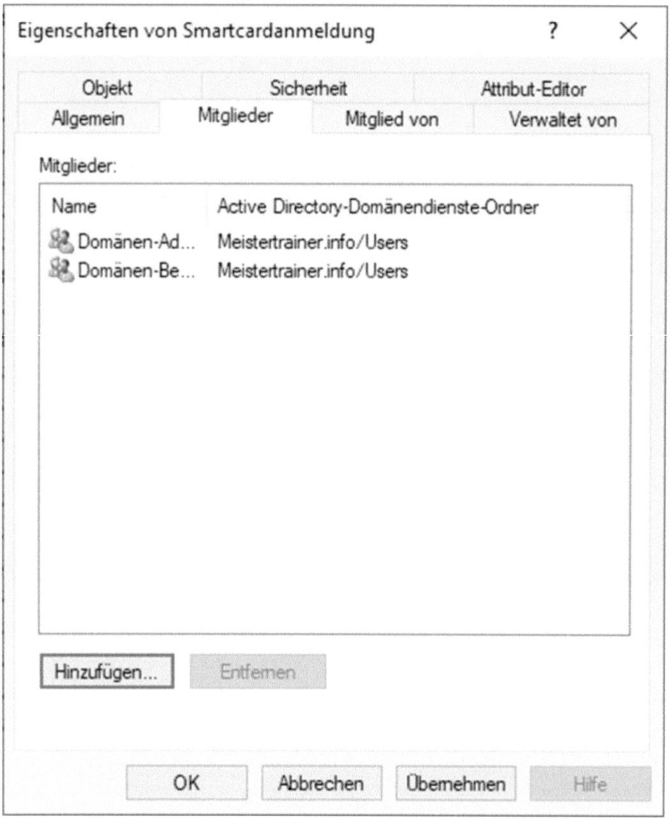


*Abbildung 24.14: Erstellen einer Sicherheitsgruppe*

Bevor Sie beginnen, eine Zertifikatvorlage zu erstellen, sollten Sie festlegen, welche Personen später in den Genuss der Smartcard-Anmeldung kommen sollen. Erstellen Sie eine Sicherheitsgruppe, und platzieren Sie alle entsprechenden Benutzerkonten in diese Gruppe.

In unserem Beispiel nennen wir die neue Gruppe „Smartcardanmeldung".

## *Zweiter Schritt: Erstellen einer Zertifikatvorlage*

Achten Sie darauf, dass Sie entweder Mitglied in der Gruppe „Organisations-Administratoren" oder der Gruppe „Domänen-Admins" in der Stammdomäne sind.

Öffnen Sie dann das Snap-In „Zertifikatvorlagen", und kopieren Sie eine der folgenden Vorlagen

- Smartcard-Anmeldung (Standardvorlage für ein Zertifikat auf Benutzerebene)
- Smartcard-Benutzer (Vorlage mit zusätzlichen Möglichkeiten, wie verschlüsseln von E-mail)

In unserem Beispiel benutzen wir die Vorlage „Smartcard-Benutzer".

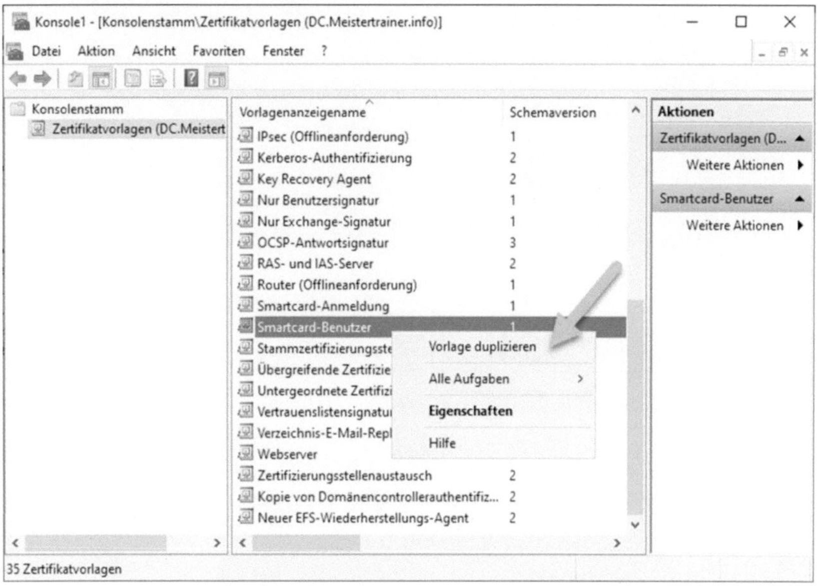


*Abbildung 24.15: Konsole „Zertifikatvorlagen"*

Sie kopieren die Vorlage und geben der kopierten Vorlage einen neuen Namen.

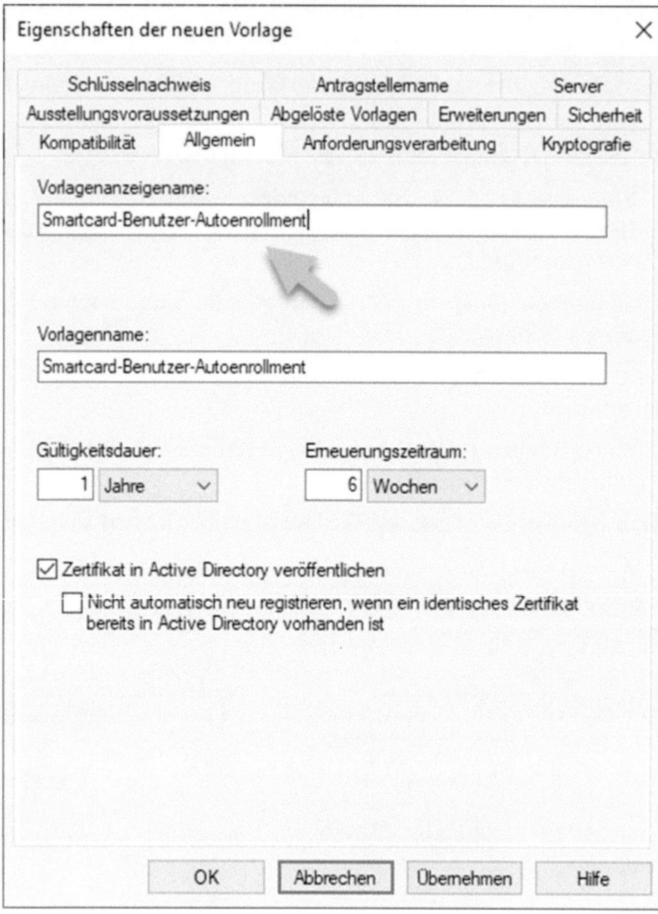


*Abbildung 24.16: Neue Vorlage*

In unserem Beispiel heißt die neue Vorlage „Smartcard-Benutzer Autoenrollment“.

## *Dritter Schritt: Konfigurieren der neuen Vorlage*

Nun können Sie die neue Vorlage konfigurieren.

Die wichtigsten Einstellungen für das Autoenrollment nehmen Sie auf der Karteikarte „Sicherheit“ vor.

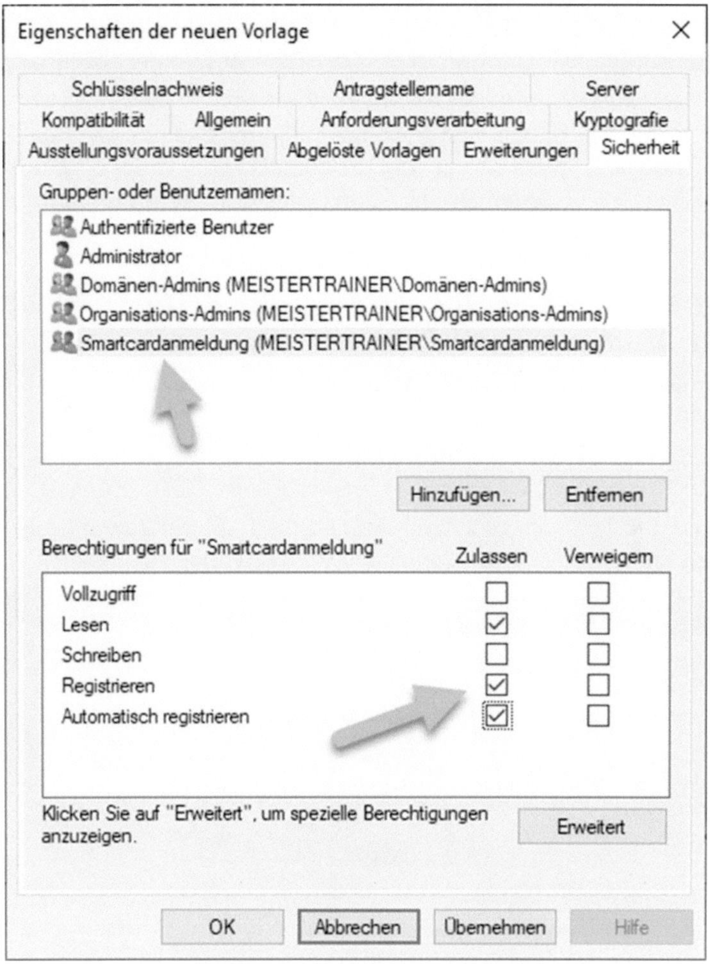


*Abbildung 24.17: Karteikarte „Sicherheit“*

Hier fügen Sie die zuvor erstellte Gruppe „SmartCard Anmeldung“ hinzu.

Dieser Gruppe müssen wir nun Berechtigungen für diese Vorlage zuweisen. Um die automatische Registrierung eines Zertifikats zu genehmigen, müssen die Benutzer folgende Rechte erhalten:

- Lesen
- Registrieren
- Automatisch registrieren

Die Berechtigung „Automatisch registrieren“ ist hier der Schlüsselpunkt, nur sie gewährt die Möglichkeit des automatischen Registrierens.

Auch wenn Sie dieses Zertifikat nun mit der Default Domain Policy veröffentlichen, werden nur die Mitglieder der Gruppe „SmartCard Anmeldung“ eine automatische Zuweisung des Zertifikats erhalten, da nur diese Gruppe die entsprechende Berechtigung hat.

## *Vierter Schritt: Veröffentlichung der Zertifikatvorlage in allen Zertifizierungsstellen*

Nun müssen Sie allen Zertifizierungsstellen diese neue Vorlage bekannt machen.

Dies können Sie einfach im Snap-In „Zertifizierungsstelle“ auf jedem Zertifikatserver vornehmen.

Klicken Sie mit der rechten Maustaste auf „Zertifikatvorlagen“, und wählen Sie „Neu“ – „Auszustellende Zertifikatvorlage“.

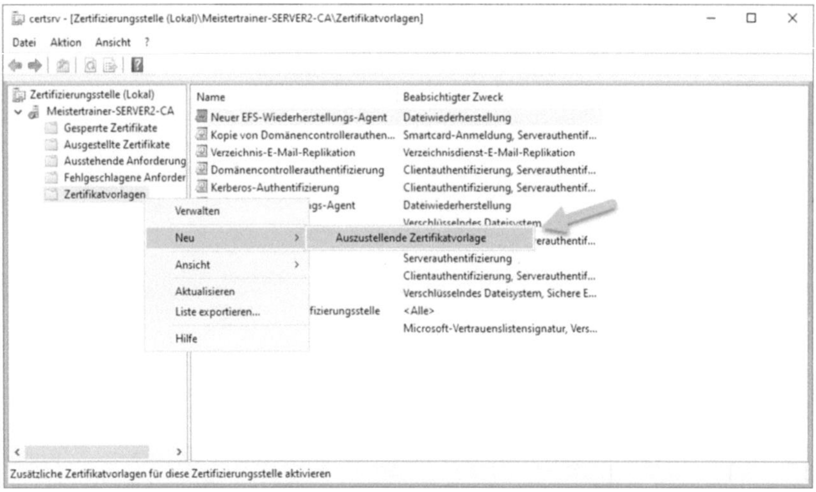


*Abbildung 24.18: Zertifikatvorlage veröffentlichen*

Wählen Sie im erscheinenden Fenster die entsprechende Zertifikatvorlage aus. In unserem Fall ist es die Vorlage „Smartcard-Benutzer-Autoenrollment“.

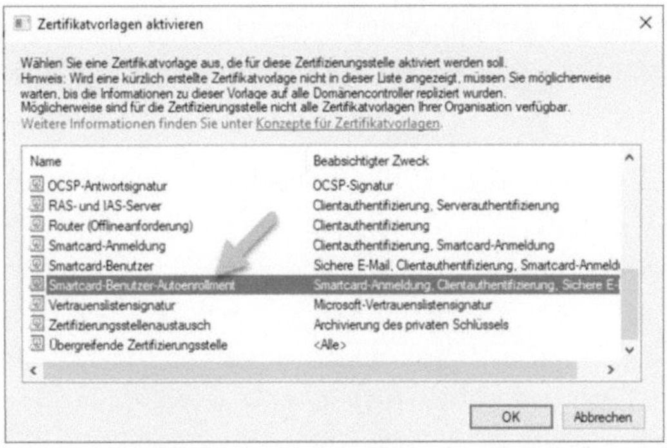


*Abbildung 24.19: Auswahl der Vorlage*

## ***Fünfter Schritt: Konfigurieren der Gruppenrichtlinie***

Der letzte Schritt ist das Konfigurieren der Gruppenrichtlinie, mit der Sie das Autoenrollment steuern möchten.

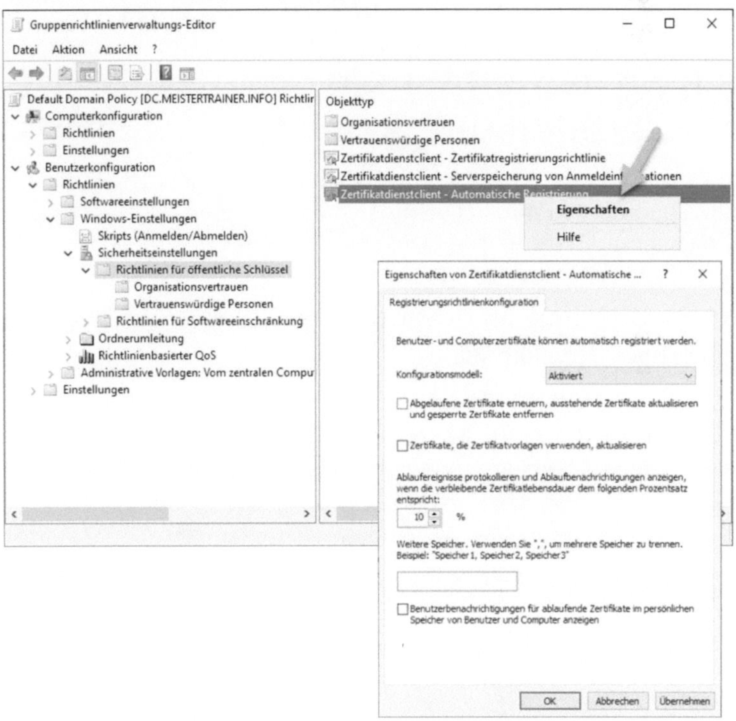


*Abbildung 24.20: Konfiguration der Gruppenrichtlinie*

Da Sie in diesem Fall das Autoenrollment einem Benutzerkonto zuweisen möchten, können Sie nur wählen „Richtlinien für öffentliche Schlüssel".

Nun können die Zertifikate automatisch zugewiesen werden.

**Übung 24.2**

- Sie möchten, dass sich Ihre Benutzer per Smartcard anmelden, und dafür sollen Zertifikate automatisch erteilt werden
- Stellen Sie alle Schritte anhand der Beschreibungen und Abbildungen im Buch nach

## 24.3 Sicherheit für die Zertifizierungsstelle

Sie haben nun einen Einblick in die Bedeutung der Zertifizierungsstellen erhalten und werden mir sicher zustimmen, dass eine Zertifizierungsstelle unternehmensrelevant ist und nicht ausfallen sollte.

Deswegen sollten Sie die Zertifizierungsstellen auf jeden Fall in Ihren Sicherungsplan einschließen.

**Sichern der Systemstatusdateien**

Das ist immer die beste Methode, denn mit den Systemstatusdateien werden alle relevanten Bereiche einschließlich der IIS Metabase gesichert.

**Sichern mit dem Sicherungsprogramm der CA**

Jede Zertifizierungsstelle bietet die Möglichkeit, die Daten zu sichern.

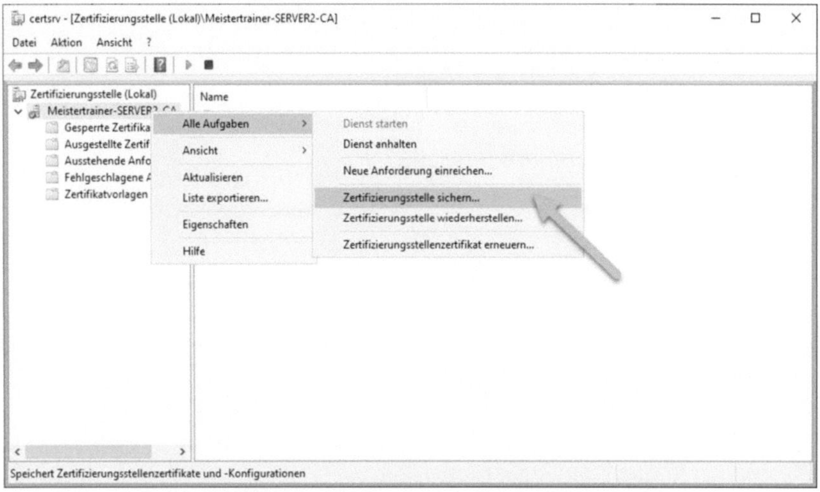


*Abbildung 24.21: Sicherungsprogramm*

Hier startet ein Assistent, der Ihnen hilft, die Daten zu sichern.

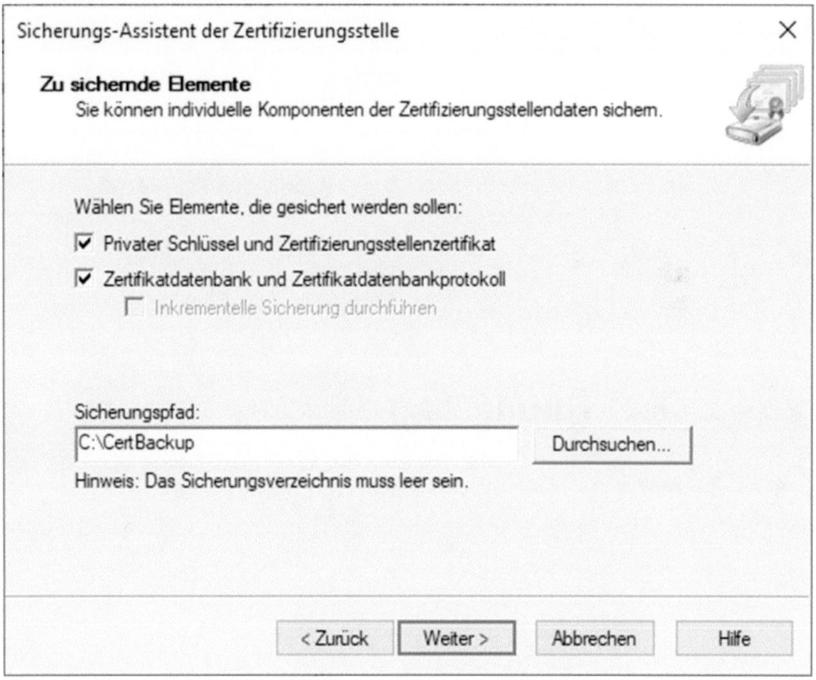


*Abbildung 24.22: Assistent*

## ACHTUNG!

Bei dieser Art der Sicherung wird die IIS Metabase nicht mitgesichert!

**certutil**

Zum Schluss möchte ich Ihnen noch das Tool „certutil" ans Herz legen, mit dem Sie die komplette Verwaltung der CA über die Befehlszeile vornehmen können, auch die Sicherung.

„certutil" ist nur mit Parametern sinnvoll einsetzbar.

Die wichtigen Parameter zum Sichern lauten:

| Parameter | Bedeutung |
|---|---|
| -backup | Sichert die Active Directory Zertifikatdienste |
| -backupDB | Sichert Active Directory Zertifikatdienste Datenbank |
| -backupKey | Sichert das Zertifikat und den privaten Schlüssel der Active Directory Zertifikatdienste |

## Übung 24.3

- Sichern Sie die Zertifikatdatenbank mithilfe des Sicherungsprogramms der CA

### 24.3.1 Schlüsselarchivierung

Ein großes Problem bei jeder Zertifikatverwendung ist, dass das Schlüsselpaar der ausgestellten Zertifikate nicht verloren gehen darf. Sollte dies doch passieren, ist es sehr schwierig, die Daten wiederherzustellen.

Es ist gar nicht so selten, dass das Schlüsselpaar verloren geht. Gründe dafür können sein:

- Löschen des Benutzerprofils
- Festplattenschaden
- Neuinstallation
- Verlust oder Diebstahl des Rechners

Für diesen Fall sollten Sie an eine Schlüsselarchivierung denken.

Dies ist nichts anderes, als dass der private Schlüssel des Benutzers zentral hinterlegt wird, damit er wieder hergestellt werden kann. Dafür wird ein Schlüsselwiederherstellungsagent definiert.

Diese Person (oder diese Personen) können dann die verlorengegangenen privaten Schlüssel wiederherstellen.

Um eine Schlüsselarchivierung einzuleiten, müssen mehrere Schritte gemacht werden.

#### Berechtigungsvergabe für die Zertifikatvorlage „Schlüsselwiederherstellungsagent“

Sie müssen auf die Zertifikatvorlage „Schlüsselwiederherstellungsagent“ (oder auch KeyRecoveryAgent) der Gruppe oder der Person, die die Wiederherstellung übernehmen soll, die Berechtigungen

- Lesen
- Registrieren

geben.

*Abbildung 24.23: Berechtigungen*

## Registrieren der neuen Vorlage

Natürlich muss diese Zertifikatvorlage nun registriert werden.

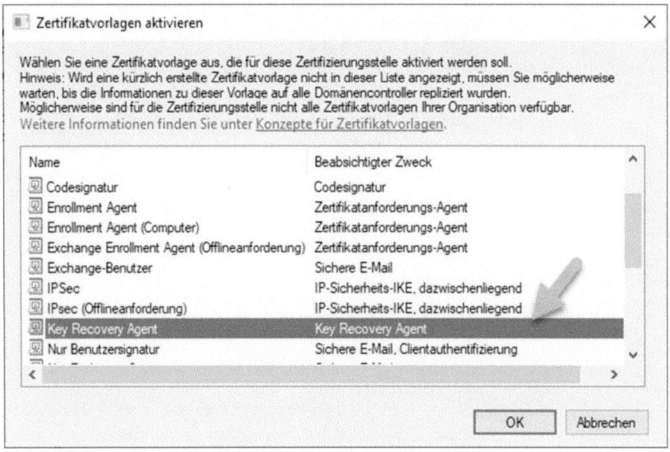


*Abbildung 24.24: Registrierung*

## Zertifikatanforderung

Nun kann der zukünftige Schlüsselwiederherstellungsagent dieses Zertifikat anfordern.

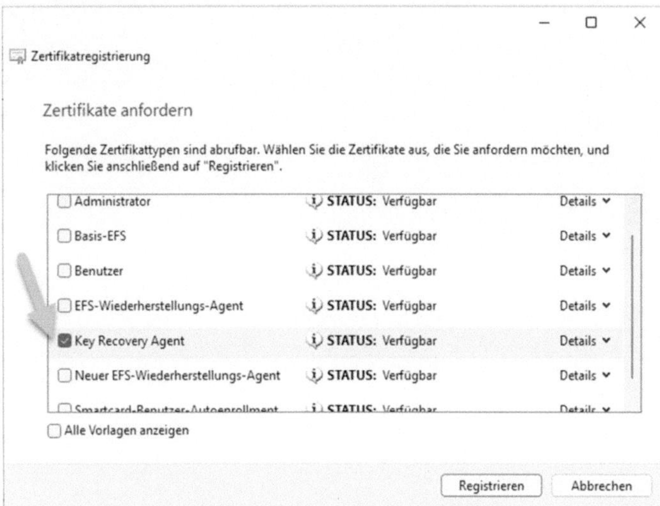


*Abbildung 24.25: Anforderung des Schlüsselwiederherstellungszertifikats*

## ACHTUNG!

Dieser Vorgang ist extrem heikel, deswegen wird das Zertifikat nicht automatisch ausgestellt.

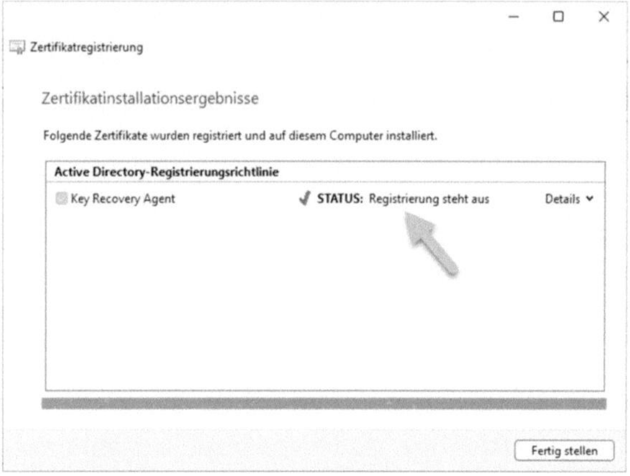


*Abbildung 24.26: Zertifikat wird nicht automatisch erstellt*

Ein Administrator muss die Anfrage genehmigen.

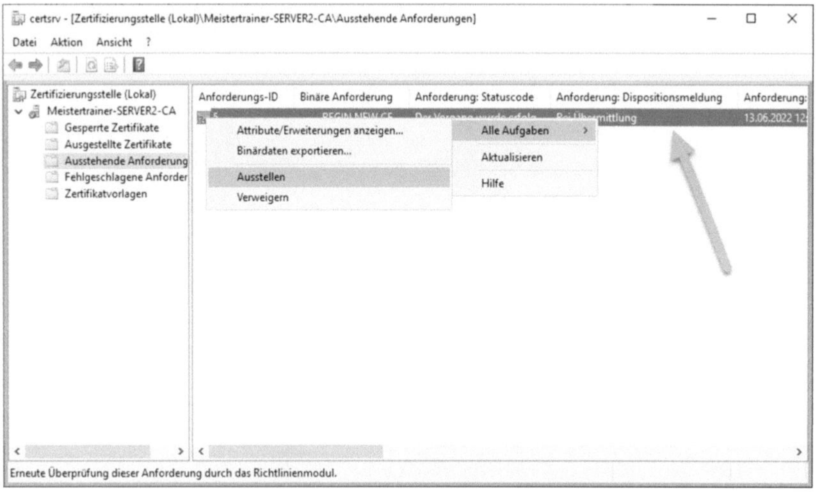


*Abbildung 24.27: Anfrage wird genehmigt*

Erst jetzt kann das Zertifikat installiert werden.

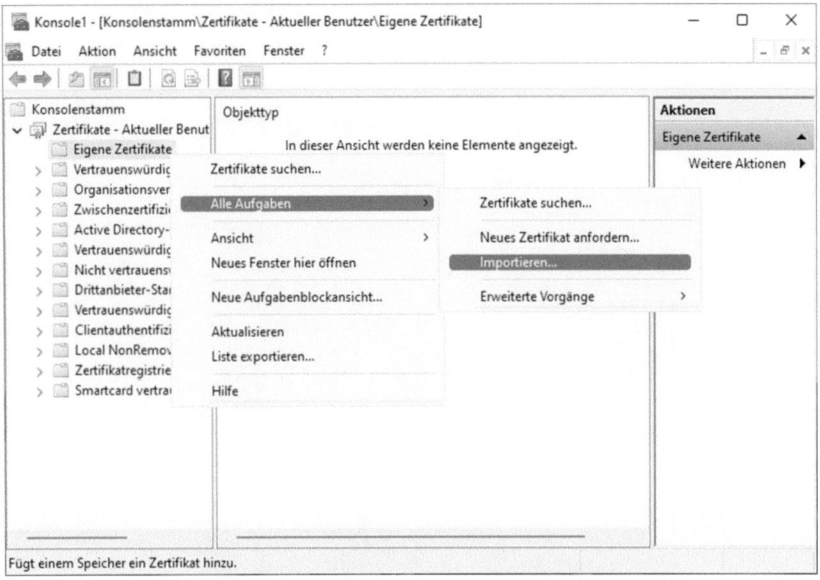


*Abbildung 24.28: Installation des Zertifikats*

## Konfigurieren der Zertifizierungsstelle für den Schlüsselwiederherstellungsagenten

Nun ist der Schlüsselwiederherstellungsagent bestimmt und hat sein Zertifikat erhalten.

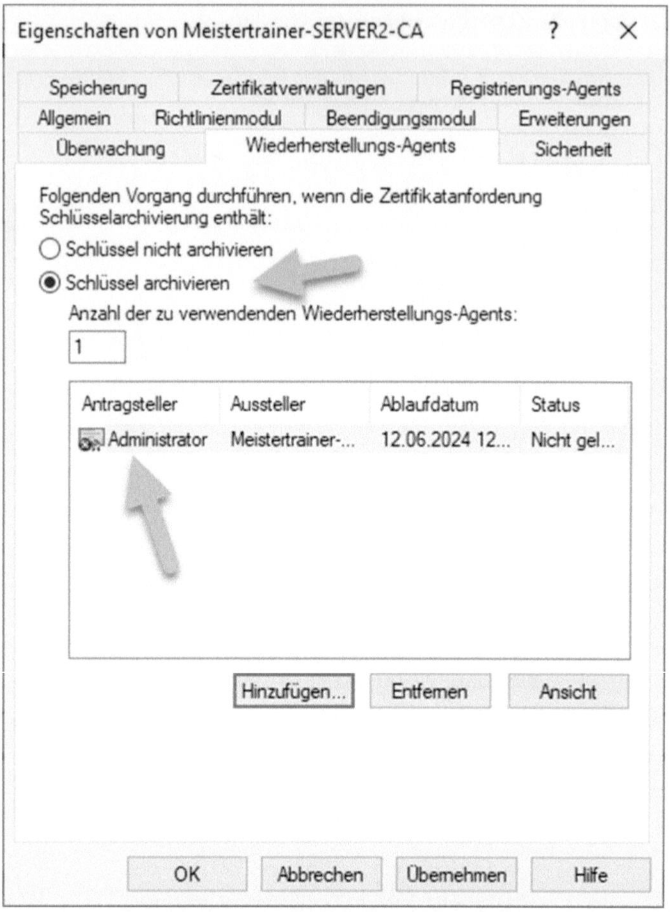


*Abbildung 24.29: Wiederherstellungsagenten*

Dieser Umstand muss der Zertifizierungsstelle noch mitgeteilt werden.

Dazu öffnen Sie die Verwaltungskonsole der Zertifizierungsstelle und bearbeiten die Eigenschaften.

Wechseln Sie auf die Karteikarte „Wiederherstellungs-Agents“, und wählen Sie hier

- Schlüssel archivieren

Nun fügen Sie noch das Zertifikat des Schlüsselwiederherstellungsagenten hinzu.

Anschließend müssen die Dienste der Zertifizierungsstelle neu gestartet werden.

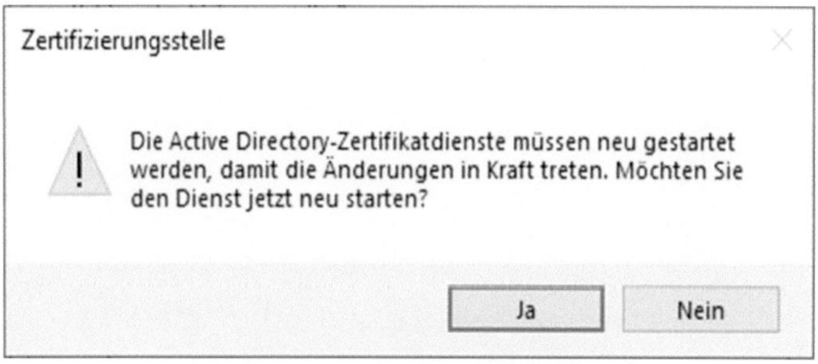


*Abbildung 24.30: Neustart der Dienste*

## Erstellen einer neuen Vorlage für zukünftige Zertifikate

So, fast geschafft. Der Schlüsselwiederherstellungsagent ist definiert, die Zertifizierungsstelle kennt ihn, nun wird nur noch eine Zertifikatvorlage benötigt, die den Schlüssel auch archiviert.

Das ist jetzt einfach, da wir ja schon so viele Zertifikatvorlagen kopiert und bearbeitet haben.

Wir wählen ein Benutzerzertifikat, kopieren es, geben ihm einen neuen Namen, wie „Benutzer mit archiviertem Schlüssel“, und nehmen Änderungen an der Karteikarte „Anforderungsverarbeitung“ vor.

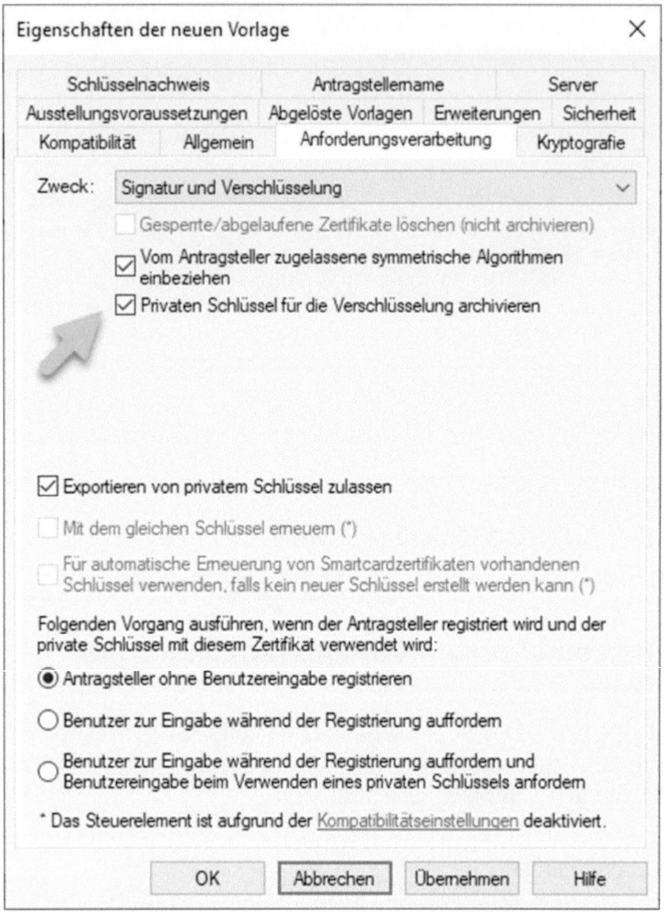


*Abbildung 24.31: Benutzer Zertifikatvorlage*

Hier setzen wir den Haken vor „Privaten Schlüssel für die Verschlüsselung archivieren“.

Diese Vorlage müssen wir nur noch registrieren, und ab diesem Zeitpunkt sind die privaten Schlüssel aller Zertifikate, die mit dieser Zertifikatvorlage ausgestellt werden, in der Datenbank der Zertifizierungsstelle gespeichert.

Der Schlüsselwiederherstellungsagent kann diese im Notfall wiederherstellen.

## Übung 24.3.1

- Richten Sie die Schlüsselarchivierung ein
- Stellen Sie alle Schritte anhand der Beschreibungen und Abbildungen im Buch nach
- Setzen Sie alle virtuellen Maschinen auf den Prüfpunkt „Basis“ zurück

### 24.3.2 Ausfallsicherheit

Natürlich sollten Sie auch an die Ausfallsicherheit der Zertifizierungsstellen denken. Hier könnte man eine Hochverfügbarkeitslösung ins Auge fassen, wie beispielsweise Network Load Balancing (NLB) oder auch einen Servercluster.

## 24.4 Verwalten einer Zertifizierungsstelle mithilfe der PowerShell

Wenn Sie eine CA bereits installiert haben, sollten Sie mit den Cmdlets

```
Import-Module ADCSDeployment
Import-Module ADCSAdministration
```

Die benötigten Module importieren.

Die wichtigsten Verwaltungs-Cmdlets sehen Sie hier:

| **Cmdlet** | **Beschreibung** |
|---|---|
| Add-CATemplate | Fügt eine Zertifikat-Vorlage hinzu |
| Add-CACrlDistributionPoint | Fügt einen CRL-Verteilungspunkt hinzu |
| Add-CAAuthorityInformationAccess | Fügt einen AIA hinzu |
| Get-CATemplate | Zeigt eine Liste der Vorlagen an |
| Get-CACrlDistributionPoint | Zeigt eine Liste der CRL-Verteilungspunkte an |
| Remove-CATemplate | Entfernt eine Vorlage |
| Remove-CACrlDistributionPoint | Entfernt die URL des CRL-Verteilungspunktes |

# 25 Tag 25: Datenverwaltung bei mehreren Standorten

## 25.1 Verteiltes Dateisystem (DFS)

DFS, „Distributed File System", ist eine Möglichkeit, den Clients mehrere Freigaben, die sich auf verschiedenen Servern befinden, unter einem gemeinsamen Namensraum zur Verfügung zu stellen.

### 25.1.1 Das Prinzip von DFS

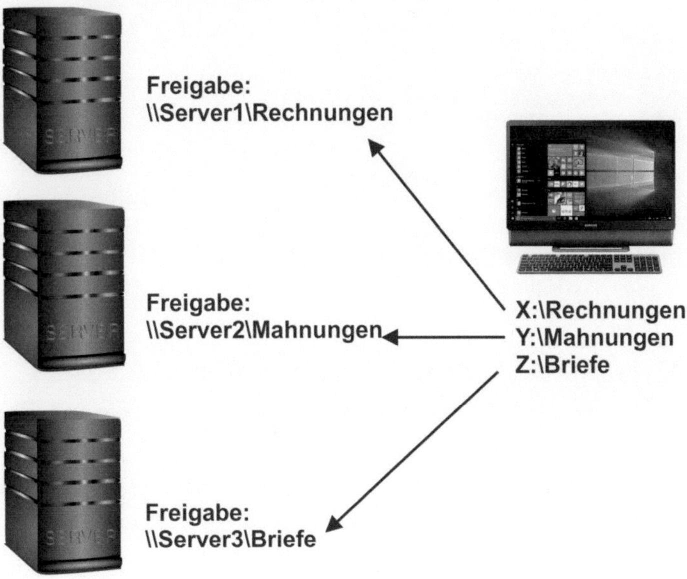


*Abbildung 25.1: Freigaben sind gemappt*

Oft ist es in größeren Firmen ein komplexes Szenario, viele Freigaben auf vielen Servern müssen auf den Clients zur Verfügung gestellt werden.

Das kann sehr unübersichtlich werden, denn jede Freigabe erhält einen eigenen Laufwerksbuchstaben.

Hier kommt DFS ins Spiel.

Um die verschiedenen Freigaben kompakter zur Verfügung stellen zu können, wird ein Server zum „DFS-Server“ gemacht.

Auf diesem wird ein DFS-Stamm erstellt, beispielsweise mit dem Namen „Firmendaten“.

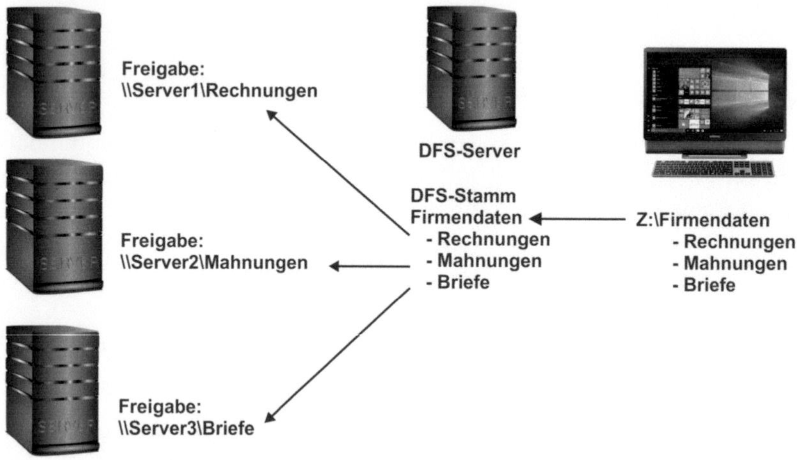


*Abbildung 25.2: DFS-Server*

An dieser Stelle, nämlich unterhalb des DFS-Stamms, werden nun die verschiedenen Laufwerke gemappt.

Das ergibt aus der Sicht des Clients eine einzige Freigabe mit diversen Unterordnern.

Damit haben Sie mehrere Fliegen mit einer Klappe erschlagen.

- Transparenz. Der Clientbenutzer hat nur noch eine Freigabe, es ist für ihn einfacher
- Zentralisierung. Sie müssen die verschiedenen Freigaben nur noch an einer einzigen Stelle verwalten, nämlich auf dem DFS-Server
- Vereinfachung. Sie müssen nicht mehr viele Freigaben auf allen Clients pflegen, sondern nur noch an einer Stelle

Alle Windows Clients seit Windows 2000 unterstützen DFS, das sollte also kein Problem sein.

DFS gibt es sowohl auf alleinstehenden Servern als auch in der Domäne.

Auf einem alleinstehenden Server hat DFS die oben genannte Funktionalität, und ist bereits eine große Vereinfachung.

## 25.1.2 DFS in einer Domäne

In der Domäne hat DFS allerdings noch weitere Vorteile, die es in Zusammenarbeit mit dem Active Directory ausspielen kann.

### Redundante Speicherorte

Obwohl das Grundprinzip von DFS bereits sehr innovativ ist, besteht immer noch die Gefahr, dass einzelne Server ausfallen könnten, und damit die dort gespeicherten Daten nicht verfügbar sind.

Wenn Sie DFS in einer Domäne verwenden, ist das kein Problem, denn Sie können „replizierende Server" definieren.

Betrachten wir wieder unser Beispiel.

Die Freigabe \\Briefe ist nun doppelt vorhanden, das bedeutet, sie ist sowohl auf Server3 als auch auf Server4 verfügbar.

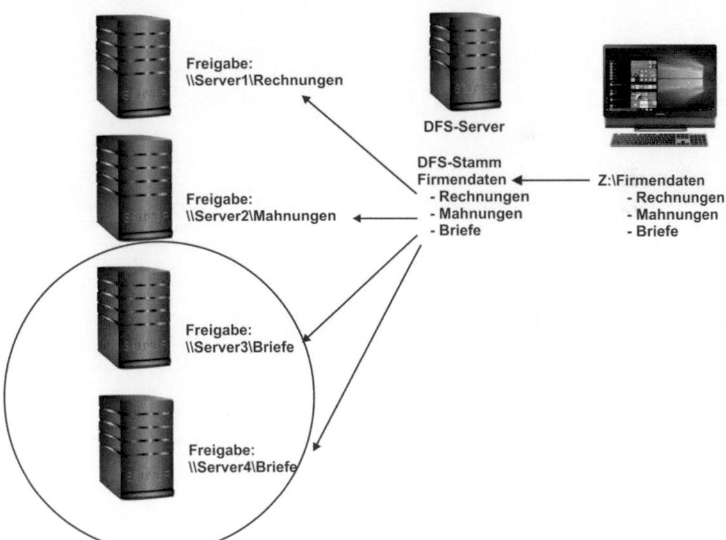


*Abbildung 25.3: Redundanz*

Sollte nun einer der beiden Server ausfallen, ist das kein Problem, denn die Daten sind ja noch auf dem anderen Server vorhanden.

**Wie das funktionieren kann?**

Nun, DFS benutzt den „File Replication Service“, der in jeder Domäne vorhanden ist, um die Daten zu synchronisieren. Das erklärt auch, warum diese Funktion nur in einer Domäne vorhanden ist.

**Übrigens:**

Auch die DFS-Roots lassen sich über FRS duplizieren!

## Standortübergreifendes DFS

Die Königsdisziplin in DFS ist es, die Clients in einer Active Directory Domäne bei aktivierter Redundanz der Daten an den „richtigen“ Fileserver zu verweisen. Der richtige Fileserver ist natürlich der nächstliegende.

Nehmen wir einmal an, wir haben eine Active Directory Domäne mit zwei Standorten, München und Wien. Wir haben in der Domäne DFS aktiviert, und auch mehrere Speicherorte für Daten und DFS-Stämme festgelegt, um Redundanz zu haben.

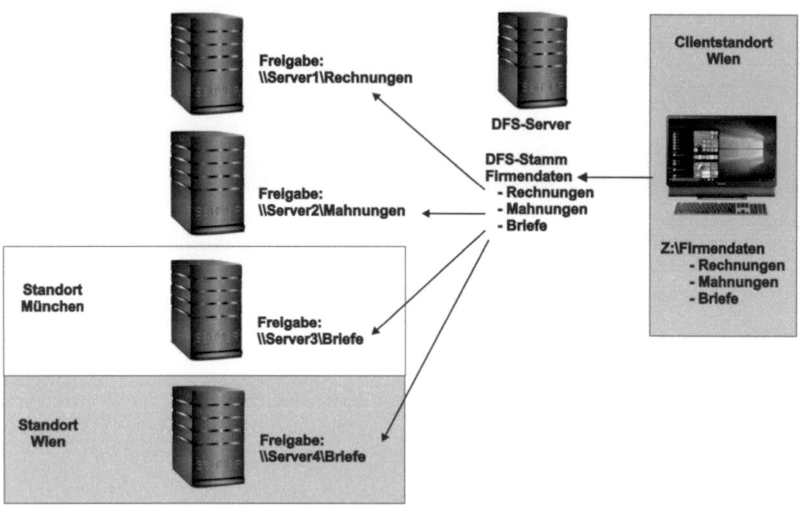


*Abbildung 25.4: DFS standortübergreifend*

Der Client am Standort Wien nimmt Kontakt mit seinem Domänencontroller auf, der ihn an den nächstliegenden DFS-Stamm verweist.

Dieser wiederum führt den Client dann an die Freigabe, die sich an seinem Standort befindet.

Das klingt sehr kompliziert, ist es aber nicht.

Erinnern wir uns: Die Standortdefinition basiert auf IP-Ranges, die bestimmten Active Directory-Standorten zugewiesen sind.

Anhand der IP-Adresse des Clients ist es einfach, ihn an den richtigen DFS-Stamm und dann natürlich auch an den richtigen Ressourcenserver zu verweisen.

## 25.1.3 Installation von DFS

DFS ist Teil der Rolle „Datei-/Speicherdienste“, deswegen muss diese Rolle bearbeitet werden.

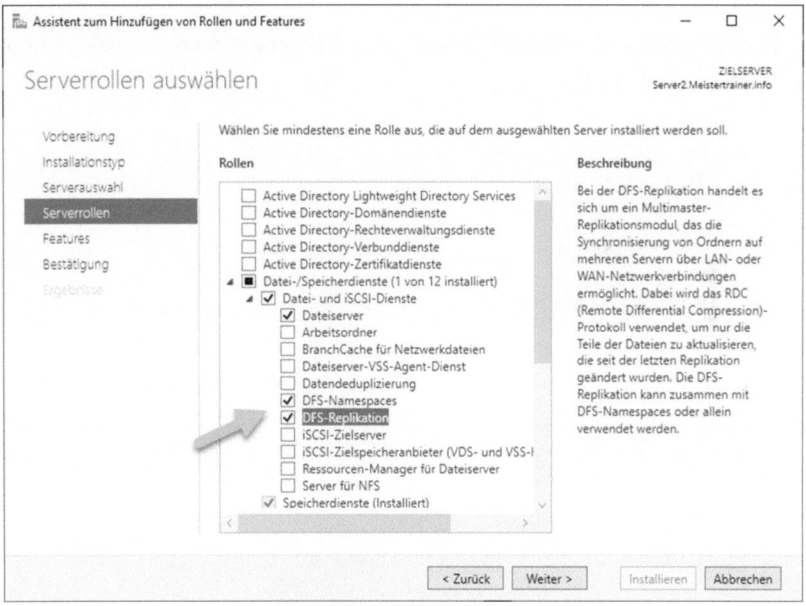


*Abbildung 25.5: Dateidienste*

Aktivieren Sie „DFS-Namespaces“ und „DFS-Replikation“.

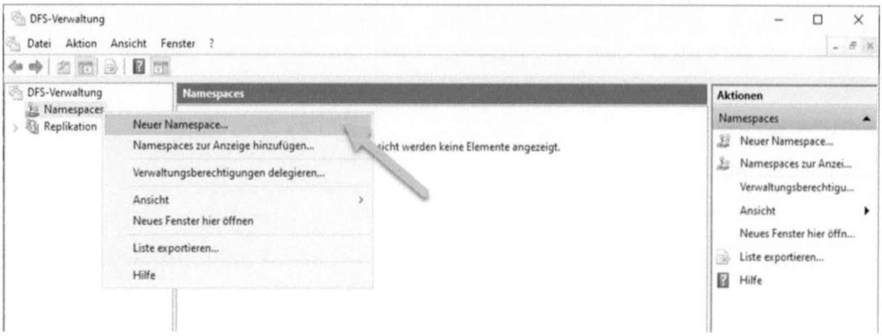


*Abbildung 25.6: DFS-Verwaltung*

Nun wird die Installation vorgenommen, und danach steht Ihnen in der „Verwaltung“ ein zusätzliches Snap-In zur Verfügung, die DFS-Verwaltung.

Hier nehmen Sie die Konfiguration von DFS vor.

Als ersten Schritt müssen wir nun einen „Namespace“ konfigurieren, das ist der Name der virtuellen Freigabe, mit der sich später die Clients verbinden.

Sie klicken mit der rechten Maustaste auf „Namespaces“ und wählen „Neuer Namespace“.

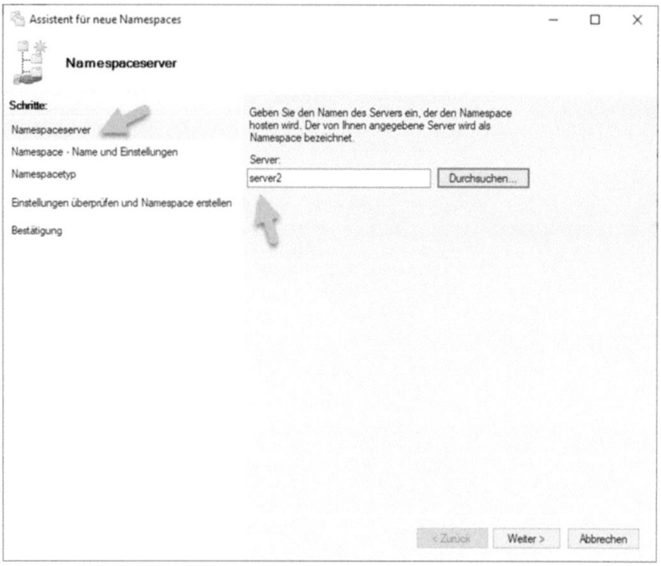


*Abbildung 25.7: Neuer Namespace*

Sie wählen den Server, auf dem der Namespace gehostet werden soll.

Nun geben Sie dem Namespace einen Namen und legen die Zugriffsberechtigungen fest.

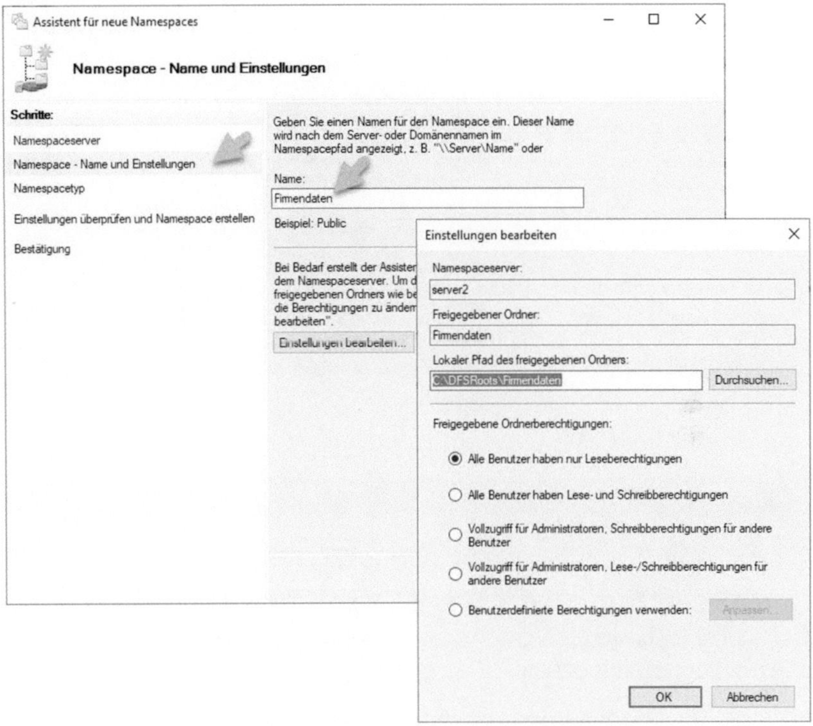


*Abbildung 25.8: Name und Zugriffsberechtigungen*

Im nächsten Schritt legen Sie auch hier den Typ des Namespace fest, domänenbasiert oder eigenständig.

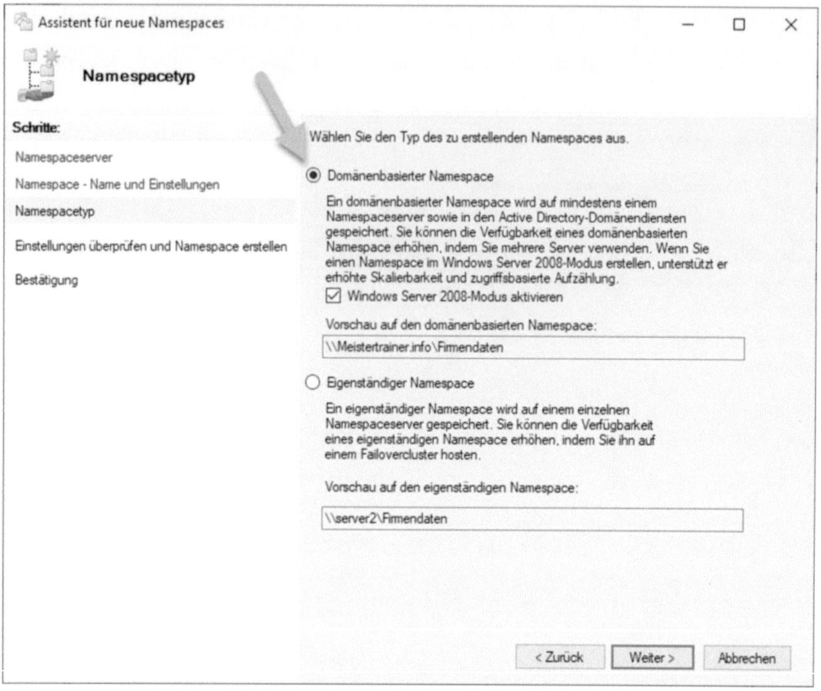


*Abbildung 25.9: Domänenbasierter oder eigenständiger Namespace*

Der domänenbasierte Namespace hat einige Vorteile gegenüber dem eigenständigen Namespace.

Auch macht die Domänen- und Gesamtstrukturfunktionsebene einen Unterschied in der Skalierbarkeit.

| Eigenschaften | Domänenbasierter Namespace | Eigenständiger Namespace |
|---|---|---|
| Zugriffspfad auf den Namespace | \\NameDerDomäne\ Namespace | \\NameDesServers\ Namespace |
| Speicherort des Namespace | Active Directory und Cache | Registry des Servers und Cache |

| Größe | - Im Modus Windows 2000:<br>Bis zu 5.000 Ordner mit Zielen<br>- Im Modus Windows Server 2008:<br>Bis zu 50.000 Ordner mit Zielen | Bis zu 50.000 Ordner mit Zielen |
|---|---|---|
| Minimaler Domänen-funktionsmodus | Windows 2000 Server Modus:<br>Windows 2000 mixed<br>Windows Server 2008 Modus:<br>Windows Server 2008 | Entfällt |
| Minimaler Gesamtstruktur-funktionsmodus | Windows 2000 Server Modus:<br>Windows 2000 mixed<br>Windows Server 2008 Modus:<br>Windows Server 2003 | Entfällt |
| Hochverfügbarkeit | Namespace kann auf mehreren Servern gehostet werden | Failovercluster |
| Zugriffsbasierte Auflistung | Windows 2000 Server Modus:<br>nein<br>Windows Server 2008 Modus:<br>Ja | Ja, mit einem Namespaceserver mit mindestens Windows Server 2008 |
| DFS Replikation | Unterstützt | Unterstützt |

# Übung 25.1.3

- Erstellen Sie auf Server2 einen DFS-Namespace mit Namen „Firmendaten“

## 25.1.4 Hinzufügen von Freigaben (Verweisen)

Nach der Installation können Sie natürlich die verschiedenen Freigaben als Ordner im Namespace hinzufügen.

Dazu klicken Sie mit der rechten Maustaste auf den Namespace, den Sie bearbeiten wollen, und wählen „Neuer Ordner…“.

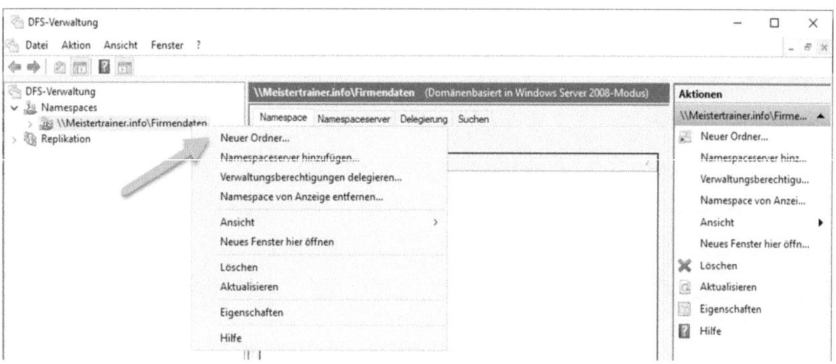


*Abbildung 25.10: Neuer Ordner*

Zunächst legen Sie den Namen des Ordnerziels fest, und dann die reale Freigabe, auf die verwiesen werden soll.

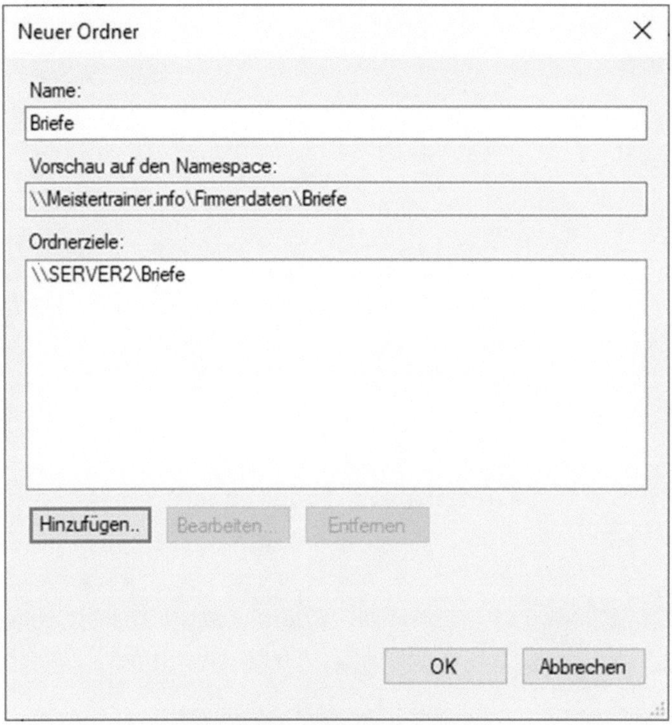


*Abbildung 25.11: Neuer Ordner*

**ACHTUNG!**

Bitte unterscheiden Sie hier den Begriff Ordner und Ordnerziel.

Ordner ist der Link, den Sie im Namespace erstellen, das Ordnerziel dagegen ist die reale Freigabe, in der sich die Daten befinden!

Damit ist der Ordner erstellt und verweist nun auf ein Ordnerziel.

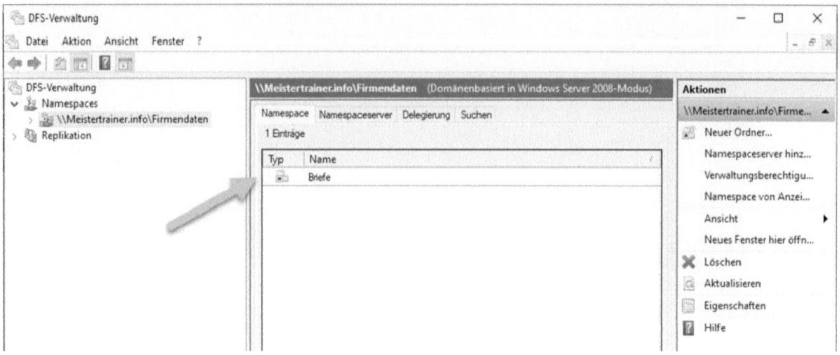


*Abbildung 25.12: Ordner ist erstellt*

# Übung 25.1.4

- Erstellen Sie auf Server2 im DFS-Namespace mit Namen „Firmendaten“ ein Ordnerziel mit Namen „Briefe“, das auf eine Freigabe auf „Server2“ mit Namen „Briefe“ verweist
- Auf diesen Ordner soll die Gruppe der „Authentifizierten Benutzer“ „Vollzugriff“ haben

## 25.1.5 Replizierende Freigaben

Wie zuvor besprochen, sollten Sie für Redundanz sorgen, und die Daten in mindestens zwei Ordnern speichern, die natürlich auf verschiedenen Servern sein sollten und sich miteinander abgleichen.

Das hat mehrere Vorteile:

- Fällt ein Server aus, kann auf die Daten noch über die replizierende Freigabe zugegriffen werden
- Bei mehreren Standorten kann der Zugriff auf die Daten an den Ordner am Standort gelenkt werden

Um dieses Ziel zu erreichen, erstellen Sie zunächst einen replizierenden Ordner auf einem anderen Server und geben diesen für die Benutzung frei.

Dann muss auf diesem Server der Rollendienst „DFS-Replikation" installiert werden, denn nur dann können die beiden Ordnerziele sich abgleichen.

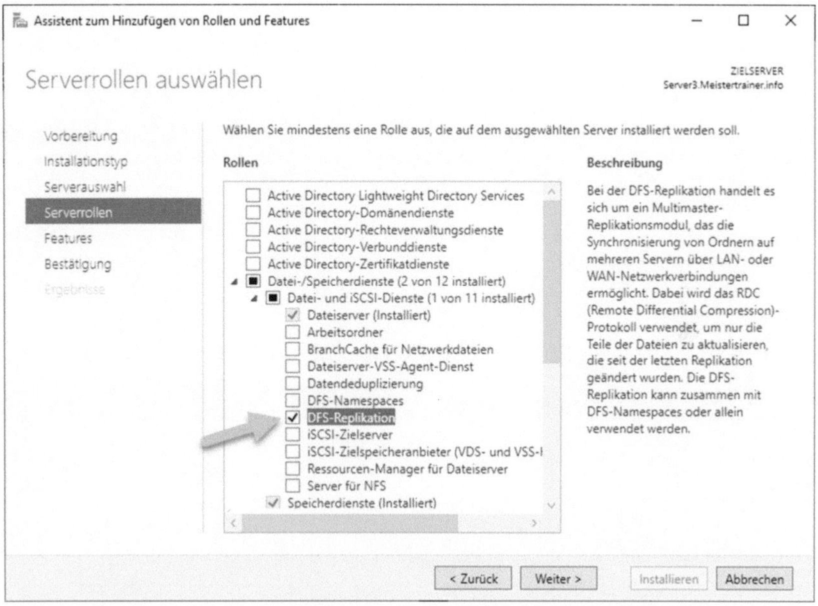


*Abbildung 25.13: Aktivierung der DFS-Replikation auf dem Zielserver*

Danach können Sie die Ordnerreplikation einrichten.

Sie wählen den Ordner aus, der repliziert werden soll, und wählen „Ordnerziel hinzufügen".

Zunächst sagt der Assistent Ihnen, dass Sie mindestens zwei Ordnerziele benötigen, um eine Replikation einzurichten.

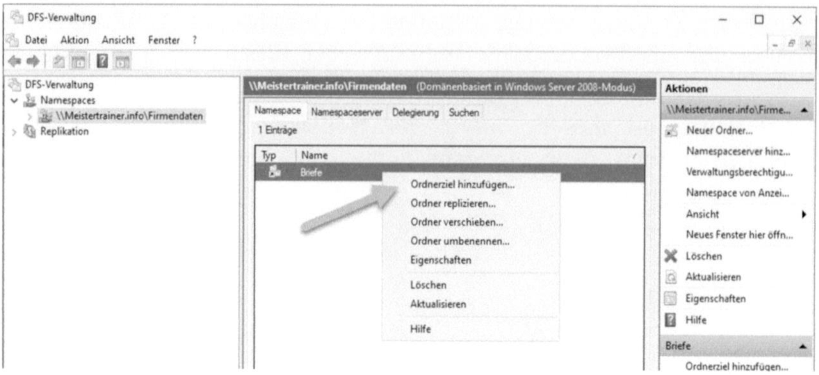


*Abbildung 25.14: Replikation*

Dann sollten Sie ein zweites Ordnerziel anlegen, das sich auf einem anderen Server befindet.

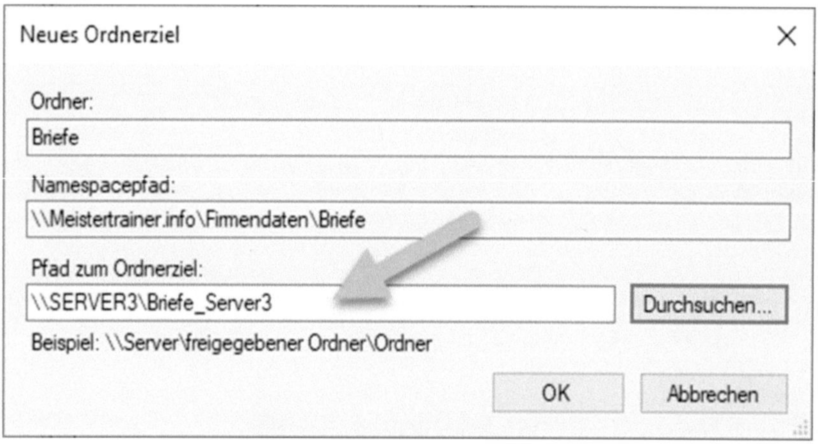


*Abbildung 25.15: Neues Ordnerziel*

Das reine Anlegen eines zweiten Ordnerzieles reicht nicht aus, es muss nun die Replikation konfiguriert werden.

Dazu wird eine Replikationsgruppe erstellt.

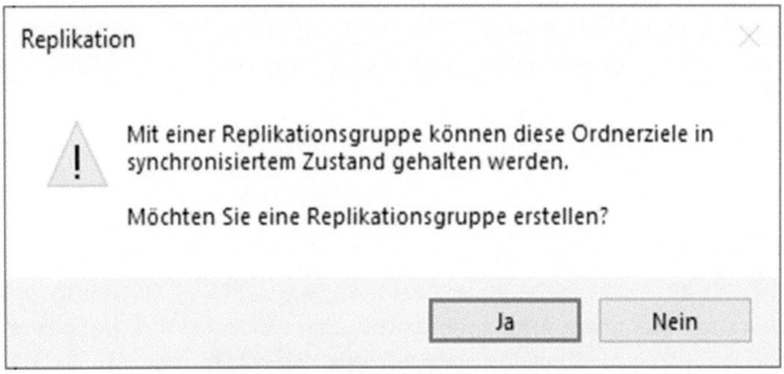


*Abbildung 25.16: Replikationsgruppe*

Ein Assistent startet, der Sie durch die Erstellung der Replikationsgruppe führt.

Sie müssen das primäre Mitglied der Replikationsgruppe festlegen.

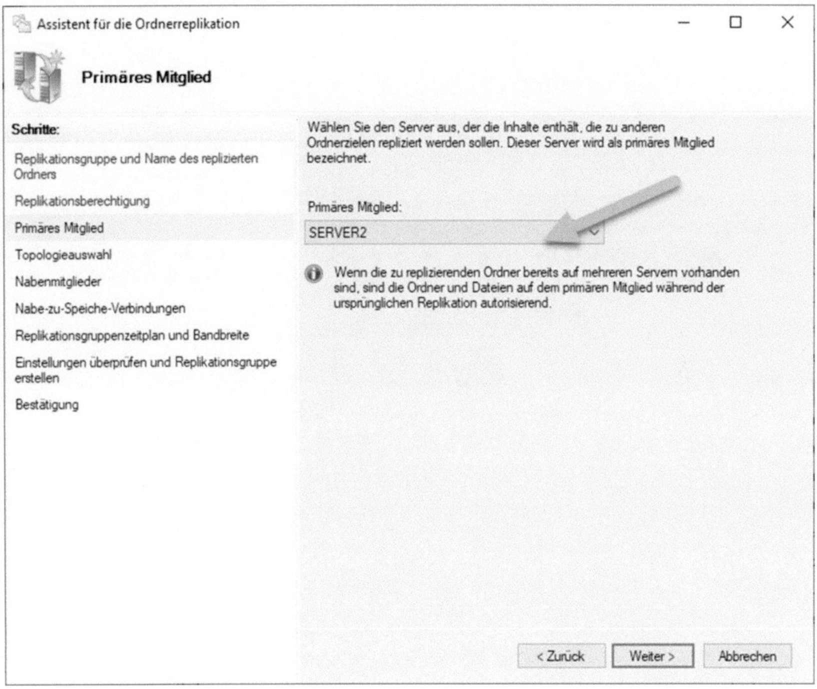


*Abbildung 25.17: Primäres Mitglied der Replikationsgruppe*

Das primäre Mitglied initiiert die erste Replikation, also werden alle Daten, die dort gespeichert sind, auf die anderen Replikationsziele übertragen.

Danach legen Sie die Replikationstopologie fest.

## Nabe und Speiche

In einer Nabe und Speiche-Topologie wird ein Computer als Nabe bestimmt und mit allen anderen Computern verbunden. Diese werden als Speichen bezeichnet. Dateien werden von der Nabe zu den Speichen und umgekehrt repliziert, es werden jedoch keine Dateien direkt zwischen zwei Speichen repliziert. Sie müssen angeben, welcher Computer als Hub verwendet werden soll.

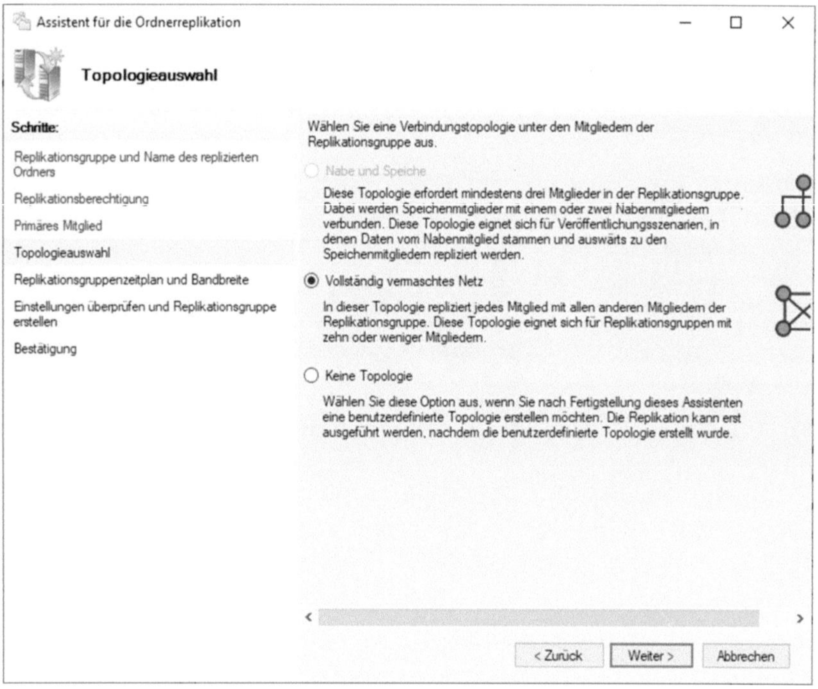


*Abbildung 25.18: Replikationstopologie*

### Vollständig vermaschtes Netz

In einer vollständig vermaschten Topologie sind alle Computer miteinander verbunden. Eine auf einem Computer erstellte Datei wird direkt zu allen anderen Computern repliziert.

Nun wählen Sie den Replikationszeitplan und die benutzte Bandbreite.

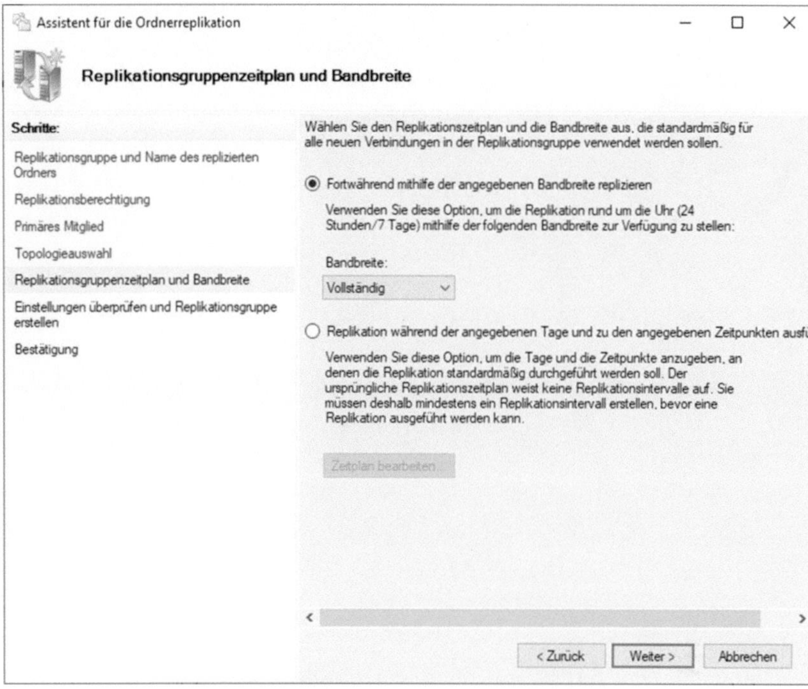


*Abbildung 25.19: Zeitplan und Bandbreite*

Sie können Bandbreite sparen, indem Sie die Replikation beispielsweise nur nachts stattfinden lassen.

Damit erstellt der Assistent die Replikationsgruppe, und nach einer gewissen Zeit beginnt die erste Replikation.

## Übung 25.1.5

- Erstellen Sie auf Server2 im DFS-Namespace mit Namen „Firmendaten“ ein replizierendes Ordnerziel für den Ordner „Briefe“
- Benutzen Sie dafür eine Freigabe mit Namen „Briefe_Server3“, die auf Server3 liegt
- Auf diesen Ordner soll die Gruppe der „Authentifizierten Benutzer“ „Vollzugriff“ haben
- Die Replikation soll von „Server2“ aus initiiert werden
- Die Topologie für die Replikation ist „Vollständig vermaschtes Netz“

## 25.1.6 Replikate des Stammes

Genauso einfach sind Replikate des Stammes zu erstellen.

Das ist wichtig, denn wenn der Server, der den Stamm hostet ausfällt, nutzt auch ein replizierender Ordner nichts mehr.

Der Stamm ist Bestandteil des Pfades zu den Daten, und wenn er ausfällt, kann auf die Daten nicht mehr zugegriffen werden.

Sie wählen dafür einen Server, der das Replikat des Stammes halten soll.

Auf ihm installieren Sie den Rollendienst „DFS-Namespaces“.

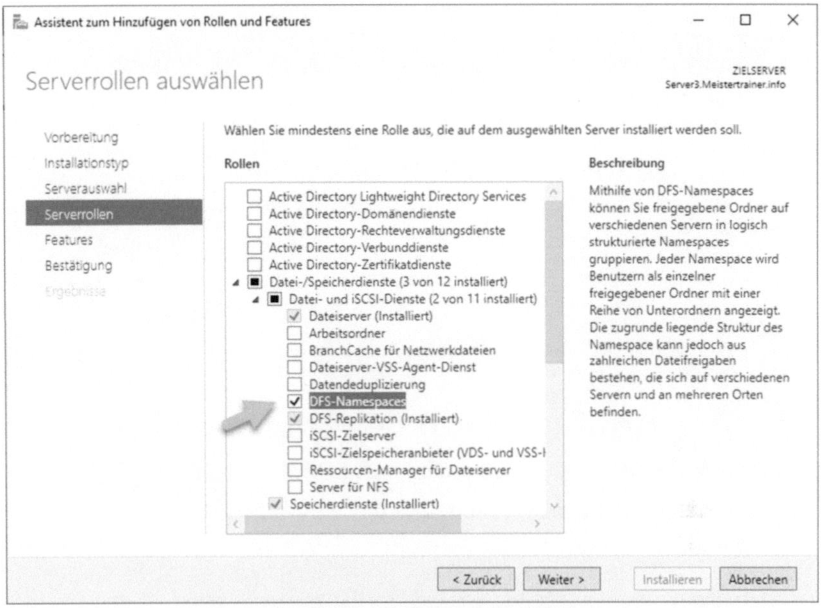


*Abbildung 25.20: Installation DFS-Namespaces*

Danach können Sie das Replikat auf dem Server mit dem ursprünglichen Stamm einrichten.

Sie markieren den Namespace und wechseln dort auf die Karteikarte „Namespaceserver“.

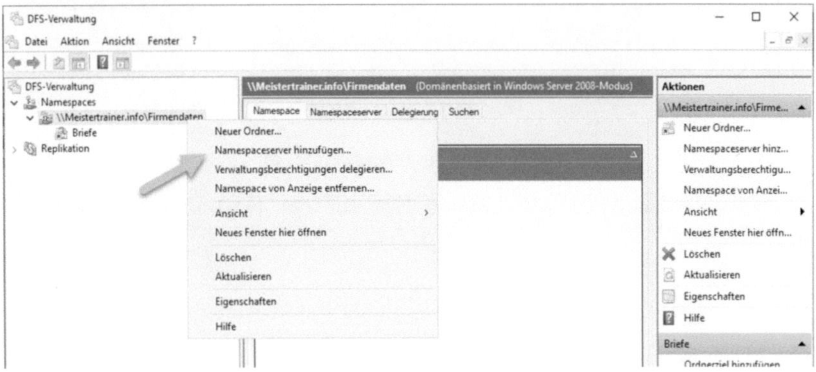


*Abbildung 25.21: Namespaceserver*

Klicken Sie dann auf „Namespaceserver hinzufügen“, und Sie können für den Stamm ein Replikat einrichten.

## Übung 25.1.6

- Erstellen Sie auf Server2 für den DFS-Namespace mit Namen „Firmendaten“ ein Stammreplikat auf Server3

## 25.1.7 Konfiguration des Namespaces

Natürlich kann der Namespace auch konfiguriert werden.

Dazu bearbeiten Sie die Eigenschaften des Namespaces.

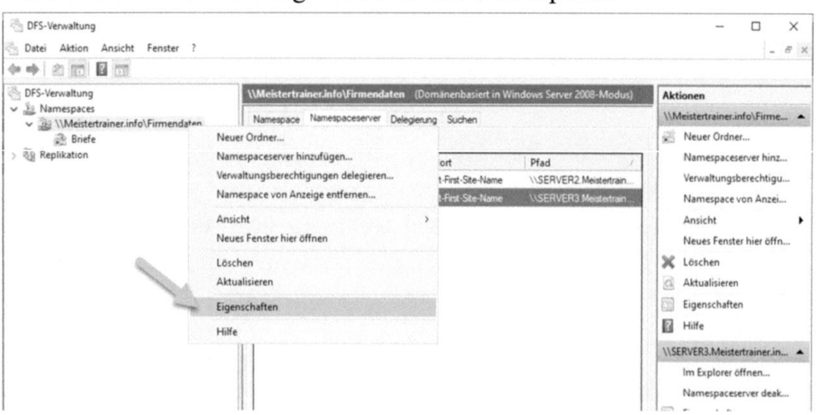


*Abbildung 25.22: Eigenschaften des Namespaces*

Interessante Einstellungen können Sie auf der Karteikarte „Verweise“ machen.

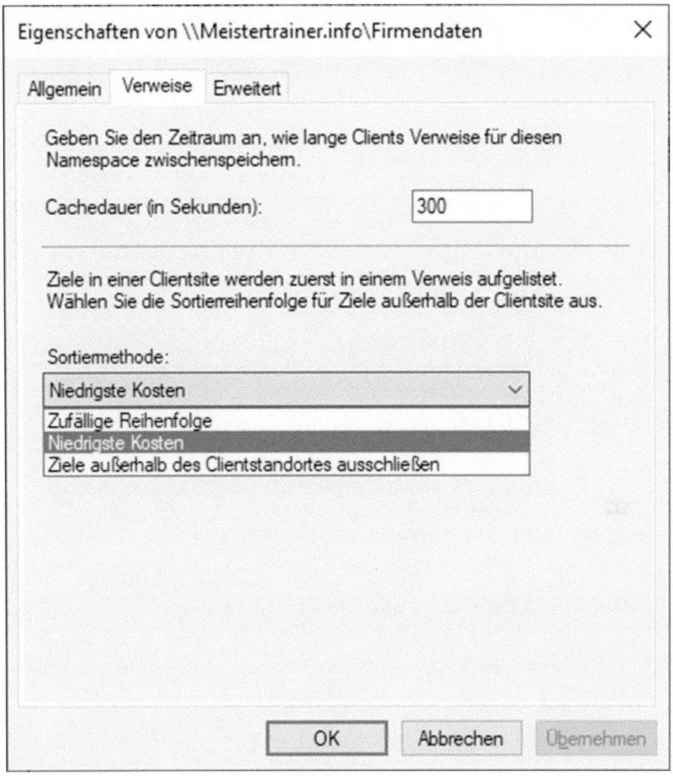


*Abbildung 25.23: Verweise*

Zunächst legen Sie fest, wie lange der Verweis auf ein Ordnerziel im Cache des Clients behalten wird.

Nachdem der Client den Verweis empfangen hat, versucht der Client, auf das erste Ziel in der Liste zuzugreifen. Wenn das Ziel nicht verfügbar ist, versucht der Client, auf das nächste Ziel zuzugreifen.

Die Ziele am Standort des Clients werden in einem Verweis immer zuerst aufgelistet. Ziele außerhalb des Standorts des Clients werden nach der Sortiermethode aufgelistet.

Die Karteikarte „Erweitert“ bietet Ihnen noch mehr Einstellungsmöglichkeiten.

Einmal können Sie wählen, wie die Abfragen des Domänencontrollers vorgenommen werden sollen.

In den meisten Fällen ist hier „Für Konsistenz optimieren“ die beste Wahl.

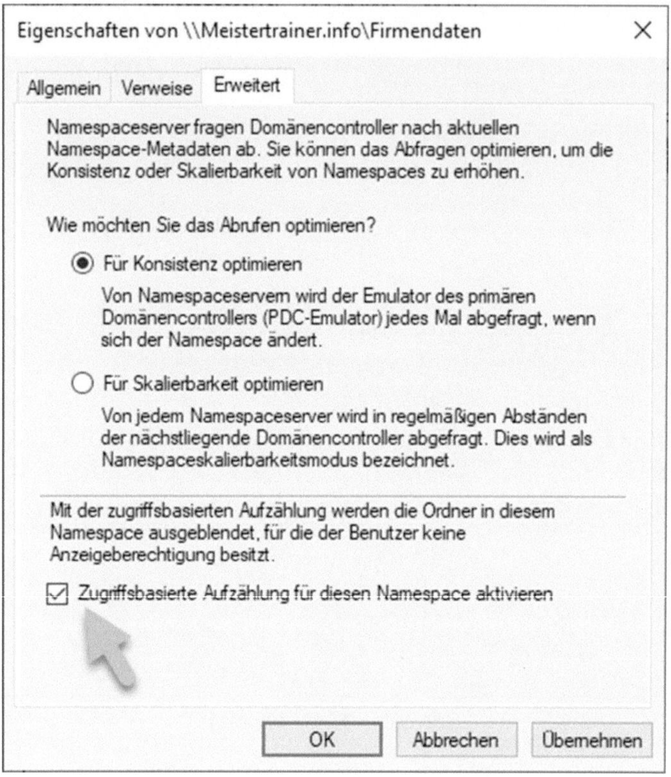


*Abbildung 25.24: Erweiterte Einstellungen*

Im unteren Teil können Sie die „Zugriffsbasierte Aufzählung“ aktivieren.

Bei der zugriffsbasierten Aufzählung werden Dateien und Ordner ausgeblendet, für die die Benutzer keine Zugriffsberechtigungen besitzen.

## ACHTUNG!

Zum Aktivieren der zugriffsbasierten Aufzählung für einen Namespace muss auf allen Namespaceservern Windows Server 2008 oder höher ausgeführt werden. Darüber hinaus muss für domänenbasierte Namespaces der Windows Server 2008-Modus verwendet werden.

## Übung 25.1.7

- Aktiveren Sie im DFS-Namespace mit Namen „Firmendaten“ die Zugriffsbasierte Aufzählung
- Ändern Sie die Dauer der Zwischenspeicherung des Ordnerziels im Cache der Clients auf 360 Sekunden

## 25.1.8 DFS aus der Sicht des Clients

Für den Client ist DFS transparent.

Sie müssen nur einmal ein Laufwerk verbinden, und zwar den Namespace (den Stamm) selber.

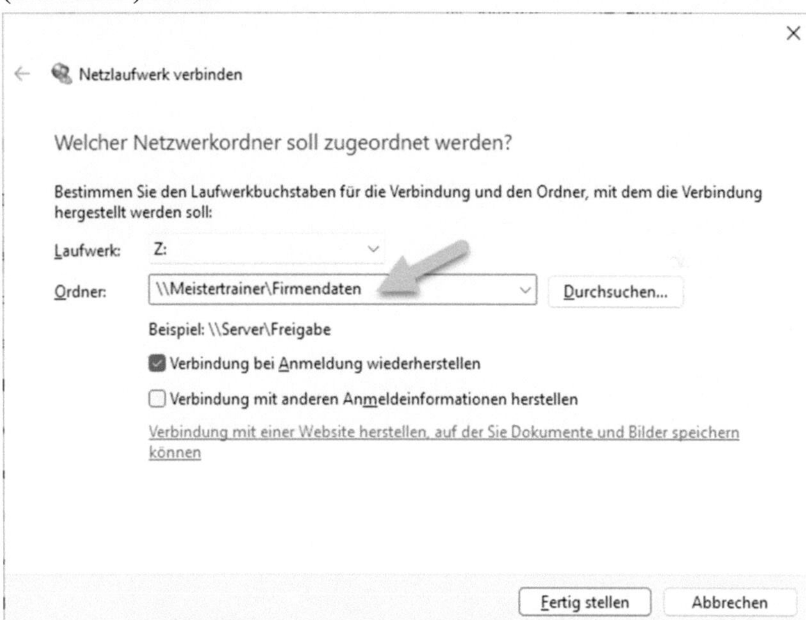


*Abbildung 25.25: Verbinden mit dem Namespace*

Nun erscheint dieses Laufwerk mit den Unterordnern.

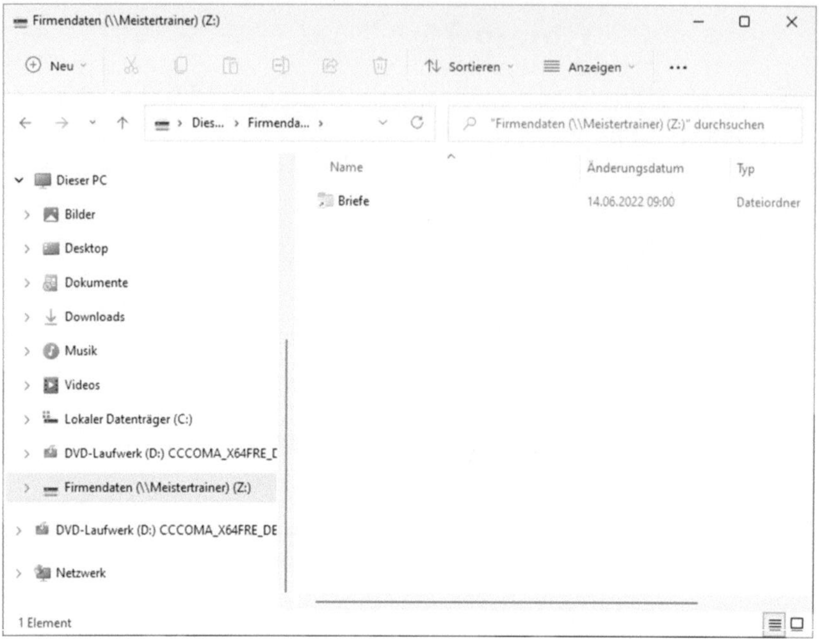


*Abbildung 25.26: Laufwerk mit Unterordnern*

# Übung 25.1.8

- Melden Sie sich als „Karl Klammer“ an „W11“ an
- Mappen Sie den DFS-Namespace mit Namen „Firmendaten“

## 25.1.9 DFS über die Befehlszeile

Wie beinahe alle Funktionen kann auch DFS über die Befehlszeile konfiguriert werden.

Hierbei sind zwei Befehle wichtig:

**DFSCMD**

Mit DFSCMD wird die DFS-Struktur bearbeitet, also Ordner erstellt.

Wenn Sie eine detailliertere Verwaltung von DFS möchten, also Ordnerziele verändern, Diagnosen stellen, oder Berechtigungen bearbeiten, benötigen Sie das Tool

**DFSUTIL**

## 25.1.10 DFS mit der PowerShell

Natürlich können Sie DFS auch mit der PowerShell konfigurieren.

| **Cmdlet** | **Bedeutung** |
|---|---|
| Get-DfsnAccess | Zeigt die Berechtigungen eines DFS Namenraumordners an |
| Get-DfsnFolder | Zeigt die Einstellungen eines DFS Namenraumordners an |
| Get-DfsnFolderTarget | Zeigt die Einstellungen für Ziele an |
| Get-DfsnRoot | Zeigt Einstellungen für Stämme an |
| Get-DfsnServerConfiguration | Zeigt die Einstellungen für einen DFS-Rootserver an |
| Grant-DfsnAccess | Gewährt Berechtigungen für einen DFS Namenraumordner |
| Move-DfsnFolder | Verschiebt oder benennt einen Ordner um |

| | |
|---|---|
| New-DfsnFolder | Erstellt einen Ordner |
| New-DfsnFolderTarget | Erstellt ein Ziel in einem Ordner |
| New-DfsnRoot | Erstellt einen Namensraum |
| New-DfsnRootTarget | Erstellt ein Namensraumziel |
| Remove-DfsnAccess | Entfernt Benutzer oder Gruppen von der ACL eines Ordners |
| Remove-DfsnFolder | Entfernt einen Ordner |
| Remove-DfsnFolderTarget | Entfernt ein Ziel aus einem Ordner |
| Remove-DfsnRoot | Entfernt einen Namensraum |
| Set-DfsnFolder | Ändert die Einstellungen eines Ordners |
| Set-DfsnFolderTarget | Ändert die Einstellungen eines Ziels |
| Set-DfsnRoot | Ändert die Einstellungen eines Namensraums |

## 25.2 BranchCache

Die weiterhin zunehmende Vernetzung (Außenstellen, Regionalbüros etc.) findet auch außerhalb von Ballungszentren statt, wo eine ausreichende Versorgung mit Breitbandanschlüssen weiterhin Wunschdenken ist. Hier sind Funktionalitäten gefragt, die vorhandene Ressourcen optimal ausnutzen. Eine dieser Funktionalitäten ist BranchCache.

Was macht BranchCache?

Der BranchCache ist ein lokaler Zwischenspeicher. Wird von einer über eine WAN-Verbindung angebundenen Außenstelle auf eine Datei zugegriffen, die sich physikalisch auf einem Laufwerk in der Hauptniederlassung befindet, kann diese im BranchCache lokal in der Außenstelle vorgehalten werden.

BranchCache gibt es in zwei Modi:

- Verteilter Cache (engl. distributed cache): die Daten werden auf den Clients zwischengespeichert und innerhalb des lokalen Netzwerks weitergegeben, wenn sie erneut aus der Hauptniederlassung angefordert werden sollten. Dieser Modus ist sinnvoll, wenn es eine sehr kleine Zweigstelle ohne Server ist
- Gehosteter Cache (engl. hosted cache): die Daten werden auf einem eigenen BranchCache Host zwischengespeichert, von dem sich die lokalen Clients die Kopie holen. Dazu braucht es einen eigenen Server mit dem BranchCache Feature. Dieser Modus ist für größere Niederlassungen sinnvoll

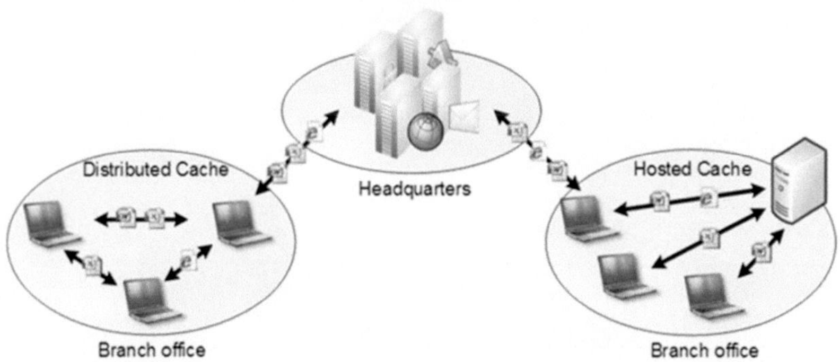


*Abbildung 25.27: BranchCache Prinzip (Quelle: Technet Microsoft)*

Allerdings gibt es für den Einsatz des BranchCaches einige Voraussetzungen:

- Die beteiligten Server und Clients müssen mindestens Windows Server 2008 R2 und Windows 7 als Betriebssystem haben.
- IPv6 muss auf allen beteiligten Maschinen aktiviert sein.

## 25.2.1 Installation von BranchCache

Wenn Sie den „Verteilten Cache“ benutzen möchten, ist an den Zweigstellen kein Server nötig, es wird ausschließlich der Cache der Clients benutzt.

Wenn Sie allerdings den „Hosted Cache“ benutzen wollen, müssen Sie das Feature „BranchCache“ auf einem Server installieren, entweder über die PowerShell oder den Server-Manager.

Für PowerShell genügen die Befehle:

*Install-WindowsFeature BranchCache*

*Restart-Computer*

Mit dem Server-Manager müssen Sie einfach folgende Schritte nachvollziehen:

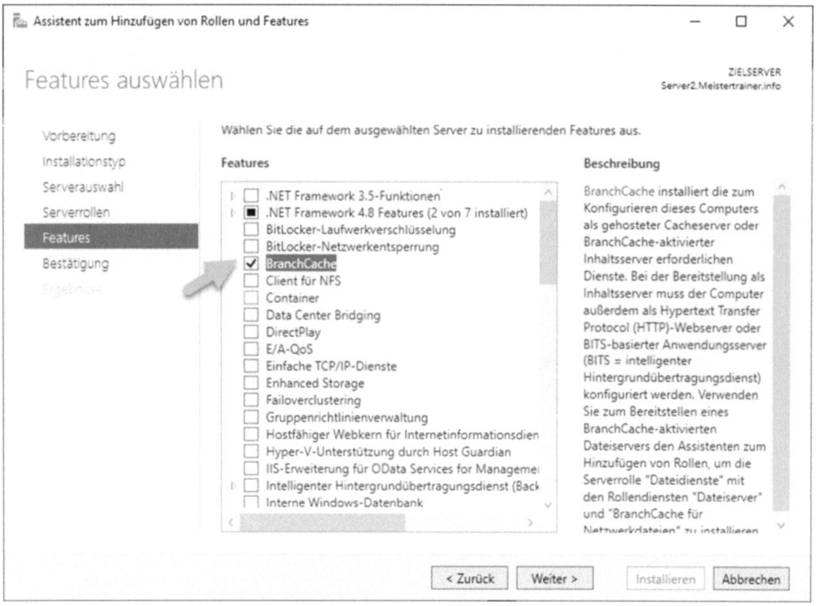


*Abbildung 25.28: BranchCache Dienst als Feature*

## 25.2.2 Die Konfiguration des BranchCaches

Die Konfiguration des BranchCaches auf dem Server wird durch die Installation des Features „BranchCache“ vorgenommen.

### Aktivieren in einer Gruppenrichtlinie

Auf dem Client können Sie den BranchCache einfach in einer Gruppenrichtlinie aktivieren. Verfolgen Sie den Pfad

- Computerkonfiguration
- Administrative Vorlagen
- Netzwerk
- BranchCachc

Hier sehen Sie alle Richtlinien für BranchCache.

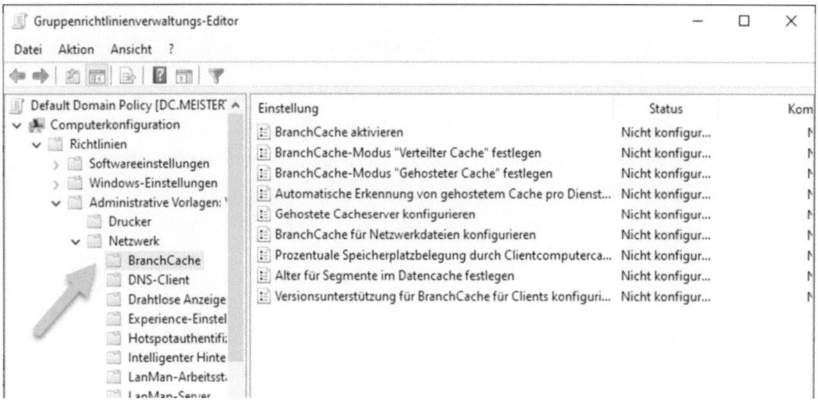


*Abbildung 25.29: BranchCache Gruppenrichtlinien*

Zunächst müssen Sie die erste Einstellung „BranchCache aktivieren“ bearbeiten und diese Einstellung aktiv setzen.

Dann müssen Sie sich noch für den Modus entscheiden und entweder „Verteilter Cache“ oder „Gehosteter Cache“ aktivieren. Beim „Gehosteten Cache“ müssen Sie den BranchCache Host in der Zweigstelle angeben.

**ACHTUNG!**

Hier muss zwischen den Clients Windows 7 oder Windows 8 aufwärts unterschieden werden.

Wenn Sie Windows 7 Clients konfigurieren wollen, nehmen Sie die Einstellung „BranchCache-Modus „Gehosteter Cache“.

Für Clients ab Windows 8 benutzen Sie „Gehostete Cacheserver konfigurieren“.

Dann können Sie noch festlegen, welche Speicherbelegung in Prozent Sie zulassen möchten und wie lange die Daten im Cache bleiben sollen (der Standardwert für eine nicht konfigurierte Richtlinie ist 28 Tage).

### 25.2.3 Konfiguration der Firewall

Sie sollten die Firewall entsprechend konfigurieren, wenn sie aktiv ist.

Für beide Modi, sowohl „Verteilter Cache“ als auch „Gehosteter Cache“ müssen Sie eine ausgehende Regel einrichten, die Sie aber aus den vordefinierten Regeln benutzen können. Rufen Sie die „Windows-Firewall mit erweiterter Sicherheit“ auf und wechseln Sie zu den ausgehenden Regeln:

**„BranchCache – Inhaltsabruf (http ausgehend)“**

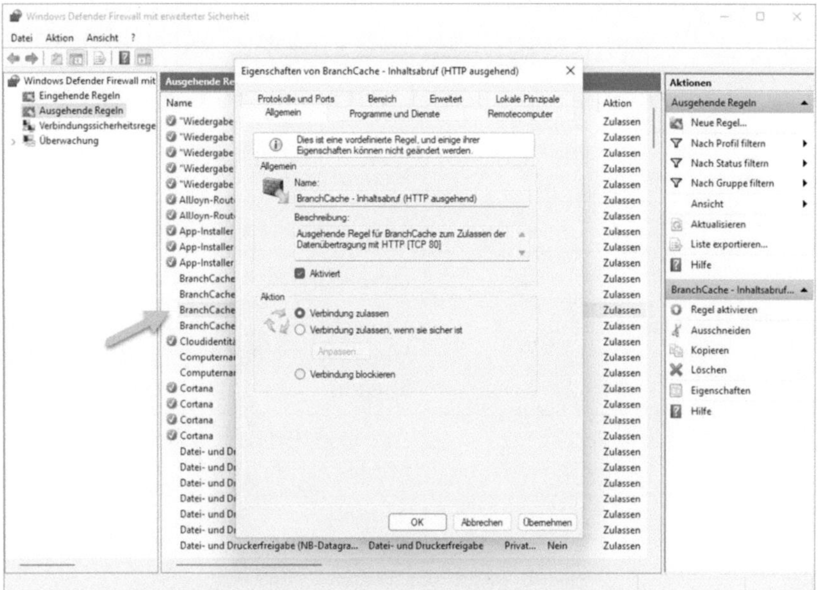


*Abbildung 25.30: Firewallregeln für BranchCache*

Wenn Sie den „Verteilten Cache“ benutzen, benötigen Sie noch eine zweite Firewallregel:

**BranchCache – Peerermittlung (WSD ausgehend)**

WSD (Web Services on Devices) ist ein Protokoll von Microsoft, mit dem sich Windows-Geräte im Netzwerk auffinden lassen. Auch diese Regel muss natürlich den Datenverkehr genehmigen.

### 25.2.4 BranchCache mit der PowerShell

Hier finden Sie die wichtigsten Cmdlets für die Konfiguration des BranchCaches.

| **Cmdlet** | **Bedeutung** |
|---|---|
| Clear-BCCache | Löscht den BranchCache |
| Disable-BC | Deaktiviert den BranchCache |
| Disable-BCDowngrading | Deaktiviert, dass Clients vorherige Versionen des Inhalts abrufen können |
| Enable-BCDistributed | Aktiviert BranchCache im verteilten Modus |
| Enable-BCHostedClient | Aktiviert BranchCache im gehosteten Modus |
| Export-BCCachePackage | Exportiert ein Cache Paket |
| Export-BCSecretKey | Exportiert einen geheimen Schlüssel |
| Get-BCClientConfiguration | Zeigt die aktuellen Clienteinstellungen |
| Get-BCContentServerConfiguration | Zeigt die aktuellen Servereinstellungen |
| Get-BCDataCache | Zeigt den Datencache |
| Get-BCNetworkConfiguration | Zeigt die aktuellen BranchCache Netzwerkeinstellungen |
| Remove-BCDataCacheExtension | Löscht eine Cachedatei |
| Reset-BC | Setzt BranchCache auf die Standardeinstellungen zurück |
| Set-BCAuthentication | Setzt einen Authentifizierungsmodus |
| Set-BCCache | Ändert die Cache-Datei Einstellungen |

## Übung 25.2

- Aktivieren Sie das Feature „BranchCache“ auf Server2
- Bearbeiten Sie die „Default Domain Policy“, damit die Clients den gehosteten Cache benutzen können
- Konfigurieren Sie die Firewall auf „W11“ dementsprechend
- Setzen Sie alle Server auf den Prüfpunkt „Basis“ zurück

# Index